天津“五化协同”发展问题研究

高峰
——
著

天津社会科学院出版社

图书在版编目（CIP）数据

天津“五化协同”发展问题研究 / 高峰著. --天津：天津社会科学院出版社，2020.9
ISBN 978-7-5563-0659-6

Ⅰ. ①天… Ⅱ. ①高… Ⅲ. ①区域经济发展－研究－天津 Ⅳ. ①F127.21

中国版本图书馆 CIP 数据核字（2020）第 184653 号

天津“五化协同”发展问题研究
TIANJIN “WUHUAXIETONG” FAZHAN WENTI YANJIU

出版发行：天津社会科学院出版社
地　　址：天津市南开区迎水道 7 号
邮　　编：300191
电话/传真：（022）23360165（总编室）
（022）23075303（发行科）
网　　址：www.tass-tj.org.cn
印　　刷：北京建宏印刷有限公司

开　　本：787×1092 毫米　1/16
印　　张：14.875
字　　数：248 千字
版　　次：2020 年 9 月第 1 版　2020 年 9 月第 1 次印刷
定　　价：68.00 元

序

“五化协同”发展问题研究本身是一项系统工程。本书在研究内容上力求做到“分”“总”结合。“分”主要是从工业化、信息化、城镇化、农业现代化和绿色化这五个角度出发进行分门别类的研究，对“五化协同”的影响机理和存在问题进行初步分析。“总”主要是通过构建包括5个一级指标、12个二级指标和40个三级指标的“五化协同”发展评价指标体系，对天津“五化协同”问题进行定量化的综合研究。使用SPSS（统计产品与服务解决方案）因子分析方法对天津乃至全国31个省区市（不含港澳台地区）工业化、信息化、城镇化、农业现代化和绿色化发展情况进行分析，取得各省区市工业化、信息化、城镇化、农业现代化和绿色化综合因子得分，并在此基础上整合取得各省区市“五化”协同度得分。最后就天津“五化协同”得分及在全国31个省区市（不含港澳台地区）中的排名情况进行分析，通过分析找出问题，并针对问题提出对策建议。

全书共分七章，第一章至第五章是分别对天津工业化、信息化、城镇化、农业现代化和绿色化发展现状的研究；第六章通过构建“五化协同”发展评价指标体系，创建“五化”协同度指标，使用因子分析法对全国31个省区市（不含港澳台地区）“五化协同”发展情况进行分析，从而对天津地位做出总体判断和评价；第七章是结论与政策建议。

在对天津工业化发展状况的研究中，笔者对天津工业化发展所处阶段进行了判断和分析，找出其自身存在的问题及与信息化、城镇化、农业现代化和绿色化不相协调之处，并针对性提出六项对策建议：一是适当降低低息或免息贷款发放率，减少政府主导型投资行为；二是投资驱动型发展模式亟须改变，探寻创新发展之路；三是提高居民收入，缩小贫富差距，扩大内需以改善供需结构；四是解决工业化率过高状况需要大力发展第三产业；五是支持工业等实体经济发展必须大力发展生产性服务业；六是合理控制第三产业内部的虚拟成分保障整体经济安全。

在对天津信息化发展状况的研究中，笔者对天津信息化发展现状进行了分析，然后就信息化对工业化、城镇化、农业现代化和绿色化的影响机理和问题进行了研究，并就此提出六项对策建议：一是加快行业与经济的信息化进程，推动发展模式的改进与转型；二是以信息化手段推动城市管理和政务信息整合，提升城镇化管理水平；三是加强民生关注力度，推动社会全领域的信息化发展水平；四是进一步完善规章制度，提升信息资源和系统安全保障力度；五是推进信息产业体系建设进程，保障企业创新能力持续提升；六是改善社会融资环境，扩大城市信息化融资渠道。

在对天津城镇化发展状况的研究中，笔者对天津城镇化发展现状进行了分析，然后就城镇化对工业化、信息化、农业现代化和绿色化的影响进行了研究，并分门别类提出了处理新型城镇化与工业化、信息化、农业现代化和绿色化协同发展的政策建议。

在对天津农业现代化状况的研究中，笔者对天津农业现代化发展现状进行了分析，分析发现：天津城乡差距较小，且呈现逐年下降趋势；天津农业机械化程度发展较快，在全国处于较为领先的水平；天津农田水利建设力度逐渐增强，农田水利发展情况较好；天津农业生产绿色化水平尚需提升，食品安全仍需密切关注。接下来找出了天津农业现代化发展中存在的一系列问题：天津农业现代化建设中存在的资源瓶颈问题、化肥滥用问题、农药过度使用问题、农业水资源保护问题、种植业和养殖业的效益提升问题、农业土地相关政策法规的完善问题、农产品生产和加工环节的绿色化发展提升问题。并针对以上问题，提出五项政策建议：一是加快推进工业化、城镇化工作进程，提升农业现代化发展动力；二是加强生态文明建设，构建以人为本生态乡村氛围；三是以科学发展观作为乡村振兴战略的基本原则；四是构筑现代化的伦理道德体系，为乡村振兴提供持久发展的动力；五是以解决“三农”问题为契机，将乡村振兴战略提升到一个新的历史高度。

在对天津绿色化发展状况的研究中，首先对天津绿色化发展现状进行了分析，分析发现：天津整体绿化水平不高，人均拥有绿地较少；天津废水及工业"三废"排放水平不高，但仍应重点控制烟（粉）尘的排放；天津单位国内生产总值能耗水平较低，能源综合利用率较高；天津水资源短缺、人均拥有道路及公厕情况一般。接下来就天津绿色化建设与工业化、信息化、城镇化和农业现代化之间的相互影响及冲突展开研究，并就天津湿地保护及"五化"和谐发展提出政策建议。

书中第六章全篇使用SPSS（统计产品与服务解决方案）软件进行因子分析，通过构建"五化协同"发展评价指标体系对天津"五化协同"问题进行定量化的系统研究。使用SPSS（统计产品与服务解决方案）因子分析方法对天津乃至全国31个省区市（不含港澳台地区）工业化、信息化、城镇化、农业现代化和绿色化发展情况进行了研究，取得各省市工业化、信息化、城镇化、农业现代化和绿色化综合因子得分，并在此基础上最终取得各省市"五化"协同度得分，构建出包括5个一级指标、12个二级指标和40个三级指标的"五化协同"发展评价指标体系。

本书研究结论显示，天津"五化"协同度得分约为0.3964，在全国31个省区市（不含港澳台地区）中排第六位，落后于北京、浙江、江苏、广东、上海五省市，与山东、福建处于一个档次。其中，天津工业化综合因子得分约为0.1815，在全国31个省区市（不含港澳台地区）中排第14位，说明天津工业化总体发展水平在全国居中，无优势可言，将来仍需加大工业领域的科技研发投入，促使低端工业尽快向中高端层次迈进；信息化综合因子得分约为0.3625，在全国31个省区市（不含港澳台地区）中排第8位，说明天津信息化发展总体情况良好，但整体水平一般，信息产业化发展水平不高；城镇化综合因子得分约为0.4034，在全国31个省区市中排第6位，说明天津城镇化发展水平在全国较为领先；农业现代化综合因子得分约为0.7909，在全国31个省区市（不含港澳台地区）中排第1位，说明天津农业现代化发展水平较高；绿色化综合因子得分约为0.2436，在全国31个省区市中排第8位，说明天津绿色化发展水平一般，生态建设步伐仍需加快。

高　峰

2020年3月1日

目　录

导　论

一、研究背景

本书的研究背景基于两点:一是问题导向;二是总发展理念的变迁。

马克思主义哲学认为,事物发展是不以人的意志为转移的客观必然。任何事物总是在朝着前进的方向发展,倒退就预示着这一事物的衰败,如果在发展至某一顶点不能再前进时,是准备着下一次向着更高阶段前进的又一次反复性的具体表现。自然界中反反复复不同阶段的生与死、进与退等现象,是发展规律性的表现。“只有发展才是硬道理”,落后必然挨打,我国的改革开放,如果不紧紧抓住发展这个规律,就不可能出现这样欣欣向荣的局面。2014 年 5 月,时任中央党校校长的刘云山提出领导干部要“增强问题意识,坚持问题导向”,习近平同志也常说“不回避矛盾,不掩盖问题”,能直面问题,并设法解决实际难题,才能逐步促进社会的发展。

在总发展理念上,我国经历了由“三化同步”到“四化同步”再到“五化协同”的发展过程。十七届五中全会提出了“在工业化、城镇化深入发展中同步推进农业现代化”的重大战略要求和历史任务(简称“三化同步”)。党的十八大报告进一步提出,要“坚持走中国特色新型工业化、信息化、城镇化、农业现代化道路,推动信息化和工业化深度融合、工业化和城镇化良性互动、城镇化和农业现代化相互协调,促进工业化、信息化、城镇化、农业现代化同步发展”。这是基于对“四化”的重要性、关联度和存在问题的科学分析做出的战略决策。2015 年 3 月 24 日,中共中央政治局会议审议通过《关于加快推进生态文明建设的意见》,会议首次提出“绿色化”，在新型工业化、信息化、城镇化、农业现代化之上加入了“绿色化”，并且将其定性为“政治任务”，“四化”升级为“五化”，提出要按照党中央决策部署，把生态文明建设融入经济、政治、文化、社会建设各方面和全过程，协同推进新型工业化、信息化、城镇化、农业现代化和绿色化。此前，党的十八大已提出具有中国特色的“四化同步”目标，现在加入“绿色化”，组合成“五化”。从“四化同步”到“五化协同”，这是中国国家治理现代化战略的历史性转型。中国共产党对中国国家治理绿色现代化做好了顶层设计和战略规划，中国未来的最大创新是绿色创新，最大的变革是绿色变革。

生态文明建设理论是中国理论的重要组成部分，建立在广大人民群众持续不断的创新实践中，凝结了几代中国共产党人的集体智慧。党的十八大以来，习近平同志发表一系列重要讲话，进一步丰富和发展了中国生态文明建设理论。习近平同志指出，要加快构建人与自然和谐发展的新格局，“既要金山银山，也要绿水青山”。以往“只要金山银山，不要绿水青山”的做法违背自然规律，造成资源约束趋紧、环境污染严重、生态系统退化等突出问题，导致人与自然关系失衡，制约了我国社会主义事业的发展。“既要金山银山、也要绿水青山”，强调在追求人类自身发展的同时，构建人与自然之间平衡、平等、和谐共处的新型关系，真正实现蓝天、青山、绿水常在，体现了尊重、顺应、保护自然的生态理念。

习近平同志指出，“绿水青山就是金山银山”。这要求我们变革开发利用自然资源、环境容量、生态系统的方式，践行绿色发展理念。随着人口规模扩张、工业化和城镇化快速推进，自然资源和环境容量变得越来越稀缺，“绿水青山”作为生态资产的价值开始凸显。我们必须摒弃不可持续的自然资源开发利用方式，转向集约、高效、循环、可持续的开发利用方式，把节约资源、保护环境、修复生态放在优先位置，推动生产方式、生活方式变革，真正体现保护“绿水青山”就是做大“金山银山”、破坏“绿水青山”就是损耗“金山银山”。建立最严格的制度和最严密的法治，调整自然资源和环境容量开发、利用、保护过程中的生产关系，依靠制度保护生态环境，约束和规范人们在自然资源和环境容量开发、利用、保护中的行为，实现自然资源和环境容量使用的代际公平，解决环境污染带来的外部性问题，确保生态环境产品的公平配置。

在实现可持续发展的今天，工业化、信息化、城镇化、农业现代化的发展都必须提升绿色发展质量，“不以牺牲后代人利益为代价”。为子孙后代创造良好生态系统，必须推进绿色化与工业化、信息化、城镇化和农业现代化的紧密融合，实现绿色的工业化、绿色的信息化、绿色的城镇化和绿色的农业现代化。绿色化与工业化、信息化、城镇化和农业现代化的融合创新发展是人类可持续发展的必然趋势。没有绿色化，工业化、信息化、城镇化和农业现代化就会缺乏坚实的生态环境支撑，工业化、信息化、城镇化和农业现代化就难以持久，甚至人类自身的可持续发展都会产生严重问题。因此，只有促进“五化协同”发展，才能实现社会生产力、经济生产力、文化生产力和生态生产力的整体可持续发展。

中国推进国家治理绿色化的意义主要体现在：首先，从短期来看，水污染、雾霾等环境问题日益凸显，对人们的生产生活产生了严重的负面影响，传统的发展理念、发展模式和发展机制必须转型升级。因此，短期看推进绿色化是非常紧迫和重要的一项任务。其次，从长期来看，实现两个一百年奋斗目标必须创新绿色发展机制，建设生态文明、绿色文明。最后，中国新型工业化、信息化、城镇化和农业现代化的路径选择会对生态系统产生重要影响。新常态下的中国治理结构转型，必须牢固树立“绿水青山就是金山银山”的发展理念，必须大力实施创新驱动发展战略，必须系统构建中国绿色治理体系和治理能力，促进国家治理绿色化，推进国家治理现代化。

二、已有研究成果

目前，国内学者对工业化、信息化、城镇化、农业现代化和绿色化分别进行的研究很多，以往学者多从定性或定量角度单独进行分析，对“三化”或“四化”同步发展问题的研究则经常使用定量分析方法，通过构建综合指标评价体系，寻找各“化”间的作用机理与互动关系，结合模型研究分析各“化”协同程度。对“五化协同”的研究较少，2018 年，在中国知网数据库，以“五化协同”为篇名进行检索，可以检索到的文献不足 100 篇。

通过研究，学界普遍认为我国各“化”协同发展情况具有空间差异性，东部沿海地区协同程度较高，而中西部地区协同发展程度较低；工业化与城镇化、信息化的协同水平较低；农业现代化的滞后制约了协同发展水平；但也普遍认为各地的“四化协同”水平正在逐步提高。

综上所述，以往研究有很多值得借鉴之处，但也存在一些问题，如围绕“五化协同”的已有研究成果较少，因此亟须加强对这一领域的研究；再者，针对天津地区“五化协同”问题的研究更少。本书试图借鉴已有研究经验，从天津视角，分析天津“五化协同”发展情况。

三、研究思路

首先对天津工业化、信息化、城镇化、农业现代化和绿色化进行分门别类的系统化分析，从定性和定量两个角度研究天津“五化协同”中存在的问题，并提出针对性建议。然后使用SPSS（统计产品与服务解决方案）软件进行因子分析，构建“五化协同”发展评价指标体系，从系统化的模型角度就“五化协同”问题展开研究，取得工业化、信息化、城镇化、农业现代化和绿色化综合因子得分，并最终取得“五化”协同度得分，就天津“五化”协同度得分及在全国31个省区市（不含港澳台地区）中的排名情况展开分析。最后对主要结论和政策建议进行归纳总结。

四、研究方法

1. 比较方法，书中大量使用了横向及纵向比较研究方法。就各指标发展情况分别对全国31个省区市（不含港澳台地区）进行了横向比较，对反映天津工业化、信息化、城镇化、农业现代化和绿色化发展情况的多个变量进行了纵向分析。

2. 归纳方法，书中多处地方对已有分析结果和研究成果进行了归纳总结，并在此基础上提炼观点和提出政策建议。

3. SPSS（统计产品与服务解决方案）因子分析法，书中第六章整章使用SPSS（统计产品与服务解决方案）建模进行因子分析，得到了各省区市工业化、信息化、城镇化、农业现代化和绿色化发展综合因子，并以此为基础得到“五化协同”度数据。

五、研究内容

本书从定性和定量两个角度，分别就天津工业化、信息化、城镇化、农业现代化和绿色化发展现状进行了分析，在研究中寻找问题，并针对问题提出政策建议。

在对天津工业化发展状况的研究中，笔者对天津工业化发展所处阶段进行了判断和分析，找出其自身存在的问题及与信息化、城镇化、农业现代化和绿色化不相协调之处，并针对性提出六项对策建议：一是适当降低低息或免息贷款发放率，减少政府主导型投资行为；二是投资驱动型发展模式亟须改变，探寻创新发展之路；三是提高居民收入，缩小贫富差距，扩大内需以改善供需结构；四是解决工业化率过高状况需要大力发展第三产业；五是支持工业等实体经济发展必须大力发展生产性服务业；六是合理控制第三产业内部的虚拟成分保障整体经济安全。

在对天津信息化发展状况的研究中，本书作者对天津信息化发展现状进行了分析，然后就信息化对工业化、城镇化、农业现代化和绿色化的影响机理和问题进行了研究，并就此提出六项对策建议：一是加快行业与经济的信息化进程，推动发展模式的改进与转型；二是以信息化手段推动城市管理和政务信息整合，提升城镇化管理水平；三是加强民生关注力度，推动社会全领域的信息化发展水平；四是进一步完善规章制度，提升信息资源和系统安全保障力度；五是推进信息产业体系建设进程，保障企业创新能力持续提升；六是改善社会融资环境，扩大城市信息化融资渠道。

在对天津城镇化发展状况的研究中，本书作者对天津城镇化发展现状进行了分析，然后就城镇化对工业化、信息化、农业现代化和绿色化的影响进行了研究，并分门别类提出了处理新型城镇化与工业化、信息化、农业现代化和绿色化建设的政策建议。

在对天津农业现代化状况的研究中，本书作者对天津农业现代化发展现状进行了分析，通过分析发现：天津城乡差距较小，且呈现逐年下降趋势；天津农业机械化程度发展较快，在全国处于较为领先的水平；天津农田水利建设力度逐渐增强，农田水利发展情况较好；天津农业生产绿色化水平尚需提升，食品安全仍需密切关注。接下来找出了天津农业现代化发展中存在的一系列问题：天津农业现代化建设中存在的资源瓶颈问题、化肥滥用问题、农药过度使用问题、农业水资源保护问题、种植业和养殖业的效益提升问题、农业土地相关政策法规的完善问题、农产品生产和加工环节的绿色化发展提升问题……并针对以上问题，提出五项政策建议：一是加快推进工业化、城镇化工作进程，提升农业现代化发展动力；二是加强生态文明建设，构建以人为本生态乡村氛围；三是以科学发展观作为乡村振兴战略的基本原则；四是构筑现代化的伦理道德体系，为乡村振兴提供持久发展的动力；五是以解决“三农”问题为契机，将乡村振兴战略提升到一个新的历史高度。

在对天津绿色化发展状况的研究中，本书作者对天津绿色化发展现状进行了分析，通过分析发现：天津整体绿化水平不高，人均拥有绿地较少；天津废水及工业“三废”排放水平不高，但仍应重点控制烟（粉）尘的排放；天津单位国内生产总值能耗水平较低，能源综合利用率较高；天津水资源短缺、人均拥有道路及公厕情况一般。接下来就天津绿色化建设与工业化、信息化、城镇化和农业现代化之间的相互影响及冲突展开研究，并就天津湿地保护及“五化”和谐发展提出政策建议。

书中第七章全篇使用SPSS（统计产品与服务解决方案）软件进行因子分析，通过构建“五化协同”发展评价指标体系对天津“五化协同”问题进行定量化的系统研究。使用SPSS（统计产品与服务解决方案）因子分析方法对天津乃至全国31个省区市（不含港澳台地区）工业化、信息化、城镇化、农业现代化和绿色化发展情况进行了研究，取得各省区市工业化、信息化、城镇化、农业现代化和绿色化综合因子得分，并在此基础上最终取得各省市“五化”协同度得分，最后就天津“五化协同”得分及在全国31个省区市中的排名情况进行分析，通过分析找出问题。

最后对研究中的重要结论和政策建议进行归纳总结。

六、章节安排

本书共分七章，第一章至第五章是分别对天津工业化、信息化、城镇化、农业现代化和绿色化发展现状的分析和研究；第六章构建“五化协同”发展评价指标体系，创建“五化”协同度指标，并就结果对天津乃至全国31个省区市“五化”协同发展情况进行总体评价；第七章研究结论与政策建议，分别从工业化、信息化、城镇化、农业现代化和绿色化五个角度对天津发展情况进行了总结，并就天津未来发展提出了政策建议。

第一章　天津工业化发展状况

第一节　天津工业化发展现状

一、工业化阶段划分的理论依据

1959年,由美国未来学家丹尼尔·贝尔首次提出了后工业社会概念。在以工业为主体发展目标的时代(主要是1990年以前),H.钱纳里、库兹涅茨、克拉克等人分别按照不同的方法,依据以往国际对传统工业化水平的分类方法衡量工业化程度,主要经济指标有四项:一是人均生产总值,人均国内生产总值达到1000美元为工业化初期阶段,人均国内生产总值达到3000美元为工业化中期阶段,人均国内生产总值达到5000美元为工业化后期阶段;二是工业化率,即工业增加值占全部生产总值的比重,工业化率达到20%~40%为工业化初期国家,达到40%~60%为半工业化国家,达到60%以上为工业化国家;三是三种产业结构和就业结构,一般工业化初期三种产业结构比为12.7∶37.8∶49.5,就业结构比为15.9∶36.8∶47.3;四是城市化率,即城镇常住人口占总人口的比重,一般工业化初期为37%以上,工业化国家则达到65%以上。下面对重要原理做一简要介绍。

1. 霍夫曼定理

霍夫曼于 1931 年在《工业化的阶段和类型》一书中，通过分析制造业中消费资料工业净产值与资本资料工业净产值之间的比例关系，得到了霍夫曼比率或称霍夫曼系数，并指出在工业化进程中，霍夫曼比率是不断下降的，这就是霍夫曼定理。并根据霍夫曼系数变化划分出了工业化进程的四个阶段：工业化初期阶段（霍夫曼系数在 4 ~6 之间）、中期阶段（霍夫曼系数在 1.5 ~2.5 之间）、中后期阶段（霍夫曼系数在 0.5 ~1.5 之间）、后工业化阶段（霍夫曼系数小于 1）。

由于“霍夫曼定理”是建立在先行工业化国家早期增长模式之上的，对工业化早期阶段的判断基本正确，但却不适用于分析现代经济，原因在于：一是现代经济增长的主要源泉并不是资本投入，而是技术进步和效率提高，在这种情况下，资本品的优先增长就不再是必然的；二是霍夫曼对工业化进程中经济结构变化的研究，是在国民经济只存在工业和农业两个部门的理论框架下进行的，而在近现代社会经济发展迅速的国家，增长最快的产业通常并不是工业，更不是资本品工业或重工业，而是服务业。服务业，特别是其中的生产性服务业的发展，对于先行工业化国家生产成本、特别是交易成本的降低和效率的提高，起了重要的作用。因此，亟须寻求其他理论进一步加以判断。

2. 钱纳里多国模型

美国经济学家钱纳里在工业化阶段理论方面做了进一步且具开创性的研究。1986 年，美国经济学家钱纳里利用第二次世界大战后发展中国家，特别是其中的 9 个准工业化国家（地区）1960—1980 年间的历史资料，建立了多国模型，利用回归方程建立了国内生产总值市场占有率模型，提出了标准产业结构。根据人均国内生产总值，将不发达经济到成熟工业经济的整个变化过程划分为三个产业阶段和六个时期，从任何一个发展阶段向更高一个阶段的跃进都是通过产业结构转化来推动的。

（1）初级产业阶段，这一阶段对经济发展起主要作用的是食品、皮革、纺织等部门。

处在初期产业阶段的第一时期是不发达经济时期。产业结构以农业为主，没有或极少有现代工业，生产力水平很低。

处在初期产业阶段的第二时期是工业化初期。产业结构由以农业为主的传统结构逐步向以现代化工业为主的工业结构转变,工业中则以食品、烟草、采掘、建材等初级产品的生产为主。这一时期的产业主要是以劳动密集型产业为主。

(2)中期产业阶段,这一阶段对经济发展起主要作用的是非金属矿产品、橡胶制品、木材加工、石油、化工、煤炭制造等部门。

处在中期产业阶段的第三时期是工业化中期。制造业内部由轻型工业的迅速增长转向重型工业的迅速增长,非农业劳动力开始占主体,第三产业开始迅速发展,也就是所谓的重化工业阶段。重化工业的大规模发展是支持区域经济高速增长的关键因素,这一阶段产业大部分属于资本密集型产业。

处在中期产业阶段的第四时期是工业化后期。在第一产业、第二产业协调发展的同时,第三产业开始由平稳增长转入持续高速增长,并成为区域经济增长的主要力量。这一时期发展最快的领域是第三产业,特别是新兴服务业,如金融、信息、广告、公用事业、咨询服务等。

(3)后期产业阶段,这一阶段对经济发展起主要作用的是服装和日用品、印刷出版、粗钢、纸制品、金属制品和机械制造等部门。

处在后期产业阶段的第五时期是后工业化社会时期。制造业内部结构由资本密集型产业为主导向以技术密集型产业为主导转换,同时生活方式现代化,高档耐用消费品被推广普及。技术密集型产业的迅速发展是这一时期的主要特征。

处在后期产业阶段的第六时期是现代化社会时期。第三产业开始分化,知识密集型产业开始从服务业中分离出来,并占主导地位,人们的消费欲望呈现出多样性和多边性,以追求个性为主。

此外,还有按三次产业结构中的增加值构成划分阶段的库兹涅茨标准、按三次产业结构中的从业人员构成划分阶段的克拉克标准等。关于工业化阶段的理论虽然已和我国现实的经济发展有较大差距,但是其基本划分原则对于我们有重点地选择“五化协同”的突破点还是有帮助的。

二、天津工业化发展所处阶段

1. 根据霍夫曼定理所作判断

限于数据的可获得性，本书用轻工业总产值和重工业总产值之间的比例关系大致表现霍夫曼系数。可知，天津轻工业总产值与重工业总产值之比在2002年已低于0.5，其后该比值逐年下降，在2009年后此比值又略有上升（参见附表1.1）。

由数据出发，使用Eviews软件，设定时间趋势项t，R表示轻、重工业总产值之比，构建向量自回归模型，参见公式。

$$R = 0.0058 * t + 0.6042 * R_{t-2} \tag{1.1}$$

由上式进行动态预测，可大致估计天津市轻、重工业之比在“十三五”期末将可能位于0.3左右，小于0.5，说明单从轻、重工业之比判断，天津已进入后工业化阶段。

2. 根据工业化率所作判断

工业化率，即工业增加值占全部生产总值的比重。工业化率达到20%～40%为工业化初期；40%～60%为半工业化国家；60%以上为工业化国家。

按照工业化率指标判断，天津工业化进程加速的时代、劳动用工低工资的时代已经宣告结束，产业平均利润率、工业与服务业自动化的时代正式开始，天津后工业化时代已经来临（参见附表1.3）。天津的工业化已经基本完成，将步入后工业化阶段，这一期间，天津工业发展思路及战略制定将对天津乃至京津冀协同发展具有深远及重要意义。

3. 根据人均国内生产总值及三次产业结构等综合指标所作判断

基于人均国内生产总值指标衡量，天津已处于后工业化阶段。从三次产业产值结构判断，天津处于工业化后期阶段。从三次产业就业结构判断，天津步入后工业化起步阶段。从城市化水平判断，天津刚步入工业化后期阶段（参见附表1.3）。

由各标准综合分析，天津市目前处在工业化后期阶段，还未进入后工业化阶段。天津已具备后工业化起步阶段的某些特征，预计2020年左右天津将全面进入后工业化阶段。发展阶段的变化，意味着产业结构和经济发展方式等多重因素的改变。工业化阶段注重劳动力、资本等要素投入所带来的经济增长，而后工业化阶段却要转变到主要依靠创新能力和技术进步上来。人力资本、技术进步、知识水平将发挥更大作用，工业化与信息化将实现深度融合，高新技术产业和服务业将引领经济发展。根据内生增长理论，源自经济系统内部，依靠技术进步和创新驱动经济发展的内生倒逼机制将成为推动经济增长的主导因素。

工业发展阶段论揭示出服务业替代制造业成为国民经济的支柱型产业是工业化发展的客观规律，天津工业化发展也不例外，但各国发展经验也同时揭示出，除了极个别面积小、人口少的高收入国家可以主要依靠金融、旅游等第三产业发展外，几乎所有发达国家同时都是工业强国，且在工业化进程中从未真正放弃过制造业，而是在不断推进制造业结构转型和升级。金融危机后，发达国家纷纷提出了旨在刺激实体经济增长的国家战略和计划，美国强调制造业复兴的“再工业化”战略；德国旨在利用信息化技术促进产业变革，并扶持中小企业发展的“工业4.0”合作行动；日韩等国提出的“再兴战略”和“新增动力战略”等。三次产业结构转型中服务业比重提高的实质并非工业与服务业的此消彼长，而是通过工业产业链的分解、分工向服务业延伸，发展生产型服务业，进而带动服务业的整体增长。因此，天津产业转型的核心应当在于服务的内生化，使制造业企业的作用管理从制造领域延伸至服务领域，使本身所具备的制造功能与服务功能融为一体。

从工业大国走向工业强国，要继续发挥大中型工业企业的作用，因为规模经济和范围经济具有其内在经济规律，大型企业所形成的规模经济仍是驱动专业化分工，促进形成低成本、高收益产业集聚的主要承担者。瀑布效应揭示出，作为系统集成商的世界级跨国公司，主导全球价值链分工，把价值链下游的环节都卷进来，形成居高临下的瀑布效应，从而使整个价值链上的人员都成为被动的服从者。

4. 根据工业化发展阶段提出的政策建议

(1)构建合理产业结构,按照市场规律,寻求符合专业化分工,推进规模经济形成和发挥作用的方向,促进产业集聚,争取培育出中国制造业领域的系统集成商。天津的产业发展方向,是培育出更多的中国跨国公司,使之成为国际竞争的主力军。

(2)充分利用本地资源禀赋,在公平和开放的市场环境主导下,把要素优势转化为比较优势,形成具有国际竞争力的产业结构。促进产业技术创新,发挥“制造业源头引领、新型服务引领和消费终端引领”作用,发挥天津港口物流优势,以制造业为源头,从满足需求出发进行制造设计,引领技术创新,带动技术成果转化。

(3)利用京津冀协同发展契机,发展并优化产业链,将低端产业链外迁,将高端产业链实施“制造、研发、市场”三者相结合的本地化战略。

(4)工业化发展同时要本着“资源节约、环境友好”的宗旨。进行工业遗产保护。

第二节　天津工业化发展存在的问题

一、天津固定资产投资效率不高

2015 年 3 月 28 日,习近平同志在海南召开的博鳌亚洲论坛 2015 年年会开幕式演讲中提道:“我国经济进入新常态,正从高速增长转为中高速增长,从规模速度型粗放增长转向质量效率型集约增长,从要素驱动转向创新驱动。”长期以来,天津实行的是借助要素优势、大量投入资源为主导的投资驱动型发展道路,面临着高消耗、高污染、低收益的发展困境,因此亟须转变经济发展模式。而由要素驱动的投资型发展模式向创新型发展模式转变并非一日之功,与京沪地区相比,天津转型发展道路相对曲折。天津固定资产投资方面存在问题较多,具体分析如下:

1. 固定资产投资持续快速增长，远高于同期全市经济增长水平

“九五”期间，天津全社会固定资产投资额由1996年的435.81亿元增加到2000年的610.94亿元，年均增长9.3%，低于同期地区生产总值年均增速，说明在这期间天津经济增长模式并非投资驱动型。到了“十五”期间，天津全社会固定资产投资额由2001年的705.00亿元增加到2005年的1495.14亿元，年均增长19.7%，已经高于同期18.2%的地区生产总值年均增速，开始走上投资驱动型发展道路。“十一五”期间，天津全社会固定资产投资额由2006年的1820.52亿元增加到2010年的6278.10亿元，年均增长33.5%，已经远超同期18.9%的地区生产总值年均增速，说明在这期间，地区经济增长动力主要来自投资，且投资对经济增长的推动能力正逐步衰减。“十二五”期间，天津全社会固定资产投资额由2011年的7067.67亿元增加到2014年的11654.09亿元，4年来每年增速均值约为16.9%，相较“十五”和“十一五”期间已明显回落，但仍然高于同期14.4%的地区生产总值年均增速，说明投资对地区经济增长的驱动力已大为减弱，经济增长依靠投资驱动的模式已经难以为继（参见附表1.4）。

2. 固定资产投资效果系数自“十一五”以来逐年下降，与京沪渝地区相比，降幅更为明显

固定资产投资效果系数是指报告期地区生产总值增量与同期固定资产投资额的比率，是反映投资效益的宏观经济指标。从美日韩等国家的长期变动情况看，固定资产投资效果系数与经济增长具有同向波动性。经济增长时，固定资产投资效果系数也升高；经济下滑时，固定资产投资效果系数也下降。天津的情况也不例外，从图1.2.1中可看出明显迹象，固定资产投资效果系数与地区国内生产总值增速这两条趋势线之间具有同向波动性。通过计量经济学（Eviews）软件包进行格兰杰因果关系检验，也可得出天津固定资产投资与地区国内生产总值之间具有互为因果的高度相关性。天津在经历了2005年0.532的固定资产投资效果系数之后，一路下滑到了2015年的0.062，说明每百元固定资产投资只能使国内生产总值增加6.2元，比经济增长常年维持在2%左右、固定资产投资效果系数0.2左右的美国还要低很多。若再加上出口不畅、内需乏力的叠加影响，以如此低的固定资产投资效果系数维持很高的经济增速简直不可能。自“十一五”

时期以来,中间虽有 2008 年的投资拉动,使得固定资产投资效果系数有所回升,但仍然难挡其总体下降趋势,近两年天津市固定资产投资总额依然很高,从 2013 年的 9130. 25 亿元增加到 2014 年的 11654. 09 亿元,突破万亿元大关,当年的投资增速高达 27. 6% ,但从趋势图中仍然看不出投资效果系数有多大改善。2015 年天津固定资产投资总额 13065. 18,当年的投资增速仍然高达 12. 1% 。

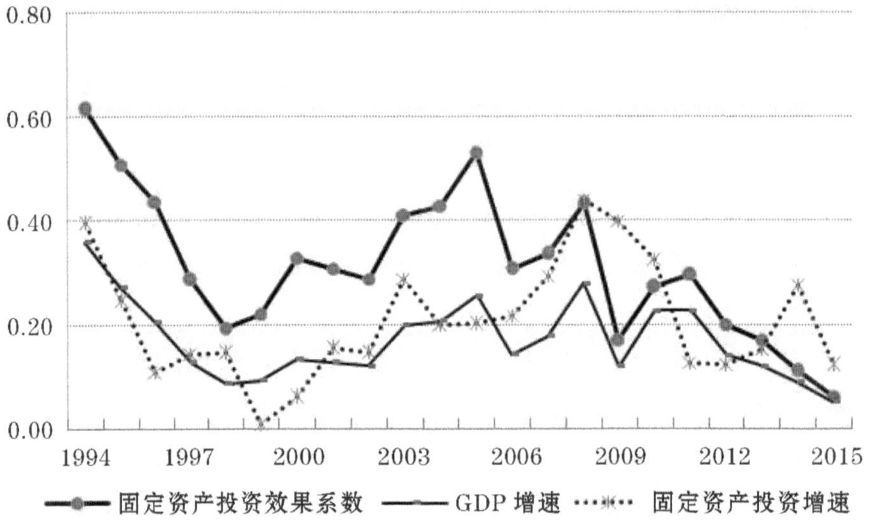

图 1. 2. 1　天津固定资产投资及投资效果系数变动趋势(1994—2015 年)

注:图中 GDP 增速指国内生产总值增速。

数据来源:对国家统计局网站资料及历年《天津统计年鉴》数据资料整理并经作者计算所得。

由图 1. 2. 2 可知,2009 年之前天津的固定资产投资效果系数要明显高于全国平均水平,说明天津的投资效果比较全国而言更好。不过自 2009 年之后,天津的固定资产投资效果系数虽然仍高于全国平均水平,但幅度已明显降低,与全国的差距变小,说明虽与全国整体投资效果下降相类似,但天津的固定资产投资效果降幅更为显著,其高额投资对经济增长的拉动效果明显减弱。与其他 3 个直辖市相比,近年来,北京、上海的固定资产投资效果都要明显优于天津地区;且一直以来上海的投资效果系数降幅不明显,说明相较北京而言,上海的产业结构

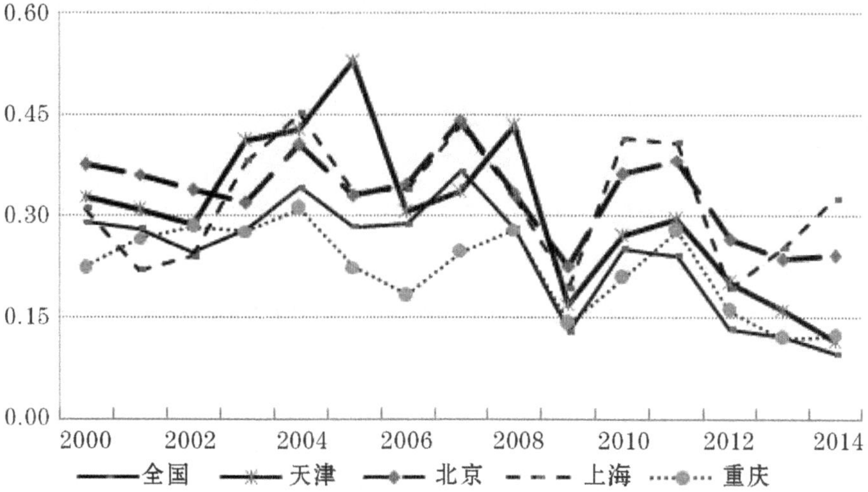

图 1.2.2　各直辖市固定资产投资效果系数及变动趋势(2000—2014 年)

数据来源:对国家统计局网站资料整理并经作者计算所得。

及资源配置可能更为合理;相对于京津沪而言,重庆的固定资产投资效果一直不佳,但其波动幅度也不大,经济发展水平较低。

3. 资本形成率居高不下,远高于京沪渝水平

资本形成率,也称投资率,是指一定时期内一个国家或地区资本形成总额占国内生产总值的比重,是衡量国民经济中投资占比的重要指标。2000 年,天津资本形成率约为 47.7%,虽然高于 35.5% 的全国平均水平,但却低于同期北京 53.7% 的水平,仅略高于上海 45.5% 的水平,且同期重庆此值约为 39.1%,4 个直辖市的资本形成率均高于全国平均水平。2013 年,天津市资本形成率跃升到 76.9%,远高于 47.8% 的全国平均水平,也远高于其他 3 个直辖市的水平:北京为 40.3%,上海为 38.7%,重庆为 54.6%。北京、上海均在努力实现投资驱动型经济发展模式的转变。从各直辖市的发展趋势看,2000—2013 年天津资本形成率呈现明显上升趋势,从 2000 年的 47.7% 提高到 2013 年的 76.9%,增加了近 30 个百分点,特别是自 2008 年伴随着中央推出四万亿投资计划,天津资本形成率大幅提升,从 2008 年的 59.6% 骤然提高 13 个百分点,升高到 2009 年的 72.6%,

之后常年居高不下。而同期,全国资本形成率及上涨幅度均远小于天津;北京、上海资本形成率表现为整体下降趋势,自2008年之后就已明显低于全国平均水平,且北京下降幅度更为明显,已从2000年的53.7%下降到2013年的40.3%,减少了13.4个百分点,但仍高于上海的资本形成率;上海资本形成率从2000年的45.5%下降到2013年的38.7%,降幅6.8个百分点,目前是4个直辖市中资本形成率最低的城市,其2013年的资本形成率已低于重庆2000年的水平;重庆市资本形成率经历了先升后降的过程,虽在个别年份超过天津,但近些年在天津高涨的同时重庆却略有下降,但仍超过全国平均水平约7个百分点。从整体趋势看,除天津之外,无论是全国平均水平,还是其他3个直辖市的资本形成率常年来都没有超过60%的刻度线,但天津却在2009年就已超过了70%,且之后一直居高不下,如此高的资本形成率必须引起重视。

4. 最终消费率持续走低,远低于京沪渝水平

最终消费率,也称消费率,是指一个国家或地区在一定时期内用于居民个人消费和社会消费的最终消费总额占当年国内生产总值的比率。它反映了一个国家或地区生产的产品用于最终消费的比重,是衡量国民经济中消费占比的重要指标。最终消费率是与资本形成率具有非完全互补性的概念,因此也就形成了与资本形成率完全相反的走势。2000—2013年,天津最终消费率呈明显下降走势,从2000年的49.6%下降到2013年的39.2%,降幅高达10.4个百分点,特别是在“十五”期间,由2001年的49.4%骤降到2005年的38.6%,5年就下降了近11个百分点,之后在“十一五”和“十二五”期间基本稳定在38%左右,一直难有提高。同期,全国最终消费率水平变动趋势基本与天津类似,由2000年的62.3%下降到2013年的49.8%,降幅高达12.5个百分点,但从历年同期绝对数值来看,天津最终消费率始终比全国平均水平要低10个百分点左右。而同期北京、上海最终消费率均呈现出整体上升趋势,自2008年之后均已明显高于全国平均水平,且上海的上涨幅度更为明显,已从2000年的47.0%提高到2013年的57.9%,提高了近11个百分点,但仍低于北京的最终消费率;北京最终消费率从2000年的53.4%提高到2013年的61.3%,提高了近8个百分点,目前是4个直辖市中最终消费率最高的城市;京沪两地2013年的最终消费率均已超过重庆

2000 年的水平；重庆最终消费率变动趋势也基本与天津类似，一直处在不断下降的状况，虽然情况比天津要好，但在数值上也已经于 2010 年开始逐渐低于全国平均水平。从整体趋势看，除天津之外，无论是全国平均水平，还是其他 3 个直辖市的最终消费率常年来均没有低于 45% 的水平线，但天津却早在“十五”期末的 2005 年就已低于 40%，明显低于全国其他地区，且之后一直占据低位，如此低的最终消费率与高企的资本形成率一样，都不是经济健康可持续发展的表现。

二、工业化与信息化的非协调发展问题

尽管近年来天津的信息化建设在全市工业产业转型和改造中发挥了巨大作用，取得了显著的成就，但从长远来看，天津的信息产业也存在着一定的问题，这些问题如果不能妥善解决，将极大限制天津信息产业的发展和壮大，信息化对工业化升级的推动作用也将大打折扣。具体说来，这些问题主要体现在以下方面：

1. 天津的信息产业，尤其是电子设备制造业，在技术和资金上对国外大企业和跨国公司具有相当大的依赖性。这意味着，天津信息产业的发展和壮大严重依靠海外入驻企业的技术和资金，自身所拥有的核心技术缺乏，本土资金投入不足，只能依靠中外合资和管理协作来进行产业生产的技术升级和管理能力的提升。一些诸如芯片制造和产品关键环节的设计工艺依然掌握在外商手中，其依靠这些核心技术能够获取大量利润，而我国本土企业所得到的订单仅仅是一些简单的来料加工和外围产品的制造，订单利润率较低，自主设计和研发能力还十分有限，极大制约了信息产业深层次、高端化发展，限制了天津信息产业的可持续发展能力。

2. 尽管天津信息产业发展迅速，取得了可喜的成就，但值得指出的是，相对于其他的一线城市，如北京、上海等，天津的信息产业基础还较为薄弱，尤其是现代的信息服务业，其相关资金投入、从业人员数量和福利待遇都远低于国内的一线城市，而信息服务业作为衡量城市现代化水平的重要指标，其在国民生产总值占比中居于重要位置。而对于天津这一以外向型经济发展为主的城市而言，现代信息服务业的薄弱，必然会制约对外经济和贸易的发展，阻碍天津经济社会现代化建设。因此，现阶段大力提升现代信息服务业，将信息服务业作为天津城市信息化建设的首要目标，是天津推进信息化建设的重要任务，应引起天津城市管理者的高度重视。

三、工业化与城镇化的非协调发展问题

本书将用城镇化率与工业化率之比这一指标分析全国及天津的城镇化与工业化协同性。一般认为,城镇化率与工业化率之比的合理范围在1.40~2.50之间。以2010年为例,全世界城镇化率为50.9%,工业占国内生产总值的比重为26%,全球平均的城镇化率与工业化率之比约为1.95,美国为4.11,法国与英国则分别为4.11与4.09。至于中国的数据如何,有专家给出了1.09左右的大概值,本书将使用中国统计年鉴及中经网数据库和历年《天津市国民经济和社会发展统计公报》中的数据计算“十二五”期间各年份全国及天津的城镇化率与工业化率的比值(参见附表1.3)。

天津实体经济发展值得肯定,但第三产业发展存在问题。2006至2011年间,我国第二产业增加值从103719.5亿元提高到220412.8亿元,其中工业增加值从91310.9亿元提高到188470.2亿元,实现了五年翻番。第二产业增加值占国内生产总值的比重从48.9%降低到46.6%,略有下降;同期第三产业增加值占比略有提高,从39.4%提高到43.4%。天津第二产业增加值从2006年的2457.1亿元提高到2011年的5928.3亿元,其中工业增加值从2261.5亿元提高到5430.8亿元,也都基本实现了五年翻倍的增长。第二产业增加值占国内生产总值的比重从2006年的55.1%略微下降到2011年的52.4%;同期第三产业增加值占比从42.6%略微提高到46.2%。在全球金融危机肆虐的年份,我国第二产业尤其是工业产业发展能获得如此骄人的成绩,与国家一直以来实行的重视实体经济发展的战略是分不开的,这一点非常值得肯定。但同期第三产业发展速度却不够快,其就业人数虽在2011年首次超过第一产业,但作为就业人口吸纳器而言,其功能发挥的仍不够显著。究其原因,应该是第三产业内部结构出现了问题。自20世纪90年代以来,交通运输、仓储和邮政业这类生产性服务业占比降幅很大,批发零售业和住宿餐饮业这类生活性服务业占比降幅也较大,但同期房地产业这类与虚拟经济关联甚厚的产业占比提高。因此可得出结论,虽然我国在国家总体战略方面很重视实体经济发展,但具体到产业层面,则可能被虚拟经济所累,不利于整体上的长期可持续发展。

天津工业化与城镇化间关系表现为城镇化滞后于工业化。2011 年按居住地计算的我国城镇化率约为 51.3%，工业化率约为 39.9%，城镇化率与工业化率之比约为 1.29，同期按户籍地计算的我国城镇化率与工业化率之比约为 0.87，两者都远低于国际公认的城镇化与工业化比例从 1.40 至 2.50 之间的合理区间，说明从表象来看，我国的城镇化确实明显滞后于工业化。2015 年按居住地计算的天津城镇化率与工业化率之比约为 1.96，属于合理区间；但按户籍地计算的城镇化率与工业化率之比仅为 1.77，仍居于合理区间的下限位置，说明对于城镇化发展水平在国内已经居于领先地位了的大城市而言，其城镇化发展速度还可以，但质量不高，若能解决其质量不高的问题，则其城镇化发展水平才算较为合理（参见附表 1.3）。

由文献可知，许多专家认为我国还是处于"工业化超前，城镇化滞后"的状态，但作者认为城镇化滞后并不代表工业化超前。城镇化与工业化之比之所以仍然偏低，关键并不在于工业化发展程度如何，而在于第三产业的落后。我国的工业化不见得超前，这从我国六大行业产能过剩、工业内部资源配置并不合理的事实可见一斑。但为何表现为工业化率数值过高呢？工业化率是工业生产总值占国内生产总值的比重，工业生产总值不算高，那么问题就只能是出在国内生产总值过低上了。国内生产总值是第一、二、三产业增加值的合计，若第二产业增加值不高不低，则第一、三产业滞后也能造成国内生产总值，即国内生产总值的总量偏低，因此，本书作者认为我国城镇化滞后于工业化的关键点在于第一、三产业发展的滞后，尤其是第三产业的落后。第三产业增加值过少，占国内生产总值比重就过低，所以导致第二产业占比就高。在这轮国际金融危机和国内经济不景气冲击下，重视工业和实业发展的地区受冲击程度要明显小于依靠虚拟经济发展的地区，关键原因是受冲击剧烈地区犯了太过依赖虚拟经济的错误，虚拟经济造就的虚假繁荣并非第三产业即服务业的真正繁荣，第三产业若想真正发展主要应致力于能直接服务于第二产业的流通及生产性服务业，而不在于单纯依靠泡沫吹大的如房地产价格、金融股票期货等虚拟之物。相反，单纯吹大的这类生产性服务业还可能对实实在在的生产行业造成巨大冲击，使之不得益反受损，如工商业用房房价或租价过高就可能直接导致工商业企业或部门成本增加，利润减少，从而积极性降低，生产规模收缩，纳税减少。单纯吹大的第三产业增加值并非实实在在的第三产业发展。

四、工业化与农业现代化的非协调发展问题

天津工业化与农业现代化的非协调发展问题主要体现在还没有形成有效的农业产业链，农业向上延伸不够。要解决这一问题，必须加大农村生产方式和产业体系调整力度，构建生产、销售、制造一体的农业和农村生产体系，增强工业对农业的支撑和引领作用，以工业制成品带动农业产品产业链的扩展，多渠道提升农产品价值增值，进而将吸引农村剩余人口和劳动力进入工业和服务业领域，带动农村社会改造，加快城镇化建设进程。

在天津社会主义建设过程中，以新型工业化为先导，结合新型城市化，推动农业现代化的发展，促进乡村振兴战略的实施。在实践中，从工业化、城镇化、信息化、绿色化和农业现代化这一“新五化”发展的实际出发，积极开展“五化”协同发展。而在发展过程中，鉴于农业现代化发展水平较低，各项发展要素滞后于工业化和城镇化的发展，导致乡村振兴战略实施进度不能完全满足农村发展的需要，为此，应在遵循乡村发展实际的基础上，以新型的城镇化和新型工业化的发展带动农业现代化，推动农村地区发展。

此外，天津还应大力提升农业机械化生产能力，以工业的生产体系来加强农业生产能力。具体来说，天津市应在提升农业科技水平和人员能力的基础上，积极推进农副产品加工业和农业机械化推广工作，加大科技成果的推广和转化力度，构建新型的工农业结合的科技示范产业。加强与北京、济南等工业较为发达城市的协调力度，应用周边城市的先进经验和技术来推动农业机械化设施的广泛应用。

五、工业化与绿色化的非协调发展问题

随着天津经济的不断发展，既有经济发展模式的弊端越来越大，具体体现在重工业企业较多且集中度较大，化石能源消耗量大，废物排放量严重超过环境负载能力，加之人口众多，绿色能源消耗所占比重较小，严重制约了天津生态环境的改善。基于此问题，当前天津工业化所面临的最重要问题就是在进行企业发展转型的基础上，加大对新型绿色能源的开发力度，加强环境治理，避免重蹈西方发达国家环境先污染后治理的问题，及早对环境和生态进行修复和治理，做到工业化与绿色化协调发展。

在实践中，生态文明的建设应当注重人与自然的良性循环和发展，强调人与社会、人与人之间形成和谐共生、持续繁荣的状态，是现今生态文明建设的核心内容。然而，在现实生活中，天津在工业化发展和经济建设中还没有完全遵循生态文明建设的理念和观点，传统发展中的“耗能高、污染大、排放重”的弊端依然没有解决，旧的发展模式还没有从根本上得到改变。

第三节　政策建议

一、适当降低低息或免息贷款发放率，减少政府主导型投资行为

政府主导贷款中的低息或免息等类似行为能助长单位赚取资本利差，从而催生虚拟经济泡沫，并导致实体经济中“劣币驱逐良币”，积极努力从事生产经营活动的企业获利反而不如跟政府协作通过贷款形式赚取资本利差来得便利，因而不利于实体经济恢复。长期的计划经济体制拖累了中国经济发展的事实已经证明，经济发展依靠政府主导是错误的。政府主导的投资行为会造成市场扭曲，致使资本和土地等资源往往能以低于市场的价格向富人和大企业集聚，从而进一步拉大贫富差距，不利于民生改善；并容易滋生权力寻租，导致腐败；且地方政府容易着眼于短期利益，大干快上大项目，而忽视长期利益以牺牲环境和资源错配为代价。政府主导型投资行为干预市场经济，耗费了大量的公共财力，致使谈到该提供的公共服务时，便出现资金缺乏。党的十八大报告中提出，经济体制改革的核心问题是处理好政府和市场的关系，必须更加尊重市场规律。

二、投资驱动型发展模式亟须改变，探寻创新发展之路

由前面分析可知，天津投资虽多，但固定资产投资效果在逐年下降，边际投资效率递减成为不争的事实，投资驱动力已大为减弱。习近平同志明确提出中国经济要从要素驱动、投资驱动转向创新驱动。目前，天津经济已从高速增长逐渐转为中高速增长，进入“新常态”，劳动力、资本、资源等要素的规模驱动力减

弱,经济增长单靠投资驱动已难以持续,未来将更多依靠技术进步和人力资本积累所形成的创新驱动。一直以来,天津投资总量过高,特别是政府投资比重过高、领域过宽,一方面导致投资效率递减、地方债务风险加大,另一方面,在一定程度上挤占了企业投资空间,导致企业活力不强,市场机制难以健全。由于长期以来依靠投资驱动迅速推高了经济增速,因此使得我们形成了资本驱动依赖的惯性力量和对投资的过度崇拜,无论在心理上还是制度架构上都形成了很多不利于驱动模式转变的藩篱,整个社会的创新思维、创新活力、创新意识不强,还形不成整体的创新氛围。要转变投资依赖,激发创新活力,先要在思想上重视起来,还要形成一系列利于创新发展的制度架构。就要做到进一步简政放权,完善有利于科技创新的政策环境,构建以市场为导向,以企业为主体,产学研相结合的技术创新体系。

三、提高居民收入,缩小贫富差距,扩大内需以改善供需结构

天津资本形成率居高不下,而最终消费率却持续走低,导致天津内需乏力。因此,需要适当降低资本形成率,提高最终消费率,启动内需。提高居民收入并非是单纯地提高工资,这样有可能致使劳动力成本提高,从而增加企业负担,不利于经济长期发展,而是要通过供需方的整体状况改善,在提高市场活力的前提下实现居民收入稳步提高。提高市场活力,增加居民收入的途径主要有三条:一是发展第三产业和民营经济,扩大居民就业。只有就业才能确保居民有源源不断的收入来源,这应当是首当其冲的有效途径。第三产业是就业的吸纳器,而民营经济发展不仅可激发市场活力,又能有效扩大居民就业。二是降低税率以减少企业税负,清除不合理收费,同时提高最低收入保障标准,把税负减少所带来的企业收益蛋糕适当分发给劳动者。目前,我国企业的税费负担过重,压力过大,这已是国际公认的事情,要减少企业税费负担,做到一视同仁,公平对待国有、民营等各类企业,激发市场活力,这样才能真正扶持民营经济和中小企业。三是政府简政放权。主要通过深化县乡机构改革,简政放权,减少政府支出,进而使政府收入、企业收入与居民收入之间形成合理配比,这也是提高居民收入的有效途径。

四、解决工业化率过高状况需要大力发展第三产业

第三产业之所以又称为服务业，就要以如何更好地服务于第一、二产业作为衡量好坏的标准。服务于第一产业的主要表现就是吸纳就业，服务于第二产业的主要表现就是有利于第二产业利润提高。由上面分析可知，天津第三产业发展质量不高，第三产业增加值占地区生产总值的比重过低，导致既不能很好地促进就业解决城镇化质量不高的问题，又不能更好地服务于工业化发展，存在拖累整体经济的风险。因此，未来仍需重视发展第三产业。不要被全球金融危机蔓延而导致的多国倡导“制造业回归”的表象所累，在保障第一、二产业发展的基础上，继续稳步推进天津第三产业提升的步伐。

五、支持工业等实体经济发展必须大力发展生产性服务业

生产性服务业，顾名思义就是为企事业单位从事生产经营活动提供服务的产业，它是工业生产环节中不可缺少的成分，与工业特别是工业中的制造业关系极为密切。生产性服务业的发展，将直接影响到工业内部分工的深化和生产效率的提高，并进而影响到经济增长的快慢。从美、日、欧盟等国家地区发展的经验来看，生产性服务业都占据了较大份额，在近几十年内发展迅速。而在我国，以生产性为代表的现代服务业发展明显滞后，工业企业所需要的各类生产性服务业还基本上只能由企业内部提供，外部标准化和定制化的生产性服务市场还没有完全形成，从而导致工业企业不能专注于核心业务的开发和纵向延伸，进而导致工业生产效率提高缓慢。因此，在未来天津仍需大力发展生产性服务业，尤其是以信息产业、服务外包等为主的现代服务业。通过税收优惠、构建公共技术服务平台、放宽融资渠道、鼓励民间资本进入等措施共同推进天津生产性服务业发展。

六、合理控制第三产业内部的虚拟成分保障整体经济安全

所谓虚拟经济是指相对于实体经济而言，股票、债券、金融衍生品等一系列虚拟资本的经济活动。虚拟资本一旦产生，就必然在一定程度上脱离实体经济产生独立运动。虚拟资本一旦过度膨胀，导致虚拟经济过度背离实体经济时，就会形成泡沫经济，成为经济危机产生的根源。而在第三产业中，最有可能产生过度虚拟经济膨胀的产业涉及金融保险业、房地产业等，美国发端于房地产业的次

贷危机就是明证；但同时，这两者又是企业生产经营活动不可或缺的生产性服务业来源，作为现代服务业中的重要组成部分，其合理均衡发展将有利于社会整体经济效率的提高。因此如何在实体经济框架内安排这类包含有虚拟经济成分的第三产业实现合理均衡配置，防止其过度膨胀是直接影响到工业等实体经济未来健康可持续发展的关键。

第二章　天津信息化发展状况

第一节　天津信息化发展现状

一、信息化的概念和内涵

1. 信息化的概念

信息化作为一种城市发展模式，最早是由日本学者梅棹忠夫于20世纪60年代首次提出，并做出了概念界定。在此基础上，日本一些科研机构通过进一步的研究，更加详细地界定了信息化的概念，即信息化是一种历史过程，其所带来的深层次的社会变革的能力是在信息产业迅猛发展到在社会经济中成为统治地位的过程中得到的，并极大地推动了社会的发展。从那以后，信息化的概念逐步被学术界所接受，各类学者在实际研究过程中，从各自不同的角度对信息化的概念和内涵进行了论述和研究，并以此延伸出多个学科领域的信息化描述，如产业规划管理、信息系统战略设计、信息化发展策略等。

城市作为一个地理空间实体，聚集了能量、信息、物质等众多元素，在很大程度上是国家综合竞争力、外交能力和政府治理能力的主要表现。而作为城市主体能力的信息化，其在城市建设中的主要内涵在于，按照国家总体战略的安排和指导，将现代的信息技术深度应用于教育、科学、经济、文化、生活和社会政治等主要领域。这意味着，应用现代信息技术能够有效地提升城市的生产力发展水平和运行效率，改善城市管理能力和各项服务功能，提高城市综合竞争力，推动整个区域的精神与物质文明建设程度，从而实现加快整个社会现代化推进进程，协调社会和经济发展程度，因而具有极其深远的意义。一般来说，学术界对城市范围内信息化的概念界定相对较晚，相关理论体系框架也较为模糊，这导致一些相关研究大多存在于一些经济学的范畴内，如发展经济学、区域经济学等，相关研究视角大多聚焦于面向于城市经济与信息化关系的理论与方法分析等。截至目前，学术界公认的城市信息化的研究内涵主要集中于城市发展的角度，推动城市化与工业化进程、实现现代化被普遍认为是城市信息化的主要功能，而城市化进程滞后的城市也能通过信息化这一契机实现跨越模式的发展，从而实现向先进城市转变的目标。

伴随着新一轮的信息化浪潮在 20 世纪末席卷全球，其中所蕴含的革命性因素已经深刻地作用于社会和经济的各个方面，包括工作、学习、生活、社交与信息传递等。在实践中，这些诸如技术、信息等革新型力量也极大地作用于城市发展领域，进而影响到一国的综合竞争力。在这一背景下，西方一些发达国家都从本国实际情况出发，提出了本国的信息化发展战略，力图借助信息化这一潮流提升国家实力。在这其中，如美国最早提出了“国家信息基础设施”战略，并在此基础上制定了“全球信息基础设施”规划来作为未来推动信息化战略的指导方针。而欧盟也迅速制定了名为“信息社会”的行动方案，并规划了执行细则和使用范围。在我们的邻国日本和韩国，也制定了“亚洲信息高速公路”计划，力图在东亚范围内实现跨区域合作的信息化发展战略。由此可见，信息、技术作为城市和国家发展的革命性要素，已经得到了世界各国的广泛认可和关注。在这一背景下，2000 年6 月，在中国上海首次举办的“亚太地区城市信息化论坛”上，与会的主要人员包括联合国主管社会与经济事务的主要官员、区域政府和信息化负责人员、业界著名学者等。他们就信息化在城市中的应用问题进行了深入研讨，并首次提出了“城市信息化”的概念。与会者认为构建大容量的互联网国际出口，提供互联互通、多元多类的互联网信息化宽带接入服务，组建多媒体等信息资源能够自由交互的城市信息网络基础设施，以此实现提升城市资源辐射和扩散能力，使其能以更高的起点融入全球化的经济浪潮。在会后所发表的《亚太地区城市信息化论坛宣言》(简称《上海宣言》)中,与会各方希望能够将城市这一在区域和社会发展中发挥极大作用的实体,作为信息化的第一位目标,使其能够充分地发展与自身相关的信息产业,并利用信息化的相关技术推动社会、文化和经济等领域的发展与改造,最大限度地使信息在城市中有序、高效地生成、扩散、交互和共享,进而产生信息的"辐射"与"整合"效应,从而极大地提升城市的竞争力。《上海宣言》呼吁世界各国应将城市信息化作为本国城市发展的主要推动力和永恒主题,加深城市间信息化建设的交流与合作,深入理解城市信息化的内涵与主题,推动城市各个领域范围内的信息化,运用信息技术消除城市发展不均衡和不协调等问题,最终达到经济社会的协调、快速发展的目标。

从此以后,城市信息化作为信息化的一个主要研究领域,得到了学术界的广泛重视。截至目前,尽管国内外学者对信息化研究的侧重点有所不同,但对其内涵的表述上业已达成了基本共识,即认为信息化是一个产业和社会演变和革命的过程,其动态发展和变化是由现代化的信息技术所推动的,并随着信息技术的发展而不断壮大。这意味着,随着以网络、计算机和通信技术的发展和成熟,社会分工和生产工具进步日益明显,信息化所形成的生产力将更加被社会所重视,并以此渗透和应用到社会经济的各个领域,在其中发挥无可替代的作用。

随着信息化理论和方法研究的不断深入,人们对信息化乃至城市信息化的理解也随之加深。就其本质来说,信息化主要体现出两方面的属性:

(1)信息化的生产模式属性。信息化作为一种全新的生产方式,具有智能性和新颖性的特点。运用信息化的相关手段和方法能够有效地改造传统国民经济中的各个领域,以一种高效、环保和绿色的方式推动社会生产力的发展,配合工业化进程,有效提升国民生产生活水平,推动经济可持续增长,并能够有效节约资源,规避经济发展的资源短缺瓶颈,进而实现社会经济的可持续发展。

(2)信息化的技术进步属性。随着网络技术的不断发展,全球范围内的信息化时代已经逐步显现,其相关技术和应用的发展速度和规模也在迅猛发展,在此背景下,预期到2050年或更久的一段时间内,信息技术在不断创新和发展的同时,将持续占据一个主导地位,呈现出一种通用的技术形式,从而不断推动经济和社会的发展和进步。

总之,随着人类社会对互联网、电视网、电信网的广泛应用,传统上的生产和商业方式发生了颠覆性的变化,社会服务模式和效率也得到了明显提升,极大地方便了社会大众的生活和工作,旧有的服务、培训和生产、生活面貌也发生了巨大变化。例如,远程工作方式的出现和发展,人们可以依照自身的意愿对住处和工作地点进行选择;互联网购物方式的出现则可以使用户在家中就能买到心仪的国内外商品;利用远程交互型教育技术,一些在偏远地区的学生也可以享有优质教育资源,并以灵活和个性的方式开展学习和培训,学习内容也更加丰富。

由此可见,信息化作为一种发展的驱动力量,其必然会利用互联网与计算机技术所产生的革命性力量推动传统的工业社会和经济向信息社会、信息经济转变,而在这一转变的动态过程中,与信息相关的基础设施、管理方式、资金、人力等要素将会进化到更高的层次。一般来说,国家内更高层次的物质、资金、人才要素大多集中在城市,这就意味着信息化必然会在城市中得以突破,从而使城市信息化成为一个必然的结果。从这点意义上来说,城市的信息化是信息化演进和发展的必然阶段,尽管城市信息化并不是一个传统的概念,但其在信息化进程中必然会发挥重要作用。而其与信息化关系主要体现在两个方面:一是并列的关系,即将城市信息化与企业信息化、政务信息化、培训信息化和商务信息化等达成同等程度的一同看待;二是地域的关联关系,即将城市信息化当成国家信息化的一部分。一般说来,城市信息化和信息化在内涵上没有根本的区别,他们的本质都是过程与结果的统一体。这意味着城市信息化作为信息化的一个分支,拥有信息化的一切属性,是信息化在城市发展的表现,因此测算信息化水平的各种方法体系也同样适用于城市信息化,而城市作为信息化的重要主体和承受对象,信息化将是城市向现代信息社会发展的重要方向。

2. 信息化的分类与理论体系

信息化作为现代社会发展和进步的推动性力量,得到了世界各国越来越多的重视,学术界对其的研究也日益深入。截至目前在信息化类型研究领域,各方学者比较公认的分类方法是将信息化分为两大类,即社会领域的信息化和经济领域的信息化。所谓社会领域信息化就是将社会生活各个领域中的信息活动进行统一化定义,使这些信息活动能够提升和倍增信息技术在社会各领域中的影响力和导向作用,并开展社会各方面和领域持续化改造和完善的过程。而经济领域信息化其实质就是利用信息化的相关理念对经济生活各要素进行改造和完善的过程,在实践中,信息化能够将其作用导入和扩展到经济生活各个领域,并利用信息技术对其核心业务的信息资源进行开发和再利用,以提升和增强经济领域各种要素的相互作用和运行效率,达到整个社会经济生活由传统型向信息现代型转变的目标。具体来说,社会经济信息化主要分为社会公用事业信息化、地区信息化、产业信息化、信息产业化、业务领域信息化等五个方面,其中社会公用事业信息化可分为社会团队组织信息化、科教文卫体信息化、社会治安信息化;地区信息化主要分为区域信息化和城市信息化;产业信息化主要可分为工业信息化和服务业信息化;信息产业化则包括硬件制造业、软件业和信息服务业三个方面;业务领域信息化则由电子政务、电子商务、电子业务三部分组成。此外,社会领域信息化还可以划分为事业单位信息化、家庭信息化、企业信息化和政府相关信息化四个方面。

在所有社会经济信息化的各种类别中,城市信息化是其中最为重要的一环,这是因为城市一般处于一国或一个区域内经济、政治、文化、交通、产业和生活的交汇点上,因此对于城市的信息化能够汇聚社会、行业和区域等诸多领域的信息化。从这点意义上来说,城市信息化作为一种复合形式的信息化,包括了区域信息化、行业领域信息化、区域信息化和社会公共事务信息化等众多方面,其也可以称为是多个领域信息化的缩影。从这点意义上来说,针对城市的信息化既是城市发展的战略重点,也是整个国家整体信息化发展方针的重要组成部分。在经济全球化、信息化的大背景下,信息化的浪潮已经席卷了人类社会的各个角落,加速推行城市信息化,开展社区信息化、电子政务、企业信息化等信息化工作,利用信息化的各种要素改造传统城市中的众多领域,加速其重构和整合进程,从而有效地降低城市的运营成本,大大提升企业的经营效率和城市的管理水平。因此,城市信息化作为国家信息化战略的重要组成部分,其加速推进和发展必然能够带动周边区域的信息化进程,实现整个区域的信息化发展,从而全面提升整个区域的经济社会发展综合竞争力水平,推动国家由传统的工业型发展模式转变为信息型发展模式。

由此可见，信息化的两种大类别，其实质都是力图将信息化社会经济生活的各个方面，推动社会产业、服务、居住区、生产部门和经济管理与运行组织等社会领域的信息化水平，用信息技术推动全社会生产水平的发展和进步，增强社会竞争力，最终促使社会由传统的工业化形态向现代的信息化形态转变。

一般来说，信息化作为一种新兴的理论体系，其中包含了多种内容，每一种内容都是面向一个领域内的信息化工作所构建起来的理论方案。具体来说，信息化的理论体系的各个组成部分描述如下：

（1）面向信息化的资源性理论

在经典的经济学理论体系中，资源作为一种自然界中已经存在的物质形式，能够创造出大量的物质财富，从而满足人类社会生产和生活的需要。在实践中，一些常见的资源包括：人力资源、水资源、矿产资源、空气资源、土地资源、能源资源等。而对于信息来说，近些年的研究证明：信息资源在使用效用、使用价值、应用成本和稀缺性等方面具有经济意义上的完备性。实际上，现代经济学的理论已经证实了，信息作为一种重要的资源形式，已经和劳动力、土地、材料和工具一起并称为经济学上的要素之一。这一理论在系统架构上证实了信息这种资源形式在人类社会中所起到的巨大作用。一般来说，国际上公认的信息资源是一种人员、设备、信息和技术的统称，其包括了信息活动中所涉及的所有要素。在国内，由于信息资源的研究起步较晚，相关理论体系还不是很完善，但就信息资源本身来说，国内学者已经从广义和狭义两个方面来进行相关研究并取得了可喜的成就。其中有代表性的表述认为，广义意义上的信息资源在于包括信息内容自身的，信息系统、信息采集设备、信息人员、信息加工工具等，它们构成了信息资源的全部功能形式；而狭义意义上的信息资源就是特指信息内容本身，包括信息的意义、信息所在含义、信息概要等和信息本身密切相关的要素。在实际的社会生产和生活过程中，新时期信息资源占据着重要的地位，其在社会生活中流动完全可以替代传统意义上的物质流和人员流，并能与传统有形资源一样发挥重要的作用。更为重要的是，信息资源的有效使用能够显著增加社会生产活动中的商品附加价值属性，从而大大提升商品的使用效用，强化功能属性，更好地增加产品价值，进而在更大的范围内使信息资源的功用物质化，增强了信息资源的利用水平。

(2)面向经济学框架的信息理论

信息作为一种经济学的要素,很早就受到了经济学研究学者的重视,并以此提出了信息经济的概念。1962 年美国经济学家提出了信息产业的基本概念和组成,首次提出了在社会经济统计和国民核算中,应当将工业、农业和服务业中所有与信息相关的生产和活动分离出来,单独构建一个全新的产业体系,即信息产业体系,使其与传统的第一、第二和第三产业体系并立,从而使信息产业成为第四大产业体系。1977 年美国学者继承和发展了前人关于信息产业体系的理论成果,第一次提出了信息经济中信息部门的构成形式,信息部门应分为两大类别,一是可以面向市场和社会公众出售或免费提供信息服务和相关产业的部门,即一级信息部门;二是只在组织内部提供信息服务,并开发信息产品的部门,即信息服务和产品的使用范围仅限于组织内部,而社会公众的信息需求则不在该部门的考虑范围之内,这种部门就是二级信息部门。一级和二级信息部门之间是由生产部门和相关的社会公众消费行为相互连接,并由此进行信息的交互,其共同作用于信息经济的运营体系中。由此随着信息经济、信息产业和信息部门理论的确立,相关测量方法和统计策略也不断地完善,信息经济理论在逐步完善,并不断发展,最终成为一个独立的理论体系,推动现代信息社会的不断发展和进步。

(3)面向生态学的信息理论体系

一般来说,信息环境是社会环境的重要组成部分,信息环境中的众多组成要素,如信息文化、信息技术、信息资源、信息设施、信息基础条件等,都与社会环境密切相关。由此学术界一些关于信息与人、社会、环境等相关要素的研究不断出现,而这些相关研究被统称为信息生态研究。信息生态作为一种表述信息与环境之间复杂的关联关系的研究理论,最早于 20 世纪 80 年代为西方学者所提出,其目的是借助生态学的观点来界定信息与环境日益复杂和重要的关系。1997 年出版的《信息生态学》(*Information Ecology*)一书,提出了信息生态应从生态系统的角度进行理解,其中的相关要素应与生态系统中决策、支撑、管理和知识等观点结合在一起,统一认识。其内在相关联的各种要素表现形式应以系统的角度来进行分析和界定,把握要素之间的本质属性,并深刻理解各要素在信息生态学中所发挥的作用。在现代社会中，尽管信息和网络技术高度发达，但依然应当加强信息的管理作用，做到信息有序管理，如果信息管理紊乱，就会造成诸如信息犯罪、信息污染、信息过载、信息壁垒等信息生态失衡的现象。从此以后，信息生态学作为一种全新的理论体系，逐步被学术界所接受，运用信息生态学的相关原理，能够将生物生态学的相关理论成果引入信息环境与社会关系的研究，从而能够深刻认识到信息环境的本质要素，把握信息环境的发展脉络，深刻认识信息社会的发展内在规律，从而推动信息管理相关学科的发展和壮大，进而对各种形式的信息化发展（例如，城市信息化、企业信息化、社会信息化等）具有极其深刻的推动和指导意义。

（4）基于伦理观念的信息理论

随着信息技术的不断发展和成熟，网络通信和电脑的不断普及，间接的、不见面、不接触的社交形式已经成为当今社会人际交往的主要形式，逐步取代了传统社会中面对面的交流方式。在实践中，尽管这种基于网络和信息技术的交流方式能够大大加快人际交往的节奏，提高效率，避免了许多复杂的环节，然而这种新型的交流方式也带来了缺乏人情观念，随意性强，传统伦理和规则无法约束的问题。而当今法律法规对于网络和信息技术的社交方式管理又相对滞后，因此很多问题无法得到妥善的解决。为了切实找到这些问题的解决方案，目前学术界已经开始对这些问题进行深入的探讨和研究，相关研究力图借助信息技术人员、各类学者和法律从业人员的集体智慧来构建信息社会时代下的伦理和道德观念，以适应新时期的发展趋势。这就是信息伦理的起源。21 世纪初，一位西方学者在其著作中第一次提出，可以从计算机伦理学中剥离出信息伦理的相关理论，组成信息伦理学。这是信息伦理学从计算机伦理理论框架下诞生的起点，从那以后，众多学者从具体问题实际出发，探索了信息伦理理论的相关体系框架。如一些学者将信息伦理学界定为一种基于伦理规则、伦理规范和伦理要求的信息伦理关系，这种关系能够协调信息化工作中的开发、流通、产生、发展和管理与利用等众多方面所涉及伦理需求，从而大大加速信息化发展进程。对于信息伦理的功用，有英国学者提出尽管信息伦理学脱胎于计算机伦理学，但其的理论体系并不能对计算机技术的相关伦理问题解决起到立竿见影的效果，不过这种理论体系却能为计算机相关问题的长远解决方案的研究提供理论和道德方面的支撑。随着现代信息技术的不断发展和信息化工作的推进,这种基于伦理观念的信息理论必然会得到越来越深入的认识和研究。

(5)全球化视角下的城市发展理论

在21世纪初,一些西方学者和联合国官员首次提出了全球化发展中的世界城市理论,他们认为信息技术的发展扩展了全球经济和社会发展的范畴,信息技术的革命性进步也使现代化的管理方式和生产行为产生了越来越密切的联系,并使其在相互的促进中不断发展。而在城市发展方面,对于一些大型城市,特别是一些发展中国家的大型城市,通信技术的广泛应用,对推进信息化进程尤其具有极其重大的作用,正如一些学者在其世界城市理论的著作中所描述的那样:新型的信息技术和通信技术可以在全球化经济浪潮中为社会大众提供各种生产与生活资源,提升城市的资源集聚作用,进而加强其中心地位,增强城市内部各种功能属性,减少城市发展过程中所产生的信息化不对称造成的贫富差距拉大等发展问题,因此这一理论对于城市信息化的发展与壮大、城市信息基础设施的建设具有极其深远的指导意义。

(6)区域视角下的学习型理论

在经济全球化和信息化的大背景下,20世纪90年代,在特种经济学理论研究领域,一些经济地理学者提出了区域学习型理论,他们认为,在学习和创造过程中,一些区域已经成为认知的重点,且这些面向区域的学习和创造的范围正在不断扩大,这就意味着,在区域经济发展过程中,经济发展动力的源头主要来自生产对于知识的利用和相关创意的出现,而这种利用关系最终表现为区域范围内的学习型关系。一般来说,区域中的学习型关系作为信息时代区域经济发展的主要推动力量,为区域发展提供了崭新的发展范式,包括与信息相关的产生、发展、流通、管理和消费等多个方面。而在实践中,这种学习型区域离不开信息技术网络的支撑,这意味着信息技术为学习型区域构成提供神经网络系统,支持了学习型区域的不断完善和发展。因此,信息技术对于学习型区域是极端重要的外在因素,学习型区域在缺少信息技术的支撑下,是无法正常运行并不断发展的,而区域发展也就因此丧失了发展的动力。由此可见,学习型区域理论是信息化理论中不可或缺的一部分，其已经得到了学术界的广泛关注和重视。

3. 信息化的意义及在我国的发展状况

当前，在全面推进城市现代化的进程中，先进的信息技术已经融入了城市的各个方面，包含了经济、社会、文化、生活等众多领域。在这一过程中，通过对城市中各类信息资源的深入搜集、管理和利用，使得城市管理者能够更加高效地治理和运营城市，提升城市资源吸引和聚集能力，增强城市综合竞争力。这意味着通过完善和提升城市的信息化水平，能够有效地改善城市中的各项服务功能，推动城市中经济和社会各个领域的发展，提升发展质量，加快发展速度，促进经济协调可持续发展。由此可见，城市中的信息化工作能够有效地突破当前我国在全面推进经济社会现代化时所遇到的各项瓶颈，为城市发展提供全新的推动力和前进途径。由此可见，在城市中推行信息化，提升信息化水平，对于推动经济社会现代化进程具有极其深远的意义，而在实践中这种意义主要体现在以下几个方面：

第一，城市范围内的信息化进程是社会经济腾飞的重要保障。从传统上来说，城市经济发展主要模式是利用所在区域的资源，运用规模和运营等相关要素来推动相关经济的发展。然而，随着社会经济的不断进步和自然资源的枯竭，这种“以资源促发展”的传统模式已经无法适应新时期社会经济与信息化前进的步伐。为此，近年来，很多国家的城市管理部门提出了“信息化推动工业化”的发展战略，即在城市中大力构建信息基础设施，推动城市各个领域信息化，将信息技术有深度应用于传统产业改造工作中，借助信息技术提升相关产业生产力，减少产业对自然资源的依赖程度，提高产业产出质量，降低成本，减少工作强度，拓宽产品销路，加速产业体系的升级换代和结构优化进程，促进产业结构调整顺利、有序推进，从而推动产业和城市经济发展模式由传统粗放型快速向现代集约型转变。相关资料表明，在一些发达国家，由于城市信息化的推行，使城市吸引外部投资力度增加了约30%，由此使整个城市经济社会效益提升了85%以上，获得了显著的社会经济效果。

第二，城市的国际化发展离不开城市信息化的支撑。随着经济全球化趋势的不断增强，城市的国际化进程也日益加快，这意味着在经济全球化浪潮中，全球化的理念和架构也日益渗透到城市发展中，而城市本身的国际竞争力也逐渐成为城市综合实力的衡量标志，其自有能力的提升与增强也是现今城市发展的重要目标。从这点意义上来说，只有当城市建立起完善且功能齐备的信息基础设施，才能够从真正意义上完善其中的各种服务功能，最终能够将城市构建成为一个全球性的思想、人力、资源、财力、物质和技术集散地，推动城市在技术和理论上的创新能力的提升。

第三，城市可持续发展能力的提升依靠信息化工作的推进。在现代化城市发展进程中，人作为城市的主体在城市中占有极其重要的作用，这意味着，满足人们的需求是城市发展的终极目标和战略方向，而“以人为本”也是现代城市发展中最为核心的理念。在实践中，只有将人与自然和社会协调发展的理念贯彻始终，才能真正实现城市的可持续性发展与进步。而信息化在城市中的应用，能够有效地推动城市化和工业化的发展，促进农业现代化和城市绿色化的推进，从而为人类在城市中构建广阔的发展空间和优异的生存条件，进而使其作为一股全新的力量和发展内容推动城市的协调、可持续性发展。由此可见，以信息技术为支撑的信息化工作能够在最大限度上优化和改革政府职能，在城市中调整和完善经济社会的发展方向，为城市的综合竞争力的提升注入全新的动力。事实上，从全球化的角度来说，在城市中加快信息化建设能够开辟新型的规划和管理理念，为建设创新型城市提供实施条件，同时，信息化还能够优化社会大众的居住环境，消除城乡间发展不平衡的因素，构建和谐人居环境，从而最大限度地体现出城市的“以人为本”的发展理念。

综上所述，随着信息化大潮的兴起，信息技术已经作用于城市运营的各个领域，如城市的管理、经济发展、社会改造和建设规划等。信息化在人类生活诸多方面的渗透，使得人们的思维方式、行为习惯、工作模式、生活状态和学习样式都发生了巨大变化。而这些变化也在很大程度上推动了信息化对于城市社会和经济属性的提升与变革。由此，信息化作为城市现代化战略的重要手段和构成，对于推动城市的未来发展，提升城市现代化水平，加快工业化和城镇化进程，实现农业现代化和城市绿色化具有极其深远的意义。

鉴于世界各国城市信息化战略的不断推进和完善，我国对城市范围的信息化战略也日益重视,纷纷开始制定符合自身需要的信息化战略,这些战略的实施给我国城市建设提供了全新的发展机遇。在实践中,国家信息产业部下属的信息化推进司在1999年就开始了第一批城市信息化试点推进工作,在这项工作引领下,全国的一些信息化建设意愿较大、信息基础设施较好且具有信息化特色的直辖市和省会城市、地级市、县级市纷纷加入进信息化建设工作中来。这些试点城市严格遵循了"科学规划、统筹设计、自上而下"的建设方针,建设了大量的城市信息基础设施,包括基础架构平台、信息加工与处理系统平台、公共数据应用平台等多个信息采集、加工和处理平台,并在信息化建设中积累了大量的经验,取得了显著的成就,使城市信息化水平明显提升,城市的综合竞争力迅速发展,获得了良好的社会经济效果。伴随着我国城市信息化工作的进一步深入,一些关于城市信息化推进的调查研究也广泛开展起来,大多数的调查研究都在关注城市信息化工作顺利进行的保障要素构成。一般来说,学术界较为公认的信息化工作的保障要素主要体现在以下五个方面:

第一,城市主管官员的重视程度。一般来说,只有在主管官员重视程度高的情况下,各级信息化推进部门才能形成一致的思想认识,各个基层组织才能逐步完善工作机制,协调和领导社会各个领域推动信息化建设工作。

第二,科学严密的规划和实施方案。通常,信息化工作是一个长期的工程,只有进行严密和科学的规划,才能够使信息化工作最大限度地符合所在城市的社会经济发展的战略目标,适应城市化发展需求,进而能够分步骤、按计划完成信息化工作的阶段性工程项目,突出重点、科学实施,保障信息化工作推进有序进行。

第三,建设与使用相互促进的协调关系。在信息化建设过程中,城市信息化推进部门应在建设信息基础设施的同时,加强信息应用思维,即以信息应用为导向来指导建设,建设与应用并举,克服只建不用的错误思潮,使应用和建设相互促进,协调发展,让社会大众都能享受到信息化建设的成果,促使全社会以高度的热情投入到信息化建设事业中去。

第四,协调好政策与市场的关系。城市信息化不但是一种政府行为,更是一种市场化运作的结果,因此在信息化建设过程中,应协调好政府与市场的关系,即把握好政府在城市信息化建设中宏观调控与市场化运作之间的协调关系,做到宏观调控与市场机制两手都要硬,两方面都不能偏废,最大限度地拓宽信息化建设融资渠道,保证信息化建设对资金和人力的需求。

第五,构建和谐有序的信息化建设环境。城市信息化的建设的顺利推进离不开和谐有序的城市环境,如人力环境、融资环境、法律环境、政策环境和市场环境等。良好的城市环境能够最大限度地满足信息化建设中对资金、人才、政策、市场和法制的需求,保障信息化工作得以顺利进行。因此,城市在推进信息化工作的同时,应大力加强信息化的环境建设,为信息化工作保驾护航。

总之,在我国全力建设社会主义小康社会的大背景下,城市信息化应以现有经济社会发展现状为核心,充分考虑到城市中城镇化水平、工业化水平、农业现代化水平及产业集聚的实际情况和信息化工作的需求,采用以中心城市为主导,强化信息中心意识,以信息中心城市为主要节点,辐射周边,进而带动整个区域信息化的快速发展。在实践中这种以信息中心城市为依托的集中式信息化发展模式所引领的城市信息化发展原则为:加强信息中心城市建设,逐步扩宽区域信息辐射通路,以中心城市为示范,带动和提升周边中小城市的信息化建设进程,全面提升整个区域的信息化水平,从而为国家综合竞争力的提升奠定基础。由此可见,推动政务信息化,提升全社会的信息服务意识,增强社会信息化水平,以信息化提升现代化、城镇化和工业化,加速国家信息工程产业的实施进度是当前我国城市信息化建设的基本思路和重要任务。而这些信息化推进工作的最终目标是力图应用现代信息技术改造和提升城市各个服务和功能领域,以信息技术为手段,提升城市治理水平,增强城市绿色化水准,构建良好的区域发展条件,大力推行信息化工作,使社会、企业和城市各个领域实现高标准的信息化,为城市人民生活水平的提升创造出良好的外部条件。增强人民大众的信息化意识,使社会大众能够自觉自愿地加入信息化建设的工作中去,实现全社会推行信息化的可喜局面。总之,我国的城市信息化的建设内容和基本任务是符合全球城市信息化的基本框架的,而我国推进城市信息化工作也必然会成为全球信息化浪潮的一个重要组成部分。

二、天津城市信息化的发展目标

天津作为全国直辖市之一,历来重视信息化建设工作,并是全国最早开展城市信息化工作的城市之一。在这一过程中，天津市构建了多个信息化建设标杆工程和项目，如天津信息港、天津滨海新区信息工程等。这项工程项目的推进和广泛应用也凸显出天津市推行城市信息化、建设信息天津的决心和战略决策。经过从“九五”“十五”开始，到“十一五”“十二五”“十三五”的集中建设，天津的信息化建设工程从最初的相对独立的项目形式，逐步发展到融入天津经济社会建设和发展的总体框架内的各个环节，各项信息化事业得到了稳步的发展，信息和信息技术在天津经济社会发展和社会公众的生产和生活中起到越来越大的作用。因此，在实践中厘清天津城市信息化的发展历程，明确天津信息化建设的背景，总结天津城市信息化的阶段性目标和已取得的显著成就，对于把握天津当前信息化建设的现状，构建天津城市信息化的总体战略目标具有极其重要的意义。

1. 天津城市发展的战略定位和总体经济发展目标

天津作为环渤海区域经济发展中心城市，是我国最早的直辖市之一，其城市发展的定位一直是其在战略规划中最为关注的要素之一。为此，天津在城市总体规划中多次对自身功能定位做出了界定。2015 年 4 月 30 日，中共中央政治局审议通过《京津冀协同发展规划纲要》，这一区域规划是国家“十一五”规划的重要组成部门。在这一规划的指导下，在天津市委于 2015 年 7 月召开的第七次全体会议上审议并通过了相关实施方案，全面落实国家《京津冀协同发展规划纲要》，为未来五年内天津市的中短期发展确定了方向。在此方案中，天津市第一次公开发布了天津市在京津冀协同发展中的城市功能定位，即在未来发展中，天津将努力建成全国首屈一指的先进制造行业基地和我国北方海运核心基地，大力开创改革开放的先进区域和金融创新体制运营示范区，这些建设方案就是规划中所首次提出的“三区一基地”建设方案。从此以后天津市有了明确的城市发展战略定位，并把握这个机遇和挑战不断推进天津社会经济发展，进而实现天津经济发展的总体目标。

在全国经济发展进入新常态的今天，天津市政府从本地区发展的实际情况出发，制定了天津市国民经济和社会发展的中短期战略目标。在天津市公布的“十三五”发展规划中，明确指出，天津将大力开展现代化建设，力争在“十三五”期间构建较为完整的社会主义市场经济框架和体制。

在构建天津先进制造业中心方面，由于天津传统上是一个大型的工业化城市，工业总产值在全市国民生产总值的比重已经超过同类诸如北京和上海等一线城市。在未来，天津市将在相关规划的指导下，继续优化工业体系产业结构和布局，构建产业链条完整、及时完备、配套设施先进、特色鲜明的产业集群体系。通过产业制造上下游建设和完善，加大产品技术研发和长效力度，形成工业、制造业新产品、新工艺、新技术和新模式、新业态的聚集和承接地，构建新型技术驱动研发制造的策源地和原创地，提升先进制造业的发展速度，鼓励民营资本积极投入到技术研发和创新体系中来，推动先进产业的快速发展。

在天津国际海路海运中心建设方面，未来天津市应当根据相关规划和实施方案的要求，以天津海上和航空港口为中心，既有轨道交通网为主干，构建现代化的基础交通网络，全面提升天津作为交通枢纽的辐射效应，加强全球资源配置和交换能力，在提升交通运输服务的基础上，全面增强多交通样式的衔接和联运能力。

在金融创新示范与运营区域建设方面，未来天津将重点加强金融创新力度，增加创新投入，扩大金融运营规模，更好地实现金融对实体经济的支撑作用。

在改革开放示范与实验区域建设方面，天津将充分利用既有自由贸易试验区和滨海新区以及自主创新示范区的政策支持优势，全面提升和深化改革力度，加强相关金融创新和运营能力，形成一个改革引领政策强劲、对外贸易活跃，规章制度全面与国际接轨的改革开放示范区域，推进相关改革和开放工作全面实行。

在城镇化与生态环境建设方面，天津市将根据相关规划和实施方案要求，全面发挥滨海新区的示范作用，建设现代化的城镇化工作，按照城镇化工作的相关要求，建设具备中等城市标准的郊区各市县，其中包括蓟州、武清、宝坻、静海、宁河等区市，形成“双城”、辅城和中等城市与特色小城镇相互促进，协同发展的建设模式。完善城市基础设施和服务功能建设，加强生态环境保护力度，为天津城市发展提供可持续的动力来源。

2. 天津城市信息化建设的总体目标和建设定位

随着天津现代化建设的深入，在天津市政府所颁布的《天津市工业经济发展

“十三五”规划(2016—2020)》中,天津市在未来5年中将全面贯彻国家的《中国制造2025》和《京津冀协同发展规划纲要》的相关要求,在《天津市国民经济和社会发展第十三个五年规划纲要》的规划引导下,在工业化进程中全面引入信息技术,推行“互联网+制造”的先进制造业,以信息技术改造现有制造业生产模式,推动制造产业升级转型。在这一过程中,天津市主要需在以下四个方面开展相关工作。

第一,推进智能化制造。将数字化、网络化和智能化技术引入制造行业,加大智能化在制造业的设计、管理和服务环境的应用水平,加强数字化技术的应用,全面推进数字化车间与工厂建设,实现电子、轻工、机械、汽车和船舶、电子等行业的制造设备智能化升级,推动全产业链条的全面集成和转型,推动制造业生产模式向智能、精细和柔性方向转变。在实践中,天津应依托经济技术开发区和滨海新区,全面推行智能制造业示范工程,加强对外合作,推动中德智能制造试验区建设工程。

第二,大力发展网络化融合制造。应用网络技术和云技术体系,全力开展制造新模式建设工作,实现云制造、网络制造和众包设计等制造方式,加快推进天津“企业云”、滨海工业云等公共信息服务平台建设进程,借助网络和云端技术增强企业、车间和设备的生产工艺改造,提升产品应用空间,拓宽销路市场。特别要加强通信光纤网络建设,提升企业宽带网络的支撑能力,形成高覆盖、高可靠、高速度的工业互联宽带网络,提升制造业企业互联网应用水平。加强企业信息安全建设,建立安全评价、产品质检和安全技术支撑的防护保障体系,增强制造业企业信息安全防护能力。

第三,推进制造业的服务型能力。先进制造业与生产服务业的全面融合是现代工业化发展的必然趋势,这意味着,生产服务业的发展和壮大能够极大地推动制造业生产、研发和销售各个环节价值链的充分延伸,加速制造业的服务型模式的转化和升级。在这一过程中,借助信息技术、大数据技术和物联网、云计算等先进技术构建相关服务平台能够全方面地收集和整理相关产品的研发、设计、生产和销售数据,通过相关数据挖掘和处理技术,形成生产过程的决策和支撑系统,为制造业产业的升级和优化提供数据保障和决策支持。

第四，加快工业化和信息化深度融合进程。在大力推行工业企业产业升级转型的过程中，应在科学理论的指导下，加大重点产业的工业化和信息化融合进程，将融合领域从单点应用逐步推向多方位、全渠道的集成和转换。加快相关示范企业的信息化与工业化融合管理体系和认定标准建设进程。在实践中，应根据产业具体情况，全面建设龙头企业和重点行业的电子商务平台，加强电子商务技术的深度应用。同时增加对重点行业和危险品生产企业的监控和保障力度，提升监管的智能化水平，实现及时响应、智能管理的建设目标。

为了实现在经济社会发展规划中所提出的发展目标，完成国务院批复文件所确定的城市定位方针，天津市的各项发展应时刻以建设环渤海区域经济中心和北方经济发展枢纽为目标，以建设现代化的国际性港口城市为基点，将自身发展定位与国际通用的交流和运营方式相结合，将天津的发展理念和方针与全球化大潮融合在一起，向世界宣传天津，使世界更加了解和认识天津，增强天津的国际知名度。在实践中，尽管天津的实际建设状况与国内外先进城市还有诸多方面的不足，但天津自身发展的特点却蕴含着独特的优势项目。如天津位于环渤海经济区域和京津冀城市群的交叉点上，其地理位置具有非常大的优势。这意味着，天津既拥有中国北方最大的港口区位优势，又具有京津冀城市带上的人口与资源优势。作为中国最大的人工港城市，天津担负着对外贸易口岸和国际联络的双重职责。为了能够更好地适应天津城市所承担的贸易、交通和通信等各种类型的综合职能要素，天津市近几年加强了建设城市载体的职能要素，完善了城市中各种服务功能，这使得城市的经济社会发展保持了良好的势头。据统计，2010 年以来，天津城市国民生产总值增长率一直保持在两位数以上，城市居民人均可支配收入在扣除物价上涨指数之后，依然可以达到 8.5% 以上，并表现出极大的向上提升空间，具有很好的发展潜力，有力支撑了天津港口对外服务的职能的建设，取得了良好的社会和经济效益。天津市建设和发展的成就为天津城市信息化的进一步深入和全面发展提供了强有力的依托。

为了进一步推动天津城市信息化建设，保障信息化工作能够服务于天津社会和经济生活的众多领域。天津市政府从本市实际出发，结合天津城市的基本定位和城市发展的战略目标，制定了“十一五”及今后一段时期内的中短期信息化发展战略目标。这一战略目标指出，天津当前的信息化建设应以天津信息港工程为依托，广泛应用先进的信息技术，加快发展高质量的信息产业体系，并以这些产业体系为基础，打造以滨海新区为核心的信息化建设示范区域，构建智能信息化城市服务领域，以智能化设备改造城市传统基础设施，进而打造信息技术与自助服务融为一体的“智能天津”。

在实践中，随着天津市中远期经济社会发展战略规划的确定，及天津城市信息化未来发展趋势的确定，天津城市信息化建设的中长期战略也逐渐明晰，并得到了天津城市管理者和决策者的共识。在天津城市信息化中长期战略规划中，天津信息化建设的长远目标可以定位为：深入应用先进的信息技术对城市经济、社会、决策、生产、管理和生活等各个要素进行深入地改造，加强其信息化运营水平，提升信息服务能力，健全信息化综合体系。以示范效应的形式，将信息化建设的成果推广到天津周边 14 个省级和市级区域中去，给天津周边区域的信息化建设带来全新的动力，推动全国范围内的信息化建设工作，实现国家整体经济社会发展模式由工业化向信息化转变，进而使社会形态也随之从工业文明向信息文明过渡，最终为实现我国真正意义上的现代化提供发展动力和支撑条件。

三、天津信息化的发展成就

1. 天津信息化建设的国际背景

随着信息技术的浪潮在 20 世纪七八十年代席卷全球，浪潮汹涌的信息化革命使得全球社会信息总量呈爆炸式增长，社会公众的信息交流方式也日益丰富，相关技术也处于不断更新的过程中，这使得信息技术和信息化深刻影响了社会经济的不断完善和发展。信息革命已经广泛地深入到人类社会的各个方面。与人类历史上一些显著的社会技术大进步一样，这场信息革命中最为耀眼的光芒来自经济社会的信息化，信息化推动了社会生活方方面面的变革。由此可见，我们正在经历的信息革命相比以往的技术革命在内容和形式上有了很大的不同，信息革命中信息要素作为主要推动力，已经完全代替了以往的能源要素形式，这意味着伴随着信息化时代的到来，信息化社会将比传统工业社会更加节能和环保，可持续发展性更强，对人类社会中的各个要素改造和完善力度也更大。

从世界的范围内来看，西方发达国家都致力于本国信息化建设工作，试图在信息革命的大潮中立于不败之地。法国、英国、加拿大等国,纷纷制定出本国的信息化建设方案,并大力推进具有大容量的数字化光纤计算机网络通信设施,即“信息高速公路”,通过这些“信息高速公路”计划的建设,社会公众能够以自动化和高速的形式进行图像、声音和文字等多媒体信息的快速传输,这意味着,人们只需要通过一台连接网络的计算机终端,就可以快速和简便地同社会中各个部门,如新闻媒体、商场、意愿、培训机构、政府部门、工厂、企业、科研机构、高等院校等,进行数据和信息交换,进行大量的工作和日常事务的处理与结果共享。从而大大提升了通讯的质量和速度,降低了交流成本,推动了经济社会的发展。在我们的邻国,日本也高度重视信息化工作,日本政府投巨资开展了以信息化为主要内容的“曼陀罗计划”,力图用5年时间全面提升日本社会的信息化水平;新加坡政府也预期在未来几年中,投资100亿美元的资金,大力打造本国“智慧岛”项目。而中国台湾也在全球信息革命中,投入重金打造本区域内的、面向亚洲和太平洋地区的“智能信息服务中心”计划。总之,面对全球性信息革命大潮,世界各国无论愿意与否,都会卷入其中,无法避免。因此,对于我国来说,应当直面信息化浪潮所带来的各种挑战,制定符合本国实际情况的信息化战略,走有中国特色的信息化发展之路,在信息化浪潮中发展自己,使自身立于不败之地。

2. 天津建设信息化的国内背景

在国内,我国政府非常重视信息化工作,并将其视为推动我国经济社会现代化建设的决定性力量。早在20世纪90年代,国家就成立了由国务院牵头,20多个部门和企业参加的联席会议——“国家经济信息化联席会议”,并着力将推动经济社会信息化的工作纳入国家发展战略中,进而制定了“金农”“金盾”“金网”等“三金工程”,协力推进信息化工作。进入新时期以来,随着信息化大潮席卷全球,我国信息化工作日益艰巨、复杂,国务院为了适应新形势的需求,成立了“国务院信息化工作领导小组”,替代原有的“国家经济信息化联席会议”,成为指导全国信息化工作的“中枢”。在“三金工程”和“国家信息化领导小组”的推动下,我国各地信息化工作逐步推进,形成了一大批信息化工程试点,如“上海信息港”“海南信息化”“深圳信息化”,以及全国知名的“首都信息化”和《北京信息化建设规划1998—2010》。在国家层面也在“九五”“十五”和“十一五”期间制定了经济社会信息化的建设的目标和规划，绘制出国家在今后30年内国家信息化建设的远景目标规划。在这一背景下，天津作为我国重要的直辖市之一，也在根据自身实际的基础上，按照国家政策需求，制定出符合自己实际情况的各种信息化建设纲要，如"九五"期间，在天津制定的《"九五"计划和2010年远景目标纲要》中，就明确提出了天津建设城市信息化的战略目标是，将天津建设成为我国北方最为重要的经济信息中心。而为了实现这一目标，天津在随后的一段时期内启动了天津自己的信息化标志工程建设项目——天津信息港工程，取得了巨大的成就，以此引领天津城市信息化建设进入了一个崭新的阶段，极大地推动了天津整体信息化工作的进展。

3. 天津信息化建设所取得的阶段性成就

最初的天津信息化领导小组成立于20世纪90年代，在此小组的领导和规划下，天津推出了第一个信息化建设纲领性文件《天津信息港规划总体框架》。这一文件的出台和正式实施，标志着天津市第一次将信息化建设工作作为经济社会发展的重要工作之一，并开始优先实施，天津信息港的建设也成为天津信息化建设的起始点。在实际建设过程中，天津信息港的建设也使天津成为全国首批进行城市信息化建设的试点城市之一。

在实际建设过程中，以天津信息港为代表的天津信息化建设在初期的建设主要分为两个阶段，即起步阶段（从信息化领导小组成立至21世纪初）和加速建设的全面发展阶段（21世纪初至"十五"计划末）。经过这两个阶段的建设，以天津信息港为代表的天津城市信息化建设完全实现了天津市政府所提出并下发的《天津信息港规划纲要》所描绘出的信息化建设远景图，即到"十五"末期，将天津建设成信息化水平较高、符合国际化标准的区域中心城市，最终使天津成为我国北方重要的国家信息中心和信息产业发展和装备基地，重要的信息产品制造中心和我国主要的信息商品集散地。城市信息化水平在全国具有较为重要的地位，形成一个较为知名的信息化中心城市。

随着天津信息化建设工作的推进，特别是经过了"九五""十五"的信息化的集中建设，天津市依照"联合建设、统筹规划、资源共享、服务社会、应用为先"的建设方针，完满完成了先期信息化建设规划中所设定的主要任务。具体工作内容也从先前的以信息基础设施建设,逐步转变为对信息技术的广泛应用的新型发展模式。这意味着天津信息化建设工作已经从先前的起始、摸索和引领示范的建设路径转变到把握重点、全面发展的新型建设渠道。纵观天津过去十多年的信息化建设工作可以发现天津所获取的信息化建设的巨大成就:在“九五”期间,天津通过建设信息化基础设施和通信网络的“2119”工程,完善并提升了全市信息产业的规模,全部建设和实施了规划中所设定的11个应用系统,并在互联网上基本实现了政务、社保、财政、人员、医疗等九类信息的共享和共建。与此同时,天津的信息产业作为支柱产业不断壮大,并成为天津市最大的产业体系,其相关联的信息技术研发和应用工作也蓬勃发展和壮大,有力地推动天津信息化起步工作完满完成。在“十五”建设期间,天津提前两年完成了信息化工作的“1211工程”,构建了立体交叉、光纤和无线网络相互配合的城市骨干宽带网络,陆续建设并投入使用了一些能够提供基础性功能的信息平台,利用这些信息平台提升了社会公众利用信息服务的能力。与此同时,天津市的电子政务工程也取得了相当大的成就,连接天津四大市政机关(市人大、市政府、市政协、市委)的政务专线正式投入运行,市属区县和部委的宽带网络接入也正式实施。通过电子口岸一期工程的建设,使得港口、商务、海关、防疫检验、金融和税务之间的数据实现了共享和交换,相关数据构建了港务通航信息管理系统,提升了港口货物通关效率,缩短的时间成本超过三分之一。另一方面,天津市的重要信息化工程(金盾、金税、金审)启动并稳步推进,带动了天津信息产业的长足发展和壮大,成为天津经济增长的全新支柱和推进器。天津信息化建设所产生的成就使得天津信息化知名度急剧提升,“九五”“十五”期间,天津连续承办了三届国家层面的信息化工作论坛,面向全国交流了信息化建设的相关经验,为天津构建信息化持续、健康发展的外部环境提供了坚实的理论和实践基础。

总之,经过十多年的努力,天津信息化工作取得了巨大的成就。通过天津信息化工作的推进,天津城市信息基础设施从之前的“一穷二白、微不足道”,逐渐发展到今天这种“应有尽有、做大做强”的状态,为天津未来信息化的进一步发展和壮大打下了坚实的物质基础和人才储备。因此,在实践中,天津通过“九五”期间的基础信息设备和硬件的建设及“十五”期间信息应用软件的推广和信息成果的普及使用,使信息技术在天津市社会生产和生活的各个部门得到了广泛的应用,信息设施已经广泛进入到包括企业、家庭和政府部门在内的各个领域,信息产业也逐步升级、完善,成为天津经济社会发展的支柱型产业,城市的信息化成果的助推作用日益显现,成为推动天津社会现代化建设又一主要力量。因此,可以这样预期,天津的信息化成就使天津日益成为一个中国北方地区具有较高国际知名度的信息中心。据国家信息中心在2002年首次公布的信息产业测评结果文件显示,天津信息化综合水平在全国各大中城市中名列前茅,其中天津的电子产业和信息工程企业所产生的利润效率在全国排名第一。这一排名有力地证明了天津在发展城市信息化道路上所取得的优秀成绩,肯定了天津从“九五”开始对信息化工作多年探索和开拓中所做的艰苦努力。而天津建设城市信息化过程中所积累的经验和探索的道路也得到了中央政府和全国各地的认可,为兄弟省市的信息化发展和推进提供了有益的经验。

第二节　天津信息化发展中存在的问题

一、信息化对天津工业化发展的影响和存在的问题

1. 天津信息化建设对工业生产体系改造的影响和作用

随着全球信息化建设的深入,信息化和工业化之间的相互作用关系引起了学术界的广泛关注,很多学者从各自的实际情况出发,研究和探讨了二者之间的关联作用和影响要素。对于天津这一工业化历史悠久的环渤海地区经济中心城市来说,工业化与信息化的关联和相互作用关系更多地体现在信息化在推动工业结构调整和升级中所发挥的重大作用。当前在天津社会生产体系中,信息化对工业化的作用主要体现在两个方面:一是替代作用,即绿色环保和低能耗的信息化产业的快速发展已经逐步替代传统的高能耗的制造业,成为天津的经济发展的主要支柱;二是推动作用,即信息化和信息技术能够渗透入传统的物流、冶金等领域,改造其生产和运营模式,使天津这些产业从原先的能耗、人员密集型发展模式逐步转向技术、资金密集型产业模式,加快产业转型步伐,使天津尽快

从20世纪末期的传统工业化产业的萧条中恢复过来，走向全面建设经济社会现代化的正常轨道上来。

随着天津城市信息化建设的深入，以信息设备制造、提供信息采集、加工、存储和共享、加工利用的服务为主要特征的信息产业已经成为天津经济发展的主要推动力量。在整个信息产业体系中，电子设备制造业、信息传媒业、软件业和信息咨询服务业是其中的主要支柱，在这些行业中，信息传媒业、软件业和信息咨询服务业又可以被划分为传统的第三产业，可以并称为现代的“信息服务业”。近年来，天津的信息产业发展迅猛，尤其是电子信息产品制造业已经成为天津的第一大产业支柱，在天津的社会生活和经济发展中发挥了无可替代的作用。据相关统计材料的数据，天津的信息产业的总产值占全市国内生产总值总量的20%以上，在全国名列前茅。而电子设备制造业产值更是达到了千亿元的水准，占据全市总收入的四成左右。相关生产产业拥有三星、三洋、京东方等国内外知名龙头企业入驻，相关的信息设备基础元件制造和计算机外设产品的制作工艺已经领先于全国同类城市。由此可见，信息化在天津工业产业转型和改造中发挥了重大的作用，取得了相当可喜的成就。

2. 天津信息化建设与工业化发展之间所存在的问题

尽管近年来天津的信息化建设在全市工业产业转型和改造中发挥了巨大作用，取得了显著的成就，但从长远来看，天津的信息产业也存在着一定的问题，这些问题如果不能妥善解决，将极大限制天津信息产业的发展和壮大，信息化对工业化升级的推动作用也将大打折扣。具体说来，这些问题主要体现在以下两个方面：

第一，天津的信息产业，尤其是电子设备制造业，在技术和资金上对国外大企业和跨国公司具有相当大的依赖作用。这意味着，天津信息产业的发展和壮大严重依靠海外入驻企业的技术和资金，自身所拥有的核心技术缺乏，本土资金投入不足，只能依靠中外合资和管理协作来进行产业生产的技术升级和管理能力的提升。而一些诸如芯片制造和产品关键环节的设计工艺依然掌握在外商手中，其依靠这些核心技术能够获取大量利润，而我国本土企业所得到的订单仅仅是一些简单的来料加工和外围产品的制造，订单利润率较低，自主设计和研发能力还十分有限,极大制约了信息产业深层次、高端化发展,限制了天津信息产业的可持续发展能力。

第二,尽管天津信息产业发展迅速,取得了可喜的成就,但值得指出的是,相对于其他的一线城市,如北京、上海等,天津的信息产业基础还较为薄弱,尤其是现代的信息服务业,其相关资金投入、从业人员数量和福利待遇都远低于国内的一线城市,而信息服务业作为衡量城市现代化水平的重要指标,其在国民生产总值占比中居于重要位置。而对于天津这一以外向型经济发展为主的城市而言,现代信息服务业的薄弱,必然会制约对外经济和贸易的发展,阻碍天津经济社会现代化建设。因此,现阶段,大力提升现代信息服务业,将信息服务业作为天津城市信息化建设的首要目标,是天津推进信息化建设的重要任务,应引起天津政府和城市管理者的高度重视。

二、信息化对天津城镇化发展和管理的影响和存在的问题

1. 天津信息化建设对城镇化管理和发展产生的影响

从一般意义上来说,城镇化管理是指城市管理者在城市建设和发展过程中,运用科学和管理手段,以城镇管理综合战略和功能定位为基准,对城市中各个领域发展和组成个体的活动进行宏观调控和干预的行为,通过这种调控和管理,城市管理者可以实现对城市各项功能、发展战略的科学化决策,以实现城市法制化管理和管理效益的优化,最终达到规划、建设、发展和管理的统一。在实践中,一个区域的城镇化管理水平的高低是地区文明程度和社会整体素质的集中体现,也是城市管理者管理能力强弱的衡量标志,从这点意义上来说,城镇化管理和发展有力地推动了城市现代化建设的进程。随着城市信息化的不断发展,城镇化管理的信息化属性不断提升,这意味着,管理作为一种实质上的信息过程,其运行离不开信息的采集、处理、选择、决策、产出和反馈过程,这些过程的循环往复形成了城镇化管理的主要形式。在实践中,凡是城市信息化建设落后的区域,城镇化管理由于信息获取不畅,造成信息扭曲或缺失,因而导致管理失灵。从这点意义上来说,只有先进的城市信息化,构建优质的城市信息搜集和共享中心,借助现代的信息技术、地理遥感系统和卫星定位技术,辅以发达的通信网络,才能够及时发现城镇化管理过程中所遇到的各种问题,找到合适的解决方法,达到高效管理的目标。因此这种将现代信息技术融入城镇化管理的模式,能够迅速、灵活、高效和及时地提升城镇化管理水平。由此可见,科学的城镇化管理方式的核心就是城市信息化。

基于上述认识,早在21世纪初,天津市就开展了电子政务工程建设,其主要目的就是将一部分政务信息上网公布,这一阶段的建设形式主要有构建门户网站、设立电子邮件通信渠道,建立政务主页等。之后,天津市建立了电子政务信息与网络中心,形成电子政务专网平台,面向市委、市人大、市政协和市政府提供全市范围内的政务信息共享,资源交换,协同办公等业务。经过十几年的努力,目前天津市已经建成了以大容量光纤为主体多路网络交换机为核心的政务信息专网,在专网内可以快速实现视频、语音和图像数据的流传和应用,并能够面向社会公众和政府各部门内部提供信息资源采集、共享、目录服务和数据交换等业务,缩短了天津市社会公众日常审批业务的流转时间,提升了业务效率,扩大了政府办公的透明性,彰显了社会的公平与正义,极大提升了天津市城镇化管理能力。

2. 天津信息化建设与城镇化管理和发展之间的协调问题

尽管天津城市信息化极大提升了城镇化管理水平,取得了显著的成就,但在实际建设过程中,城镇化管理与信息化协调发展过程中还出现了一些问题,主要体现在以下几个方面:

(1)政务信息化过程中线上和线下双轨性问题。所谓双轨性问题,就是在政务信息化过程中,一些办事流程尽管已经实现了基于互联网的申请、受理和办理、查询流程,但整个业务办理过程依然不能完全“电子化”,实际过程依然不能脱离纸质文件,形成办理流程的“双轨化”,这种双轨化凸显了相关法律规章的滞后,因此在实践中需要大力增强相关法律和法规建设和改革力度,消除法制建设落后于电子政务构建的现象。

(2)电子政务系统操作和执行技术滞后问题。电子政务系统作为一种新型的信息管理系统,城市各个部门的管理者和执行者对其的使用是一个逐步学习且适应的过程,而在这一过程中,由于系统的复杂性和特殊性,其操作技术和执行方式会出现一定的滞后,通常这种滞后会严重影响电子政务系统的使用效率,造成执行效率低下和错误率提升的现象。因此，应当加大相关人员的培训力度，加大各部门之间的协调和沟通能力，加快电子政务系统使用和完善的过程，让社会公众尽快感受到电子政务系统所带来的好处。

(3)城市管理者意识滞后的问题。电子政务系统的主要功能之一就是增强政府工作流程的透明程度，使政府的各项决策和行为都能受到社会大众的监督，得到社会各界的理解。然而，电子政务系统作为一个信息化平台，其中的信息公开程度依然受到决策者的影响，如果决策者政务公开观念滞后，就会造成政务信息有选择的公开，其结果就造成电子政务平台沦为执政者显示政绩的工作，阻碍了其本质功能的发挥，这样最终会造成城镇化管理工作科学性仅仅显示在形式上，并没有出现在实质上，最终导致不科学或错误的城镇化决策和管理。因此，提升城市管理者政务公开意识，加强政府决策透明性，是一个极为关键和重要的问题。

三、信息化对天津农村发展的影响和存在问题

1. 天津信息化建设对农业现代化的影响

农业作为一个古老的行业，在社会经济生活中处于重要的位置。“民以食为天”的谚语彰显了农业的主导性地位和无可替代的行业属性。在信息化大潮的带动下，我国适时提出了“乡村振兴计划”，而现代信息技术也渗入农业生产和农村生活的方方面面，推动了农业和农村现代化的发展，促进了乡村振兴事业的发展。这意味着，城市信息化的进步和推进，有利于农业科技更快、更好地传播和应用，让更多的农户在科技的带动下，发展生态农业，提升农业劳动生产率，增强农业的信息化和机械化水平，积极保护农村环境，提高农业生产的经济效益。同时，信息化还能增强农村人口的现代化意识，使爱农、护农、保护农村环境成为农村居民的主要意识和自觉行动，激励农村人口积极投入到农业现代化建设中来，推进“乡村振兴”战略的实施。由此可见，信息化能够使农业和农村现代化建设成为一种系统性和科学性的行动体系，并必然会在未来天津农业现代化建设和“乡村振兴”中发挥主导性作用。

2. 天津信息化建设与农业现代化协调中存在的问题

信息化建设给农业和农村带来了便捷、有效和科学的生产和发展模式，有力

地推动了农业现代化建设的发展进展。但在实践中,信息化带给农业从业者便利的同时,从中所带来的相关问题和矛盾也逐渐凸显出来:信息化所提供的信息交流方式完全不同于以往农业生产中面对面的信息互换方式,而是采用一种虚拟的、"背对背"的交流和通讯方式。在实践中,这种依托于信息化的交流方式缺乏交流的立体性和可靠性,其中所蕴含的虚拟人格、事件和性格并不是完全真实的,存在信息造假和信息扭曲的风险。因此,如何在农业现代建设中,解决网络通信的安全问题,是天津信息化和农业现代化协调发展中所必须解决的重大问题。

四、信息化对天津绿色化发展的影响和存在问题

1. 天津信息化对城市绿色化的影响

随着全球信息化时代的到来,网络技术和信息技术的发展从根本上改变了人们的生活方式和生活状态,依托信息化和网络技术构建的铁路、航空和公路运输网络深刻改变了传统的物流和信息交换方式,这就意味着,传统的资源、物资和人力密集型发展方式已经不再成为经济社会发展的主流模式,而依靠技术、信息等新时期要素的聚集型发展模式是现今最为主流也最为持续的经济发展模式。伴随着经济社会的发展、人口的极度膨胀,经济社会发展面临着环境保护等城市绿色化发展的问题,制约了城市的可持续发展能力的发挥。一般来说,以城市绿色化为目标的可持续发展能力非常重视环境和资源对社会发展的长期支撑能力,将区域内的环境保护、环境发展作为本质性的工作内容。这意味着,城市的绿色化发展是将改善环境作为一个核心的要素。而城市信息化的发展能够为城市绿色化提供详细的资源信息、环境保护信息和环境治理信息,使城市管理者能够制定详细的城市绿色化规划,优化和合理配置城市各种资源和资本,如自然资源、人力资源、生产资本、社会资源和政策资源等,实现高效节能化社会发展模式,有效地提升整体工作效率,改善资源过度消耗的问题,进而达到改善生态环境、提升城市绿色化水平的目标,为经济社会的可持续发展战略的实施和运行奠定坚实的基础。

对于天津城市发展来说,天津市政府很早就重视城市绿色化的发展,在信息技术有效利用的框架下,推进城市环保工作的开展。早在 21 世纪初,天津环境

保护局就投入重金对环保网络和通信基础设施进行了大规模的升级和改造，建设联通市环保局机关、市环境科学院、市环境监测中心等单位的通信骨干网络。着力进行骨干网络中系统硬件和集成设备、内部电话电报网络和网络通信线路的改造和升级，初步实现了环保网络的内外网分离和内部高速宽带的建设，形成了天津环保系统内部的“环保网络信息高速公路”。近年来，天津环境保护部门，在天津市政府的城市绿色化规划的指引下，运用业已成熟的信息技术手段，重点打造多个环保信息应用系统，如“天津市环保系统专网和视频系统”“天津环境管理地理信息决策支持系统”“12360 环境保护指挥系统”等，支撑了天津市内环境监测、环境违法监控、环境保护执法指挥等政务行为的顺利实施，极大提升了天津环保信息化水平，为天津城市绿色化的发展做出了坚实的保障。

2. 天津信息化建设与城市绿化协同发展中所遇到的问题

尽管天津市近几年高度重视环保信息化的发展，城市绿色化工作也在迅速推进中，但信息化和城市绿色化协调发展过程中还存在着一些问题，具体体现在空气污染、噪声污染、自然资源短缺所引发的城市病依然在天津频繁出现。信息化发展虽然在一定程度上降低了城市人口密度，规制了城市规模，降低了“城市病”的出现概率，但由于环保措施不到位，执行力度不强和相关法律法规的缺失，使天津成为生态城市的目标和定位还没有完全实现，城市的绿色化水平与《天津生态市建设规划纲要》所制定的目标还有一定差距。为此，未来天津应充分利用现有环保信息化基础设施和监控网络，加强相关法律法规建设，提高环保措施执行力度，推动天津绿色化城市定位的深入发展。

第三节　政策建议

一、加快行业与经济的信息化进程，推动发展模式的改进与转型

1. 大力推动基于互联网的现代信息服务业的建设，增强信息产业与信息化的联动关系

经过十多年的努力和建设，天津在基于互联网的商务活动和企业生产的信

息化水平上已经超越了全国大多数城市，排名位居前列。天津城市居民在消费和意识方面的信息化水平发展也较为充分，这使得天津在信息化建设和信息产业发展上具有相当的优势。因此，未来天津应充分发挥自身的信息化建设优势，发挥信息化建设对信息产业发展的推动作用，提升产业发展动力，加速实现信息产业生产升级和结构转型，为天津信息产业的进一步发展打下坚实基础。在实践中，天津市信息化建设主要应从以下几个方面来开展相关工作。

(1)大力加强软件产业的建设，以应用软件研发和软件服务外包为切入点，培育和扶植应用软件研发市场和企业的发展，以软件行业推动信息服务的成长和壮大，推进天津信息化建设的区域统一市场体系。在实践中，天津可以依托既有的滨海新区软件园、天津高校软件学院、华苑软件园等企业和培训机构，积极招商引资，培育和打造一批具有自主知识产权和较高国际竞争力的软件企业和优势产品，推动天津软件产业的发展。

(2)伴随着天津城市信息化的深入和经济开发力度的增强，天津社会经济产业中对信息服务和咨询的需求也大大增多，在这种背景下，天津应积极打造面向信息服务的高端咨询产业，以知识密集型的服务产业推动天津城市信息化的发展。这意味着一些以知识密集型为代表的高端信息咨询和服务行业将日益成为天津信息化建设的重点工程，并得到天津市政府的高度重视和重点培育。在实践中，天津市应以市场机制改革为契机，积极开拓咨询和服务市场，降低相关市场准入条件，以国际化的视野吸引和接纳国际高端信息服务和咨询机构入驻天津，并积极培育和扶植一些技术先进、通晓国际规则，业务水平高的本土信息咨询公司和企业，使本土与国外企业强强联合，大力推动天津信息咨询服务行业的快速发展和壮大。

(3)天津市应积极加大信息技术研发投入力度，大力扶植和培育科技创新机构和企业，鼓励技术研发和创新，积极跟踪和研究前沿性高层次信息技术，如下一代互联网装备和技术、移动互联、大数据处理等技术的进展和研究成就，突破大规模集成电路、高精尖电子元件和无线宽带接入等领域技术，大幅提升具有自主知识产权的电子设计工艺和制造技术的能力，注重科研机构技术攻关和创新能力建设，完善企业和高等院校科技创新机制，营造全民创新的社会氛围。

2. 大力推动信息技术与传统产业的结合，完善和改造传统产业体系

（1）推动现代信息技术在传统产业中的渗透和改造力度，使信息技术充分在传统制造业、能源采集业等行业发挥实质作用，改造传统产业的发展路径和发展模式，增强产业与生态的协调发展能力。在实践中，由于信息技术具有的快速敏捷、融合性强的特点，非常适合于完善和提升传统产业的升级和改造能力，因此应用信息技术提升产业竞争力已经成为城市信息化的重要内容，而这一工作的实施和推进也符合当今全球信息化大潮的实际需求。

（2）加强信息资源在实体经济中的主导作用，以信息技术为先导，优化和改造能源消耗大、污染严重的传统行业，推动节能减排的深入开展，有效地节约资源、保护环境，并用信息化的手段对重点企业和产业部门的污染和排放情况进行监测和预警。运用信息化的理念和信息技术的手段将传统经济发展中的高能耗、高污染、低效率的业态，逐步转化为低能耗、低污染和高效率的新发展业态，促进社会和自然和谐发展。

（3）现代信息服务业在天津社会经济生活中处于重要的地位，在未来，应以现代信息技术为先导，大力提升现代服务业的服务水平，提高服务行业的信息技术比重，积极推进服务业的信息化发展进程，培育和壮大以信息技术为基础的现代服务产业体系，为天津经济社会现代化建设提供保障和基础。

（4）积极拓展天津现代物流、商务流通和互联网金融等新兴产业的发展，以流通、物流和金融为切入点，积极推进物流信息化建设，完善流通领域的信息资源共享体系，大力建设和应用物流信息应用平台来提升物流和流通效率，用信息技术连接各个相关部门，实行协同办公，提升物流和通关服务质量，降低时间成本，用信息技术打造新型的物流和商务流通产业体系，支撑天津社会经济的发展。

二、以信息化手段推动城市管理和政务信息整合，提升城镇化管理水平

1. 提升政务信息化水平，加强电子政务建设

电子政务作为信息化在政务资源应用的主要方式，在政务信息资源整合、电子政府发展和政府服务功能转变过程中发挥了重大的作用，是当前政府信息服务功能的主要体现。因此在实际工作中，加强电子政务建设，以电子政务推动政

府职能转变，是加快服务型电子政府建设，推进城市信息化建设的最终需求，也是国家在行政体制改革领域中的具体要求之一。在这种背景下，天津市很早就开始了电子政务的建设工作，经过十多年的发展，天津电子政务工作取得了相当瞩目的成果，在市场管理、宏观调控、社会综合治理等诸多政府职能领域，信息技术都发挥了主导型作用，有力地提升政府公共服务水平和城市管理能力，政务信息化的能力和水平显著提升。随着天津经济社会的不断发展，社会各领域现代化建设的推进，各种社会经济问题不断出现，这对于天津市政府的职能定位和管理水平提出了更高的要求，也对信息化在天津政务框架中的应用提出了全新的需求。在这一政府职能转变、经济结构转型，和谐社会加速建设的背景下，天津市的城市信息化成为解决当前所面临的各种复杂的经济社会问题，加强政务能力监督的关键性要素。为此，当前天津电子政务建设应着重从公众服务和跨部门协同着手，重点关注政务公开、政务信息服务、服务升级等关键性问题开展相关建设。在实践中应主要开展以下几项工作：

（1）协调政府各个部门的信息化建设工作，推进跨部门的信息应用能力建设，着力实现集中式监察和多部门联合审批，简化审批流程和提升行政效率，增强联合监察管理能力，实现管理、监察、审批、信访等各政务部门工作信息化。

（2）大力推进电子政务资源集成和融合处理，提升政务信息化水平，实现透明政府和服务型政府的建设和发展目标。在实践中，依托天津政务信息网和相关区的门户网站，整合和集成各级呼叫中心网站，构建统一的电子政府门户体系，实现基于互联网的网络化民主和电子化监督。

2. 提升城市建设和管理领域的信息化水平

随着信息化的浪潮席卷全球，以数字技术和互联网技术为代表的信息技术深刻改变了世界各国和各个地区的城市建设、管理和规划理念，以信息技术改造和提升城市建设和发展理念无疑已经成为落后城市赶超国际先进城市重大发展机遇。在这一背景下，天津作为我国北方环渤海经济带的中心城市，对城市信息化的需求尤其迫切。这是因为天津尽管拥有“渤海明珠”的赞誉，但近年来，由于其城市扩张迅速，外来人口激增，导致天津城市管理和建设存在着很大的压力，面临着诸多问题。据统计，天津市目前拥有包括滨海新区在内的16个区，市区总面积超过4000平方公里，户籍人口达到1300万人。而天津城市信息化建设虽然经过的多年的建设，形成了能够整合和共享诸多社会资源的统一的信息化服务平台，基本实现了城市管理和运营的信息化。但随着天津经济的不断发展和外来流动人口的不断增大，使得城市基础设施和环境生态等市政服务要素出现了供应不足的现象，出现了众多问题，进而使天津城市建设和管理工作日益复杂。为了解决这一问题，未来天津的城市信息化工作应着力从以下三个方面来开展相关工作，以提升城市信息化建设和管理能力。

第一，加强天津社会公共安全监控和预警系统建设力度，着力打造公共安全视频监控基础设施网络，为城市管理者提供城市运营状态、交通路况、人流变动情况等实时信息，广泛推行监控系统的应用范围，加强城市应急指挥和突发情况的应变能力，提高管理水平，有效增强城市管理者对灾害事件、突发公众事项以及各种事故的处理和应急能力，并积极制定相关防范措施，保障天津城市管理的正常运行。

第二，积极推动城市管理领域应用系统和信息服务平台的建设，尤其需要关注天津城市中交通、规划和市政领域的信息共享和应用能力的提升，切实增强城市各个领域管理的数字化和网络化水平和能力。构建以信息化为基础，“数字政务”为依托的市政信息管理系统，打造符合国际规范的城市信息服务体系。

第三，进一步优化投资、融资环境，多渠道筹集信息化建设资金，推动天津各区县的信息化建设工作顺利进行。从这点意义上来说，当前天津市应当制定和完善各种政策和法规，利用市场机制，拓宽投资和融资渠道，推动信息化建设中的投资融资机制改革，建设符合天津社会实际的资金市场和融资市场，鼓励和吸引国内外闲散资金进入到天津城市信息化建设领域，不断增强天津城市信息化建设的资金投入，有效降低政府投入，营造出多方位、多层次共同建设天津城市信息化的投资氛围，保障天津城市信息化建设的正常运营。

三、加强民生关注力度，推动社会全领域的信息化发展水平

社会信息化作为一种比经济和城市领域更为广泛的信息化形式，涵盖了社会生活中的政务、文化、管理、就业和教育等众多领域。而在这其中，人的因素是社会信息化的核心内容。借助社会信息化，能够推动人与社会全面、和谐的发展，全面提升社会公众和经济文化生产力的发展态势，进而消除区域和城乡差别，实现社会公平和生活和谐。由此可见，社会信息化的数据资源共享和整合能够有效地消除人类社会的信息鸿沟，推动经济社会均衡发展。而对于天津来说，现今正面临着经济和社会发展和转型重要时期，一些与社会公众利益密切相关的治安、公共管理、医疗、就业、教育等问题变得愈发突出，并受到了广泛关注。为此，天津市应用现代信息技术和社会信息化的力量来提升天津社会的服务和管理能力，使社会公众能够充分利用信息技术解决所面临的问题，用信息化的便利来让人们认识到信息化发展的成果和重要性。具体来说，天津市可以从以下三个方面来开展相关工作。

其一，构建功能丰富、覆盖全面的社会公共信息服务体系，全面提升天津本地经济社会服务水平。天津市在建设城乡服务体系的同时，应坚持“以人为本”的服务理念，借助信息化的相关理念，全面建设数字社区和数字城市，积极探索符合现代社会信息化要求的数字化管理和服务模式。搜集和整理各项城市和社区资源，如住房、医疗、文化、人员信息等，进行整合和集成，形成多种功能集于一体的城市和社区信息平台，全面增强天津社会公共信息服务能力，大大简化天津社会公众出行和办理业务的流程，让人们充分享受信息化社会的成果，并逐步与正在进行的“数字家庭”业务相融合，使社会信息化与家庭信息化充分结合，让新型的信息化公共服务普惠社会大众。

其二，大力开展信息技术培训工作，提升信息化建设人员的业务水平。天津市应以下属各区县教育机构为依托，以信息技术和信息化力量为切入点，积极推进网络化教育发展，营造信息化培训的社会氛围，从而为培育出高水平和高能量的信息化建设人才打下坚实的物质和环境基础。

其三，营造优秀的信息共享和技术交流环境。天津市应以信息文化中心为建设重点，加强管理和建设天津政务网站和主流新闻媒体互联网门户，着力打造能够适应信息技术和网络通信发展要求的信息共享与技术交流体系，以适应天津社会对信息应用多样性和多媒体信息大规模交互的需求，进而推动信息化工程在天津文化领域发展和壮大的内生需要。

四、进一步完善规章制度，提升信息资源和系统安全保障力度

网络信息作为一种开放、共享和自由的资源形式，是非威权主义资源的重要组成部分。在现实生活中，正是由于网络信息这种开放和自由的特性，使得网络空间中的信息安全问题非常严峻，其具体表现在信息侵害者对网络信息资源和数据的窃取、伪造、假冒和恶意破坏等。事实上，目前互联网范围内，利用恶意计算机病毒、逻辑炸弹等方式对数据和信息进行恶意损害，误导、窃听和诱导用户严重误操作的现象层出不穷，严重危害了网络信息的安全。事实上，由于互联网世界的无人操控和无限扩展的性质，使得网络安全问题的解决不可能被区域分割，这意味着，各个国家和地区应当广泛合作，在国家和全球的层面讨论和解决信息安全的问题。在这一过程中，从历史上的大量经济和政治事件中可以知道，只有占据了技术的高点，才能够在国家竞争中立于不败之地，而信息安全作为高技术的重要保障，其存在与否决定了国家政治经济和军事安全的诸多方面。因此，在我国经济社会发展的关键时期，我们应大力加强信息安全建设，构建信息技术共享机制，缩小地区间信息鸿沟，提升信息技术研发和储备水平。另一方面，完善信息安全的法律和法规，加强规范网络行为准则、法律条文和奖惩机制执行力度，构建切实可行的数据信息管理和利用机制，使网络用户能够在数据资源使用中，明确界定其的义务和责任，保障用户获取和使用网络信息的权利和相应的利益，推动信息共享和信息公开工作的实施和发展，实现网络数据和信息获取和使用的可持续性发展。

五、推进信息产业体系建设进程，保障企业创新能力持续提升

纵观天津信息产业体系的构成可以发现，在以电子为代表的信息产品制造行业，国外大型企业以其技术和资金垄断地位而处于优势地位，它们的存在和发展挤占了我国本土中小企业的技术革新和产业生产能力的升级，由此可见，这种以国际大公司的垄断地位为主要特征的极核状产业体系结构极其不利于信息产业的可持续性发展，未来在推进信息产业体系建设进程中，应着力将现有的极核状产业体系改造为多核状体系结构，促进信息产业企业创新能力持续提升。在实践中，为了推动这一转变，应着力从两个方面开展相关工作：一是进一步扩大开放，多渠道引入发达国家的大型企业来天津投资设厂，建立信息产业生产基地，推动外资大企业之间的良性竞争关系，改变外资大企业“一家独大”的状态，建立多家外资企业“群雄并起”的产业发展状态，使外资企业在竞争态势中不断推动天津市信息化建设工作稳步发展。二是着力培养和推动本土化的信息产业生产企业，建立本土企业产业示范效应，培育和增强国有及国有控股产业集群科技创新能力，构建良好的区域竞争环境，推动天津信息产业的不断发展和壮大。鉴于目前天津信息产业生产大多依靠接受外部订单进行加工制造的局面，未来天津电子信息制造行业应加大自主设计和创新能力，推行相关电子产品的自主设计和生产，提升技术设计和开发水平。这也同时要求天津地方信息产业体系应建立强有力的创新机制，构建区域范围内的创新系统，营造良好的创新环境，改变以往产品主导的企业集群状态，推行企业集群式的创新链建设，保障天津本土信息产业技术创新可持续性发展。

鉴于天津信息服务业还不完善的问题，在实践中，应将信息服务业放在信息产业发展的重点位置上，以实体的信息制造业带动信息服务业的发展和壮大。这意味着，在信息产业发展过程中，信息产业链条应着力向下游延伸并扩展，利用整个产业在产能上的集聚效应来完善和扩充信息产业的发展和壮大。对于天津城市来说，正是由于一些诸如三星、西门子这类大型的示范性企业的入驻，才使得天津市的电子产品生产企业快速集中起来，形成能够降低产业成本、提升生产效率、增强激励效果的产业集群。一般说来，这种产业集群实质上已经构成了整个产业发展的重要推动力量，它的发展和壮大有力推动企业创新机制的实施和企业生产效率的提升，提高了新型企业诞生和发展的速度。为此，作者认为，天津市应大力加强产业政策扶植力度，加强区域间合作，完善区域产业集群机制，将传统以依附型为主的信息产业发展模式改变为自主自立型发展路径，构建信息产业示范效应，使天津的信息产业在环渤海区域经济发展中发挥主导和带动作用。同时，天津还应当加强本区域的产业发展规划编制工作力度，协调区域内产业升级、转型和对接业务，推动资源的合理流动和配置，促进以城市间、企业、科技园区、高校、科研机构和中介为主体的合作体，以区域信息化建设规划为中心的加盟与联合，实现区域内信息产业的共同发展和繁荣。

六、改善社会融资环境，扩大城市信息化融资渠道

天津城市信息化工作作为一项长期性工作任务对资金的需求也是长期而持续的性，这意味着，伴随着信息技术的不断进步，信息化工作所依托的各种信息采集设备、应用设备等面临着升级换代和配套软件的购买和开发，而宽带网络的广泛应用，也导致网络设备的维护工作日益繁重。上述这些工作都需要大量资金的支持，而这些资金的来源仅仅依靠政府方面的补助是远远不够的，因此，在实践中，需要根据实际信息化建设的需求，学习国际上信息化投资和融资方面的现金经验，进行社会融资渠道改革，探索并构建一条适应城市信息化建设的、多渠道、多形式、多主体的信息化建设投资融资体系。在实践中，一方面对于一些具有战略性和公益性的信息基础设施和信息资源的建设，政府应当在加大扶植力度的同时，适当增加财政投入，保证工程的正常建设。同时，还应当充分借助资本市场的，推动多元化、多渠道筹集民间闲散资金，建立完善的股权和债券筹资和融资方式，利用风险投资的方式鼓励大型企业和单位投入到信息化建设工作中去。另一方面，要积极地对外开放，加强国际间经济和技术交流，充分利用外资特别是国外风险基金进入信息化建设工程中去，应用国际的先进经验和资金推进天津自身的信息化进程。放眼国内其他城市，这种多渠道筹集信息化建设资金的例子比比皆是，例如河北衡水市，在进行政务信息中心建设时，部分设备购置和场地的建设维修费用由银行贷款支付，贷款的本息偿还由政务信息中心正式运营后所得到的财政收入来进行逐月支付。同时，衡水市政府还通过政府出面保证中国联通公司在衡水市场份额的方式，引入中国联通公司的资金购置硬件并支付软件部署和开发费用，并由联通免费承担相关系统的维护。通过这样的方式，衡水市政府在以较低的投入的情况下，建设了功能完善的政务信息服务中心，取得了良好的社会和经济效益。尽管当前天津社会和经济环境与衡水并不相同，相关硬件条件也优于衡水市这样的中小城市，但衡水市这种多渠道、多层次筹集信息化建设资金的方式和经验，仍然值得天津去学习和利用。

第三章　天津城镇化发展状况

第一节　天津城镇化发展现状

一、天津城镇化发展水平明显高于全国平均水平

无论是按居住地计算角度还是按户籍计算角度来看，天津城镇化水平都远高于全国平均水平。2016 年，按居住地计算的全国城镇化率约为 57.4%；同期天津城镇化率约为 82.9%；比较全国平均水平，按居住地计算的天津城镇化率要高出 25.5 个百分点。2015 年，按户籍计算的全国城镇化率约为 39.9%；同期天津城镇化率约为 63.9%；比较全国平均水平，按户籍计算的天津城镇化率要高出全国 24 个百分点（参见附表 3.1）。

二、天津城镇化质量有待提高

由数据可知，2006 至 2016 年，我国及天津城镇化发展速度很快，但实际城镇化水平不高。按居住地计算，我国的城镇化率从 44.3% 跃居到 57.4%，约提高了 13 个百分点；天津的城镇化率从 75.7% 跃居到 82.9%，约提高了 7.2 个百分点。但众所周知，我国目前的城镇化质量不高，半城镇化或称为不完全城镇化问题突出，从人口统计学角度看，则表现为不完全人口城镇化问题突出。由数据可知，按户籍地计算，2006 至 2016 年我国的城镇化率仅从 32.5% 提高到 39.9%，2006 至 2015 年天津的城镇化率仅从 60.2% 提高到 63.9%。我国的实际城镇化水平并不高（参见附表 3.1）。

“城市化”无疑是未来6年乃至更长时期“新常态”经济发展的最大潜力，而要充分有效地把这一潜力转变为经济发展的动力，首先必须准确研判当前天津城镇化的真实水平。国家统计局有关城镇化率的现行指标有两个：一个是常住人口的城镇化率，这叫作名义城镇化，不仅是户籍人口，还包括了在天津打工半年以上的人员等。这其实是半城镇化、虚拟城镇化、泡沫城镇化。一个是户籍人口的城镇化率。如果按常住人口统计，天津城镇化率明显被高估了，因为这两亿多农民工虽然被统计为城镇人口，但由于没有城镇户籍，并没有完全享受城镇居民的福利待遇，处于所谓半城市化或不完全城市化的状态。如果按户籍人口统计，天津的城镇化率又被低估了，因为这些农民工毕竟在城镇实现了非农就业，并且在一定程度上享受了城镇公共服务。有鉴于此，建议对天津城镇化率指标做如下改进：其一，设计一个市民化系数，由包括保障性住房、就业、公共医疗、义务教育、低保、养老等因素构成，并赋予不同权重；其二，设定有户籍城市人口的市民化系数为1，测算出农民工的市民化系数，乘以农民工数量，将农民工折算成市民人数。由此计算出与国际水平具有可比性的天津真实的城镇化率。

三、天津户籍改革落到了实处

天津市已于2017年1月1日起在全市范围内统一户口登记制度，打破长期以来形成的城乡二元结构，还原户籍制度人口登记管理的本来功能。统一城乡户口登记制度后，天津市公安局将对相关户籍政策进行调整完善。具体措施包括：其一，实施户口登记“一元化”。从2017年1月1日起，在本市行政区域内，全面实行城乡统一户口登记制度，取消农业户口和非农业户口性质区分，统一登记为居民户口。其二，调整《居民户口簿》相关登记内容。公安机关在新签发的《居民户口簿》中，“户别”栏不再填写“农业家庭户”或“非农业家庭户”，统一登记为“家庭户”或“集体户”。其三，明确《居民户口簿》换领办法。本市户籍居民自愿到公安机关免费换领新的公安机关不再统一换发。原《居民户口簿》可继续使用，对“户别”栏登记内容需要变更的，可到户口所在地派出所或社区警务室办理变更手续。其四，放开市内户口迁移限制。全面放开本市户籍居民在本市行政区域内的户口迁移限制。对本市户籍居民因搬迁、投靠等原因，需将户口迁移至本市其他行政区合法稳定住所，手续齐全的，可到迁入地公安人口服务管理中心或有户籍窗口的派出所当场办理。其五，调整全市投靠配偶落户政策。自2017年1月1日起，投靠配偶来津落户政策调整为：本市户籍居民与外省市户籍居民结婚满3年，在本市具有合法稳定住所的，可申请将外省市配偶户籍迁入本市落户。对原为本市农业户口、因此次统一户口登记制度调整为居民户口、并在原农业户口所在地申报配偶投靠户口迁入的，从2017年至2019年，设置3年的政策过渡期，即在2019年12月31日前到公安机关提交申请材料并予受理的，仍按照原政策执行。其六，查询出具户籍证明。为避免实施户口登记"一元化"对群众办理个人事务增加负担，自2017年1月1日起，公安机关不再对公民个人出具"农业"或"非农业"户口性质的户籍证明。需要查询当事人2017年1月1日以前户口类型的，由各级政府及相关部门向同级公安机关提出查询申请，公安机关应当依法根据职责提供查询服务。

第二节 天津城镇化发展中存在的问题

一、工业化与城镇化间关系表现为城镇化滞后于工业化

2011年按居住地计算的我国城镇化率约为51.3%，工业化率约为39.9%，城镇化率与工业化率之比约为1.29，同期按户籍地计算的我国城镇化率与工业化率之比约为0.87，两者都远低于国际公认的城镇化与工业化比例从1.40至2.50之间的合理区间，说明从表象来看，我国的城镇化确实明显滞后于工业化。2015年按居住地计算的天津城镇化率与工业化率之比约为1.96，属于合理区间；但按户籍地计算的城镇化率与工业化率之比仅为1.77，仍居于合理区间的下限位置，说明对于城镇化发展水平在国内已经居于领先地位了的大城市而言，其城镇化发展速度还可以，但质量不高，若能解决其质量不高的问题，则其城镇化发展水平才算较为合理。

二、城镇化管理与信息化协调发展问题

1. 政务信息化过程中线上和线下双轨性问题

所谓双轨性问题，就是在政务信息化过程中，一些办事流程尽管已经实现了

基于互联网的申请、受理和办理、查询流程，但整个业务办理过程依然不能完全“电子化”，实际过程依然不能脱离纸质文件，形成办理流程的“双轨化”，这种双轨化凸显了相关法律规章的滞后，因此在实践中需要大力增强相关法律和法规建设和改革力度，消除法制建设落后于电子政务构建的现象。

2. 电子政务系统操作和执行技术滞后问题

电子政务系统作为一种新型的信息管理系统，城市各个部门的管理者和执行者对其的使用是一个逐步学习且适应的过程，而在这一过程中，由于系统的复杂性和特殊性，其操作技术和执行方式会出现一定的滞后，通常这种滞后会严重影响电子政务系统的使用效率，造成执行效率低下和错误率提升的现象。因此，应当加大相关人员的培训力度，加大各部门之间的协调和沟通能力，加快电子政务系统使用和完善的过程，让社会公众尽快感受到电子政务系统所带来的好处。

3. 城市管理者意识滞后的问题

电子政务系统的主要功能之一就是增强政府工作流程的透明程度，使政府的各项决策和行为都能受到社会大众的监督，得到社会各界的理解。然而，电子政务系统作为一个信息化平台，其中的信息公开程度依然受到决策者的影响，如果决策者政务公开观念滞后，就会造成政务信息有选择的公开，其结果就造成电子政务平台沦为执政者显示政绩的工作，阻碍了其本质功能的发挥，这样最终会造成城镇化管理工作科学性仅仅显示在形式上，并没有出现在实质上，最终导致不科学和错误的城镇化管理和决策。因此，提升城市管理者政务公开意识，加强政府决策透明性，是一个极为关键和重要的问题。

三、城镇化建设与农业现代化发展不协调问题

对于从“城市化”到“城镇化”提法的转变，以前我们更多地在用“城市化”这个词，但是从我们提到新农村建设、城乡统筹发展的理念之后，大家不约而同地开始用“城镇化”。这里体现出一种对城乡建设发展两极关注的转移。从以前只关注城市发展、关注高楼大厦所代表的现代化，到暴露出大城市病、大城市规模超大所引起的交通问题、生活成本增加、生活压力巨大等问题之后，人们的关注点开始转移到城镇的建设。对于“一般城镇化”与“新型城镇化”提法的变化，则反映出城乡协调发展的重要性。新型城镇化的核心思想是城乡统筹、城乡协调发展、产城一体化。更简单来说，是提高均好性。城乡差别要缩小，就要提高现在最薄弱的环节，比如农村的基础设施、公共服务优先发展等。同时，大城市要提升他对周围的带动作用。天津城镇化水平虽然很高，但城市内部问题明显，存在大城市病。与全国其他地区相比，天津城乡差距虽然不大，但还存在着一些乡村落后和农民贫困的问题。且在城镇化建设过程中，对农地的蚕食使得第一产业迅速走向衰弱。

四、城镇化建设与绿色化发展不协调问题

随着我国社会主义现代化建设的深入发展，城镇化建设因其所代表的历史发展趋势和对经济发展的巨大推动力量，而得到了社会公众的广泛重视，我国各级政府也将城镇化建设作为执政工作的一个重要领域加以推进。党的十八大以来，在党中央的领导和统筹调度下，我国加快了城镇化建设进程，认真履行新型城镇化发展战略，将城镇化建设推到了一个全新的状态，极大促进经济社会的发展。在实践中，由于城镇化建设的带动，我国各地新城区和工业园大批出现，农村人口加速向城镇人口转变，各地城镇面貌有了翻天覆地的变化，城市对各种发展要素的吸引作用极大增强，这使得我国在城镇化建设中取得了巨大的成就，获得了世界的广泛赞誉。

然而，伴随着城镇化建设巨大进步而来的是严重的生态和环境问题，许多城镇生态环境的破坏导致其已经处于发展的亚健康或不健康的状态，严重制约了城镇化的进一步发展。这意味着，尽管当前我国城镇化发展已处于快速推进的状态，但由于前期城镇化建设的粗放型发展模式所具有的高污染、高能耗的发展状态，使得生态环境遭受了严重的破坏、面对这种问题的出现，今后的城镇化建设应当正确对待这些发展中的环境问题，各级政府应当从实际情况出发，坚持经济转型和产业结构调整战略不动摇，推动产业的生态化发展进程，改善和修复良好的生态环境。西方发达国家的发展经验表明，良好的生态环境能够更好地促进工业化和产业发展，提升经济建设的推进进程，因此应当以生态学的观点和环境经济协调发展的理念来建设、规划和改造中小城镇，利用科技的力量集中解决城镇化建设过程中资源消耗量大、环境被破坏，生态遭污染的问题，增强城镇化的可持续发展能力，使资源、城镇和经济和谐健康的发展。

在具体实践过程中,对于天津这一城镇化水平有相当规模的大型工业化城市来说,当前城镇化建设所面临的最大问题在于土地利用问题,其具体表现在六个方面:一是机制问题,即城镇土地交易与转让市场配置规章不完善;二是利用问题,即城镇化建设中耕地占用过多;三是使用结构问题,即土地绿地面积建设量较少,土地使用结构还需完善;四是用地面积问题,即城镇人均使用土地较高;五是利用率问题,即土地浪费较为严重,使用效率较低;六是征地补偿问题,即对农民征地后补偿标准不完善,补偿款占用现象较为严重。

第三节 政策建议

一、处理新型城镇化与工业化建设矛盾的政策建议

1. 解决工业化率过高状况需要大力发展第三产业

第三产业之所以又称为服务业,就要以如何更好地服务于第一、二产业作为衡量好坏的标准。服务于第一产业的主要表现就是吸纳就业,服务于第二产业的主要表现就是有利于第二产业利润提高。由上面分析可知,我国第三产业发展速度过慢,第三产业增加值占国内生产总值的比重过低,导致既不能很好地促进就业解决城镇化质量不高的问题,又不能更好地服务于工业化发展,存在拖累整体经济的风险。因此,未来仍需重视发展第三产业。不要被全球金融危机蔓延而导致的多国倡导“制造业回归”的表象所累,在保障第一、二产业发展的基础上,继续稳步推进我国第三产业提升的步伐。

2. 改善半城镇化现状需要大力发展生活性服务业

生活性服务业是第三产业中能直接为消费者提供最终消费和服务的产业,生活性服务业的多样化发展及服务水平的提高将直接影响到人们的日常生活。同世界主要发达国家相比,我国的生活性服务业尤其是文化、体育、娱乐等产业的发展较为落后,占国内生产总值的比重较低,导致其吸纳社会就业的功能发挥严重不足。而我国要改善半城镇化现状,吸引农民进城真正融入城市生活的第一步就是要解决其就业。因此,未来我国仍需重视以劳动密集型为主的生活性

服务业发展，充分发挥生活性服务业的就业主渠道功能。

3. 合理控制第三产业内部的虚拟成分保障整体经济安全

所谓虚拟经济是指相对于实体经济而言，股票、债券、金融衍生品等一系列虚拟资本的经济活动。虚拟资本一旦产生，就必然在一定程度上脱离实体经济产生独立运动。虚拟资本一旦过度膨胀，导致虚拟经济过度背离实体经济时，就会形成泡沫经济，成为经济危机产生的根源。而在第三产业中，最有可能产生过度虚拟经济膨胀的产业涉及金融保险业、房地产业等，美国发端于房地产业的次贷危机就是明证；但同时，这两者又是企业生产经营活动不可或缺的生产性服务业来源，作为现代服务业中的重要组成部分，其合理均衡发展将有利于社会整体经济效率的提高。因此如何在实体经济框架内安排这类包含有虚拟经济成分的第三产业合理均衡配置，防止其过度膨胀是直接影响到工业等实体经济未来健康可持续发展的关键。

二、处理新型城镇化与信息化建设矛盾的政策建议

以信息化手段推动城市管理和政务信息整合，提升城镇化管理水平。

1. 提升政务信息化水平，加强电子政务建设

其一，协调政府各个部门的信息化建设工作，推进跨部门的信息应用能力建设，着力实现集中式监察和多部门联合审批，简化审批流程和提升行政效率，增强联合监察管理能力，实现管理、监察、审批、信访等各政务部门工作信息化。

其二，大力推进电子政务资源集成和融合处理，提升政务信息化水平，实现透明政府和服务型政府的建设和发展目标。在实践中，依托天津政务信息网和相关区县的门户网站，整合和集成各级市、区、县的呼叫中心网站，构建统一的电子政府门户体系，实现基于互联网的网络化民主和电子化监督。

2. 提升城市建设和管理领域的信息化水平

其一，加强天津社会公共安全监控和预警系统建设力度，着力打造公共安全视频监控基础设施网络，为城市管理者提供城市运营状态、交通路况、人流变动情况等实时信息，广泛推行监控系统的应用范围，加强城市应急指挥和突发情况的应变能力，提高管理水平，有效增强城市管理者对灾害事件、突发公众事项以及各种事故的处理和应急能力，并积极制定相关防范措施，保障天津城市管理的

正常运行。其二，积极推动城市管理领域应用系统和信息服务平台的建设，尤其要关注天津城市中交通、规划和市政领域的信息共享和应用能力的提升，切实增强城市各个领域管理的数字化和网络化水平和能力。构建以信息化为基础，“数字政务”为依托的市政信息管理系统，打造符合国际规范的城市信息服务体系。其三，进一步优化投资、融资环境，多渠道筹集信息化建设资金，推动天津各区县的信息化建设工作顺利进行。从这点意义上来说，当前天津市应当制定和完善各种政策和法规，利用市场机制，拓宽投资和融资渠道，推动信息化建设中的投资融资机制改革，建设符合天津社会实际的资金市场和融资市场，鼓励和吸引国内外闲散资金进入到天津城市信息化建设领域，不断增强天津城市信息化建设的资金投入，有效降低政府投入，营造出多方位、多层次共同建设天津城市信息化的投资氛围，保障天津城市信息化建设的正常运营。

三、处理新型城镇化与农业现代化建设矛盾的政策建议

1. 以大力发展第三产业作为破解大城市半城镇化问题的主渠道

只有保证就业才能保证那些游离于城镇保障范围之外的城镇常住人口有改善生活，享受经济发展成果的机会。而实践证明，第三产业是扩大居民就业的吸纳器，每单位服务业投资提供的就业岗位数量约相当于重化工业的 2.5 倍以上。而在世界范围内，城市化率大于 70% 的国家其第三产业占国民生产总值的比重通常也要超过或接近 70%，这应该不是偶然，而是解决脱离土地农民以后生存之道的必然。而天津市 2012 年第三产业增加值为 6049.96 亿元，比上年增长 12.4%，明显低于第二产业增加值 15.2% 的增速，其占国民生产总值的比重仅为 47.0%，第三产业发展的滞后性非常明显。理论上来说，第三产业滞后，最显著的表现就是就业不振，人员流动性下降；而且服务业特别是生产性服务业发展受影响，则必会最终波及第二产业的健康可持续发展。所以，在第二产业极度发达的天津，未来发展方向既要关注技术密集型和知识密集型的生产性服务业，使之更好地服务于第二产业；又要关注劳动密集型的生活性服务业，充分发挥生活性服务业促进农村转移人口就业方面的主渠道作用，使进城农民实现充分就业，从而真正融入城市社会，消除其后顾之忧。

2. 以资源的合理均衡配置作为消除地区及城乡差异的突破口

所谓“大投入带动大发展”，我国经济运行依据的“三驾马车”理论也明显提升到了投资的战略地位，而我国近几十年的发展实践也充分证明，投资对于一个地区的发展和带动作用极为显著。一个地区发展，首先需要资源带动力。但对于有限资源而言，资源越是过分投放于一地，则必然导致其他地区与这一地区差距更为拉大；这一地区快速的发展又必然反过来吸引更多的资源投放其间，从而占用更多资源；而同时其他地区所占资源就会更少，甚至还会被吸出部分资源。我国的特大型城市和大城市人口数量呈增加态势，交通、医疗、教育等城市承载能力已近极限。一方面资源过多集中于大城市，就会带来城市污染、人口集聚、交通拥堵甚至春运紧张之类的城市病。而另一方面，小城镇和中小城市资源不足，其增强产业发展、改善公共服务、吸引人口流入的动力就极度匮乏，其与大城市或中心城区之间的差距就会越拉越大，人口或其他一切资源又会进一步流入大城市或中心城区。最终引发大城市或中心城区的城市病和其他地区的发展动力不足。因此，要想解决城市病，大城市和中心城区发展就要合理控制规模。把资源分散投放于更多地区，这既利于城市病的解决，又利于缩小地区差距和城乡差距。因此，资源配置是否均衡合理是健康城镇化发展必须首要考量的问题。

3. 以绿色新型城镇化与农业现代化协调发展作为终极目标

城镇化是我国现代化建设的历史任务，与农业现代化相辅相成，要遵循城镇化客观规律，积极稳妥推动城镇化健康发展。村庄建设要注意保持乡村风貌，营造宜居环境，使城镇化和新农村建设良性互动。从国际经验来看，一般城镇率接近 70% 的国家就开始进入逆城市化发展阶段，如韩国的新村运动、德国的美丽乡村建设等。而天津市按常住人口计算的城镇化率已超 80%，即使按户籍人口计算的城镇化率也已超 60%，随着户籍制度改革等一系列体制机制的完善，其实际城镇化率接近 70% 是近几年完全可以预期的，所以对于天津而言，在城镇化发展阶段上已具备了逆城市化发展的条件，在未来几年的城镇化建设道路上可以适当进行逆城市化操作。

众所周知，城镇化建设需要资金投入，调查显示，一个进城务工人员要实现完全市民化，平均成本大约需要 18 万元人民币。对于扩大基本公共服务覆盖范围所需的这部分成本,专家建议要尽快建立成本分担机制,提高地方政府积极性。还有专家建议可以把城镇占用农业用地开发房地产与解决农业转移人口市民化相挂钩,这就是许多地区在推行城镇化过程中早已运用自如了的所谓土地城镇化与人口城镇化相结合的道路。作者认为,土地城镇化与人口城镇化的结合还有另一种解释,即与户籍制度改革相配套的土地流转制度改革和人口自由迁移,这是以往专家所不曾提及的。允许农民自由裁量其自有住房的流转,这里牵扯到一个问题:即对于不触及18亿亩红线和不违背城市总体建设规划的农民自住房屋所占集体土地,为何只有经由房地产商开发才能自由转让?这为土地财政埋下了伏笔。反过来,若能允许农民住房及占用土地能像商品房那样流转,同时必然伴随城市人口的农村化迁移,再辅以农村基本公共设施的改善,像别墅样农村住房必然能吸引城市富人的眷顾,从而进一步带动这部分城市富人对农村基础设施的改善贡献心力。因此,若能允许不违背城市总体建设规划的农民自住房屋及所占土地自由流转,既能省下进城农民工实现市民化所需的18万元平均成本,又可自然缩小城乡差距、贫富差距,一举多得的事情。特别是对于城镇化水平已接近70%的大城市而言,如天津的近郊农民,其生活方式已越来越接近城市,但谈到农村的住房,其暖气、上下水等基础设施若能与城市小区接轨,则基本就与房地产开发中让人艳羡的别墅无异了,这也就是为何江浙一带就曾出现市民想要农民化倾向的部分原因。用少量成本直接投入到农村基础设施建设上,必能带动城市财富和城市富人自然回流农村,进而推动农村基础设施继续改善,最终使得农村电力、网络、交通、暖气、上下水建设与城市无异时,美丽乡村建成,其归不归入城市就已经不是需要特别考虑的问题了。

四、处理新型城镇化与绿色化发展之间矛盾的政策建议

城镇化与绿色化的协调发展的本质就是生态城镇化工作的推进,即在城镇化发展过程中,注重经济、社会、文化、人口和资源和谐之间的关系,坚持以生态文明的实际出发,大力推动城镇中环境发展、人员消费模式、生产结构和生态建设的协调和转型,构建和谐、方便、宜居和绿色的城镇社会与人文环境,推进以绿色经济、绿色文化和绿色生产、绿色生态为特征的生态城镇,以绿色发展作为城镇化建设的落脚点和目标,最终实现城市经济社会可持续性发展的战略。从这点意义上来说,实现生态化的城镇已经不是传统意义上的城镇概念,其更加确切的概念是一种生态系统,在这其中,人与自然和社会环境能够和谐发展,协调共生,具有极强的可持续发展能力。因此,人类建设生态型城镇的过程也是自身不断发展和完善的过程,其与传统的小城镇建设理念完全不同,更多地强调生态与城市的和谐发展和协调共生,这就意味着,与绿色化和生态化结合发展的城镇化建设能够在最大限度上体现出城镇化发展的战略方向和未来目标,是人类获得可持续性城镇化发展动力的重要途径。

对于天津这一城镇化建设较早的工业化城市来说,其建设生态城镇化的原则应是始终坚持生态发展为第一位,将生态理念与城镇化建设方针相融合,并使城镇化发展始终贯彻生态文明建设的相关观点,坚持个性化与一体化相统一的建设原则,在城镇化建设中,注重城镇风格与产业发展模式的个性化,彰显个性化的魅力,实现符合当地实际情况的个性化产业,因地制宜,协调发展,努力展现和保持当地的个性化特征,以个性化发展和进步推动本地城镇化发展水平,实现城镇化发展的战略目标。

在实际建设过程中,天津城镇化建设应着力开展以下几方面的工作:其一,实现生态化的土地集约型利用模式。生态化的城镇发展离不开对土地的集约利用,在实践中,生态城镇的建设中的土地利用模式应"内涵发展为主,内涵与外延相互结合"的建设方式,合理利用和发展城镇化建设中需要的土地资源,以最佳的方式进行土地资源的配置和管理。在这一过程中,应着重完善土地管理的法律和法规建设,严格执法,按照规划和审批流程进行土地划拨和使用,严防利用土地划拨审批环节中的权力寻租问题。其二,构建符合生态文明建设的居住模式。人口的集中式居住和集中式建设是生态文明发展中对人口居住模式的要求,这就意味着,在生态型城镇发展过程中,城市管理者和城镇化建设者应重点关注城镇居民的各项要求,厘清各种问题,大力开展居住环境的基础设施建设,改善人居环境,将村镇的各种道路、排水和卫生条件的改善纳入城镇化建设的主要工作中来,从根本上改变村镇市容落后的面貌,实现水电和通讯、道路的畅通无阻,最大限度地提升村镇居民的生活质量和水准,让村镇居民的生活环境随城镇化进程不断改进。在实践中,村镇居住环境的建设应按照生态服务社区的实际要求，构建完整的社区和村镇服务体系和公共配套服务设施，以完美、便捷、高效和富有地区特色的社区环境来进一步提升社会公众的居住水平。其三，构建低碳环保的生态消费模式。所谓生态消费模式本质是一种保护环境、破除浪费资源的消费方式，其是建设生态城镇化的重要任务之一。在这一过程中，政府、社会公众和企业要形成相应的互动机制，即在政府方面，要加大宣传和教育力度，完善相关法律和法规，在重要领域，如酒店一次性用品使用、汽车尾气排放等，加大监管力度，推动消费模式的生态化发展和转变。在个人消费领域，需要构建靠科学的消费理念，消除传统的“便捷消费”“过度消费”“面子消费”“一次消费”和“炫耀型消费”所带来的不良影响，捐弃不良的消费习惯，实现个人消费意识生态化。在企业方面，应当加大革新力度，向社会公众提供更多更好的符合生态环境保护要求的各种服务和产品，充分满足社会对环保消费品的需求。

总之，现阶段我国正在推行的城镇化建设将大大地推进既有社会结构的改变，提升社会的发展水平。而在这一过程中生态文明建设的加入和渗透，将会使城镇化建设更加和谐和健康。同时，社会也需要构建一套良好的保障和运营机制，确保社会经济发展的持续动力和平衡机制的运营。在实践中，社会发展的持续动力将能够保障社会发展的不断前进，保证相关的运行效率。而平衡机制则主要保障社会的有序和稳定运行，增强公平和正义。这两大要素的相互结合和发展，就构成了社会主义和谐社会的发展要素，实现动力与平衡的高度统一。从这点意义上来说，当前构建生态城镇化需要在政治、经济、精神文明建设和社会发展等四个领域开展工作，即在经济上加强制度完善力度，提升社会保障条件；在政治上需要完善和发展相关法制，推进社会主义民主工作进程；在社会发展领域应加强工作机制建设，坚决维护社会繁荣和稳定；在精神文明建设方面需要加大公民培训力度，提升公民道德和素质修养，提高思想认识和行为标准。最终推动国家生态城镇化发展的战略目标尽快实现。

第四章　天津农业现代化发展状况

第一节　天津农业现代化发展现状

在国家积极推进区域协同发展工作的大背景下，天津市政府根据国务院下发的《京津冀协同发展规划纲要》，积极落实本区域的协同发展任务，修订并公布了天津市的相关产业发展实施方案。在这其中，根据农业领域开展现代化建设的重要文件《关于贯彻落实〈中共中央、国务院关于深入推进农业供给侧结构性改革加快培育农业农村发展新动能的若干意见〉的实施意见》的指导思想，天津市积极推进农业现代化发展，在实践中，天津市重点推进了"一重两保"的相关工作，其中"一重"是指坚持三农工作这一重心，"两保"则是指保证农民收入和保证粮食生产这两项重点工作内容。这意味着，在天津农业现代化工作中，应以京津冀协同发展为契机，根据农业供给侧改革的相关要求，增强天津都市农业建设力度，满足京津冀地区大型城市群的农业生产与消费要求。另一方面，天津农业发展应在积极推进和平稳开展农村土地机制改革的基础上，提升农业生产效益化和规模化水平，完善农业生产模式和产业结构，多方位吸收社会闲散资金来进行农业生产结构转型和改制，进而促使农业产业链延伸，增加农产品本身的附加价值，提升农民收入，确保农业和农村的基本权益，为天津本地农业和农村发展注入全新的活力与动力。

一般来说,农业现代化发展现状是动态变化的过程,在不同的发展阶段,农业化发展的内涵与评价指标是不同的,这种差异更多地反映在时代特征上,为此,在对天津农业化发展现状的衡量和评价时,应根据国务院推进农业现代化工作的相关政策精神和天津农业发展的实际情况,选取了几个能够较为明确体现天津农业化发展情况和问题的指标,力图从一个全景的角度,对天津农业发展进行较为深入的勾画。在这一过程中,天津农业化发展现状主要体现在以下四个方面。

一、天津城乡差距较小,且呈现逐年下降趋势

天津市乃至全国城乡差距指标体系中的各原始数据来源于《中国统计年鉴》《天津市统计年鉴》以及天津市国民经济和社会发展的相关统计数据和公报,相关原始数据都在序列化计算的基础上,经过相关模型计算得出全国各省市城乡差距的各衡量指标值,力图以横向比较的方式,反映天津城乡差距在全国各省市所处的水平。这些指标包括:城镇居民人均可支配收入。城镇居民人均消费性支出、农村居民人均可支配收入,农村居民人均消费性支出,城乡收入水平比数值和排序、城乡消费水平比数值和排序(参见附表4.1)。

纵观目前国内各省市城乡差距排名和相关数据,根据城乡收入水平比和城乡消费水平比,可将全国31个省区市(不含港澳台地区)的城乡差距划分为3个等级。

1. 差距较小

从全国的数据来看,城乡收入和消费差距较小的省市主要有5个,分别为天津市、浙江省、黑龙江省、江苏省和湖北省。其中天津市城乡收入水平比和城乡消费水平比全国排名分别为1和2,紧随其后的浙江省,其排名分别为2和1。而此等级中排名靠后的湖北省,相关的全国排名也达到了7和4,城乡收入水平比和城乡消费水平比为2.31和1.83,远低于全国平均水平。这说明在此等级中的省区市城乡差距处于一个较小的水平,城乡发展较为均衡,这可能和地区发展理念与自然环境条件较为协调,实现了城乡发展的良性互动。

2. 差距中等

在全国各省区市的城乡差距综合排名中,处于差距中等层次的省区市主要有吉林省、江西省、福建省、河北省、安徽省、河南省、四川省、海南省、上海市、湖南省、重庆市、山东省、内蒙古、广西、北京市、山西省 16 个省区市。其中吉林省城乡收入水平比和城乡消费水平比全国排名分别为 4 和 11，紧随其后的江西省，其排名分别为 9 和 8。而此等级中排名靠后的山西省，相关的全国排名为 21 和 17，城乡收入水平比和城乡消费水平比为 2.71 和 2.12，与全国平均水平相差不大。这说明在此等级的省区市城乡差距处于一个中等水平，城乡发展不均衡现象较为明显，这可能与这些地区的自然环境与发展理念制约了城乡协调发展的相关因素有关。

3. 差距较大

在全国各省区市城乡差距综合排名中，处于差距较大层次的省区市主要有辽宁、宁夏、广东、陕西、青海、新疆、云南、贵州、西藏、甘肃 10 个省市。其中辽宁省城乡收入水平比和城乡消费水平比全国排名分别为 16 和 26，紧随其后的宁夏，其排名分别为 23 和 20，城乡收入水平比为 2.76，城乡消费水平比则为 2.23。而在全国排名靠后的甘肃省，相关的全国排名为 30 和 31，城乡收入水平比和城乡消费水平比高达 3.45 和 2.61，远高于全国平均水平。这说明在此等级的省区市城乡差距处于一个较大的状况，城乡发展不均衡现象非常明显，这可能与这些地区的自然环境与发展理念制约了乡村的发展，而这些区域的城市对发展资源吸收过多，造成了城乡发展水平较为悬殊。

从整体上来看，我国各省区市城乡消费差距比主要分布于 1.73 至 3.2 之间，以浙江最低，西藏最高；而在城乡收入差距比则主要分布于 1.85 至 3.45 之间，以天津最低，甘肃最高。天津市在这其中处于一个较为良好的水平，天津市城镇居民人均可支配收入 37110 元，城镇居民人均消费性支出 28345 元，而同期农村居民人均可支配收入和人均消费性支出分别为 20076 元和 15912 元。城乡居民收入比和城乡居民消费水平比分别达到 1.85 和 1.87，在全国分列第一和第二位。这表明天津市城乡居民收入差异较小，城乡发展较为均衡，城乡差异在全国范围内属于较为优秀的状态。

在天津市城乡差距的纵向比较方面，根据《天津市统计年鉴》（2001—2016 年）和天津市政府以及市各级统计部门所公布的各种统计公告中的数据,作者整理并计算出天津市2001年至2016年天津市城镇居民人均可支配收入、城镇居民人均消费性支出、农村居民人均可支配收入和农村居民人均消费性支出的相关数据,并以此计算和总结出天津市2001至2016年间城乡收入水平比和城乡消费水平比的相关系数(参见附表4.2)。

通过上述对天津市2002年至2016年城乡居民人均可支配收入和人均消费支出的计算与分析,进一步根据相关数据和测度求出天津市城乡居民城乡收入比和城乡居民消费支出比。根据天津市的实际情况和城乡发展协调度的等级划分,将城乡居民收入比划分为3个等级:小于1.8为收入差距较小,1.8~2为收入差距一般,大于2为收入差距较大。用相似的办法可将城乡居民消费支出比也划分为3个等级:小于2为支出差距较小,2~2.6为支出差距一般,小于2.6为支出差距较大。

根据上述等级划分,我们可以得出以下结论,在城乡收入差异比方面,2001年至2016年间,天津市城乡居民收入差异经历了“先降后升再降”的过程。即在2001—2005年天津居民收入差异由先前的1.86逐步下降到1.75,相关等级也由收入差距一般协调到收入差距较小的状态,这可能与这一时期农村土地制度改革初见成效,乡村居民收入相对提升较快有关。而在2006—2011年天津市城乡居民收入差距急剧升高,由2005年的收入差距较小,逐年提升到收入差距较大的状态,城乡居民收入比数据由2006年的1.80提升到2011年的最高峰2.26,这可能是由于这一时期,天津市城镇化步伐加快,各方面资源相对向城镇集中有关。2012—2016年,天津市的城乡居民收入比开始逐年回落,从收入差距较大的等级逐步转变为收入差距一般,城乡居民收入比数据也由2012年的2.18回落到2016年的1.85,其中原因可能是天津市政府这一时期注意到城乡发展不均衡的问题,开始出台相关政策来协调天津市城乡发展的差异,最终促使了天津城乡发展差异逐步缩小。相应的在城乡居民消费差异比方面,也经历了和收入差异一样的历程,即2001—2005年间天津城乡居民消费支出处于差距一般的状态;2006年以后逐年上升,到2009年达到最高峰,消费支出比为3.0,为支出差距较大等级;而后逐步回落到2011年2.74;2012年以后,天津支出差异比回落速度明显加快,至2016年天津城乡居民消费支出差异等级回到差异较小的范围内,这也从另一个角度证明了天津市政府对城乡差距协调的努力已初见成效。

二、天津农业机械化程度发展较快，在全国处于较为领先的水平

天津市乃至全国农业机械化水平分析和比较的各原始数据来源于《中国统计年鉴》《天津市统计年鉴》以及天津市国民经济和社会发展的相关统计数据和公报，相关原始数据都在序列化计算的基础上，经过相关模型计算得出全国各省市机械化水平的各衡量指标值，力图以横向比较的方式，反映天津机械化在全国各省市所处的水平。这些指标包括：农业机械总动力、农作物总播种面积、每公顷农地使用农用机械总动力。

纵观目前国内各省市农业机械化排名和相关数据，根据农业机械化水平状况，可将全国31个省市的农业机械化程度划分为3个等级。

1. 机械化水平较高

从全国的数据来看，农业机械化水平较高的省区市主要有5个，分别为西藏、天津、北京、浙江、山东。其中西藏和天津农业机械化水平全国排名分别为1和2，紧随其后的北京，其每公顷农地使用农用机械总动力9.54千瓦。而此等级中排名靠后的山东，相关的全国排名也达到了第五名，每公顷农地使用农用机械总动力8.93千瓦，远高于全国平均水平。这说明在此等级中的省市农业机械化在全国处于较高的水平，农业机械程度指标也较高，这可能和地区农业发展理念与经济发展水平较高，实现了农业机械化的良性发展（参见附表4.3）。

2. 机械化水平中等

在全国各省区市的农业机械化水平排名中，处于农业机械化水平中等层次的省市主要有河北、青海、安徽、湖南、河南、江苏、海南、广西、吉林、福建、湖北、辽宁、陕西、广东、云南15个省区市。其中河北省和青海省农业机械化水平排名分别为6和7，紧随其后的安徽省，其排名分别为第八名，每公顷农地使用农用机械总动力7.72千瓦。而此等级中排名靠后的云南省，相关的全国排名为20，每公顷农地使用农用机械总动力4.8千瓦，与全国平均水平相差不大。这说明在此等级的农业机械化水平已有一定基础，但农业机械化能力不足的情况较为明显，这可能与这些地区的自然环境和发展理念制约了农业机械化相关因素的发展有关。

3. 农业机械化水平较低

在全国各省区市农业机械化水平综合排名中，处于农业机械化水平较低的省市主要有山西、宁夏、黑龙江、甘肃、四川、新疆、内蒙古自治区、上海、江西、重庆、贵州等 11 个省区市。其中山西省和宁夏回族自治区农业机械化水平全国排名分别为 21 和 22，紧随其后的黑龙江省，其排名为 23 位，每公顷农地使用农用机械总动力 4. 53 千瓦。而在全国排名靠后的贵州省，相关的全国排名为 31，每公顷农地使用农用机械总动力仅为 3. 65 千瓦，远低于全国平均水平。这说明在此等级的省区市农业机械化水平明显偏低，还有待于发展，这可能与这些地区的自然环境与农业发展理念不重视或不适用于农业机械化的发展，因而农业机械化水平发展较慢（参见附表 4. 4）。

从整体上来看，我国每公顷农地使用农用机械总动力主要分布于 24. 63 千瓦至 3. 65 千瓦之间，以西藏最高，贵州最低。而天津在这其中处于一个较为良好的水平，天津市农用机械总动力 469. 99 万千瓦，农作物总播种面积 479. 17 千公顷，每公顷农地使用农用机械总动力 9. 8 千瓦，在全国排名第二位，仅次于西藏。这表明天津市政府对农业发展较为重视，农业机械化程度较高，农业机械化发展水平在全国范围内属于较为优秀的状态。

在天津市农业机械化发展的纵向比较方面，根据《天津市统计年鉴》（2001—2016年）和天津市政府以及市各级统计部门所公布的各种统计公告中的数据，笔者整理并计算出 1994 年至 2016 年天津市农业机械总动力、农作物总播种面积、每公顷农地使用农用机械总动力的相关数据，并以此计算和总结出天津市 2001 年至 2016 年间农业机械化发展水平的相关指标数据。

通过上述对天津市 1994 年至 2016 年农业机械化水平的计算与分析，进一步根据相关数据和测度求出天津市农业机械发展状况。根据天津市的实际情况和农业机械化水平的等级划分，以每公顷农用机械总动力为主要因素将农业机械化水平划分为 3 个等级：小于 9 表明农业机械化水平较低；9 ~ 11 表明农业机械化水平一般；大于 11 表明农业机械化水平较高。

根据上述等级划分，我们可以得出以下结论，在天津市的农业机械化水平的发展在 1994 年至 2016 年间经历了由低到高，而后又逐渐平稳的过程，即天津农业机械化水平指标在2007年前逐年走高，并于2007年达到顶点，之后又逐年走低，逐渐转变为一个平稳的状态。具体说来，1994—1999年天津农业机械化水平处于较低的状态，但衡量指标要素是逐年缓慢增长的，在这一期间天津每公顷农用机械总动力从最初的6.33千瓦增长到1999年的8.55千瓦，这可能与这一时期天津市试点实行农业机械化，农业机械化设备在农业生产中小范围使用有关。而在2000—2007年，天津市农业机械化水平急剧升高，由1999年的机械化水平较低的状态，逐年提升到机械化水平较高的状态，每公顷农用机械总动力数据由2000年的11.30千瓦提升到2007年的最高峰13.94千瓦，这可能是由于这一时期，天津市大规模推广农业机械化设施应用，相关地区的农业生产也广泛使用农业机械化设备，因此造成农业机械化水平衡量指标急剧提升。2007—2016年，天津市的农业机械化水平开始逐年回落，从机械化水平较高的等级逐步转变为机械化水平一般的等级，每公顷农用机械总动力数据也由2007年的最高点13.94千瓦回落到2016年的9.81千瓦，其中原因可能是天津市政府这一时期注意到农业机械化推广过程中所造成的机械化设备制造过热的问题，开始出台相关政策来进行调控，最终促使了天津农业机械化各项指标逐步冷却，并在稳步中变得平稳。

三、天津农田水利建设力度逐渐增强，农田水利发展情况较好

天津市乃至全国农田水利建设水平分析和比较的各原始数据来源于《中国统计年鉴》《天津市统计年鉴》以及天津市国民经济和社会发展的相关统计数据和公报，相关原始数据都在序列化计算的基础上，经过相关模型计算得出全国各省市农田水利建设水平的各衡量指标值，力图以横向比较的方式，反映天津农田水利建设在全国各省市所处的水平。这些指标包括：有效灌溉面积（千公顷）、农作物总播种面积（千公顷）、有效灌溉占农作物播种面积比重等。

纵观目前国内各省市农田水利建设水平排名和相关数据，根据农田水利建设水平状况，可将全国31个省区市（不含港澳台地区）的农田水利建设程度划分为3个等级。

1. 建设水平较高

从全国的数据来看，农田水利建设水平较高的省市自治区主要有5个，分别

为西藏、新疆、北京、上海和天津。其中西藏和新疆农田水利建设水平全国排名分别为1和2，紧随其后的北京市，其有效灌溉占农作物播种面积比重达84.9%。而天津在此等级中排名靠后，但相关的全国排名也达到了第五名，有效灌溉占农作物播种面积比重也高达64.0%，远高于全国平均水平。这说明在此等级中的省市农田水利建设在全国处于较高的水平，农田水利建设程度指标也较高，这可能和地区农业发展理念与经济发展对农田水利建设需求较高，实现了农田水利建设的良性发展。

2. 农田水利建设水平中等

在全国各省区市的农田水利建设水平排名中，处于农田水利建设水平中等层次的省市主要有浙江、江苏、河北、安徽、黑龙江、山东、福建、宁夏、山西、内蒙古、辽宁、湖北、广东、江西、河南15个省区。其中浙江和江苏农田水利建设水平排名名分别为6和7，紧随其后的河北，其排名分别为第8名，有效灌溉占农作物播种面积比重为51.10%。而此等级中排名靠后的河南，相关的全国排名为20，有效灌溉占农作物播种面积比重为36.20%，与全国平均水平相差不大。这说明在此等级的农田水利建设已有一定基础，但农田水利建设不足的情况较为明显，这可能与这些地区的自然环境与发展理念制约了农田水利建设发展的相关因素有关。

3. 农田水利建设水平较低

在全国各省区市农田水利建设水平综合排名中，处于农田水利建设水平较低的主要有青海省、湖南省、海南省、吉林省、甘肃省、陕西省、四川省、广西壮族自治区、云南省、贵州省、重庆市11个省区市。其中青海省和湖南省农田水利建设水平全国排名分别为21和22，紧随其后的海南省，其排名为23位，有效灌溉占农作物播种面积比重为35.20%。而在全国排名靠后的重庆市，相关的全国排名为31，有效灌溉占农作物播种面积比重为19.20%，远低于全国平均水平。这说明在此等级的省区市农田水利建设水平明显偏低，还有待于发展，这可能与这些地区的自然环境降水较为充分，农田对人工灌溉要求并不迫切，或区域农业发展理念不重视等因素的作用结果，因而农田水利建设水平发展较慢（参见附表4.5）。

从整体上来看,我国各省区市有效灌溉占农作物播种面积比重主要分布于 97.5% 至 19.20% 之间,以西藏最高,重庆最低。而天津在这其中处于一个较为良好的水平,天津市有效灌溉面积 306.62 千公顷,农作物总播种面积 479.17 千公顷,有效灌溉占农作物播种面积比重 64.0%,在全国排名第五位,仅次于上海市。这表明天津市政府对农田水利建设较为重视,农田水利建设水平程度较高,农田水利建设和发展水平在全国范围内属于较为优秀的状态。

在天津市农田水利建设的纵向比较方面,根据《天津市统计年鉴》(2001—2016 年)和天津市政府以及市各级统计部门所公布的各种统计公告中的数据,笔者整理并计算出 1994 年至 2016 年天津市有效灌溉面积(千公顷)、农作物总播种面积(千公顷)、有效灌溉占农作物播种面积比重的相关数据,并以此计算和总结出天津市 2001—2016 年农田水利建设水平的相关指标数据。

通过对天津市 1994 年至 2016 年农田水利建设水平的计算与分析,进一步根据相关数据和测度求出农田水利建设发展状况。根据天津市的实际情况和农田水利建设水平的等级划分,以有效灌溉占农作物播种面积比重为主要因素将农田水利建设水平划分为 3 个等级:小于 60% 表明农田水利建设水平较低,60% ~70% 表明农田水利建设水平一般,大于 70% 表明农田水利建设水平较高。

根据上述等级划分,我们可以得出以下结论,在天津市的农田水利建设水平的发展在 1994 年至 2016 年经历了由低到高,而后又逐渐平稳的过程,即天津农田水利建设水平指标在 2007 年前逐年走高,并于 2007 年达到顶点,之后又逐年走低,逐渐转变为一个平稳的状态。具体说来,1994 年至 1999 年天津农田水利建设处于较低的状态,但衡量指标要素逐年缓慢增长的,在这期间天津有效灌溉占农作物播种面积比重从 90 年代低点的 58.0% 增长到 1999 年的 61.1%,这可能与这一时期天津市试点开展农田水利建设,农田水利建设工程正在起步,并开始步入正轨有关。而在 2000 年至 2007 年,天津市农田水利建设水平急剧升高,由 20 世纪 90 年代的农田水利建设水平中等或较低的状态,逐年提升到农田水利建设水平较高的状态,有效灌溉占农作物播种面积比重数据由 2000 年的 66.2% 提升到 2007 年的最高峰 80.5%,这可能是由于这一时期,天津市大规模开展农田水利建设工作,相关地区的农田水利建设工作也进入正轨,因此造成农田水利建设水平衡量指标急剧提升。2007 年至 2016 年,天津市的农田水利建设水平开始逐年回落,从农田水利建设水平较高的等级逐步转变为农田水利建设水平一般的等级,有效灌溉占农作物播种面积比重数据也由 2007 年的最高点 80.5% 回落到 2016 年的 64%,其中原因可能是天津市这一时期城镇化建设步伐加快,建设用地增多,而在农田水利建设用地方面开始出台相关政策来进行调控,最终促使了天津农田水利建设各项指标逐步冷却,并在稳步中变得平稳(参见附表 4.6)。

四、天津农业生产绿色化水平尚需提升,食品安全仍需密切关注

俗话说,“民以食为天,食以安为先”。农业绿色化生产和农产品的安全性是农业现代化中一项重要的内容,为此把握农业现代化水平,必须对农业绿色化生产程度进行准确的衡量。在实践中,对天津市乃至全国农业绿色化生产水平分析和比较的各原始数据来源于《中国统计年鉴》《天津市统计年鉴》以及天津市国民经济和社会发展的相关统计数据和公报,相关原始数据都在序列化计算的基础上,经过相关模型计算得出 2016 年全国各省市农业绿色化生产水平的各衡量指标值,力图以横向比较的方式,反映天津农业绿色化生产水平在全国各省市所处的水平。这些指标包括:农用化肥使用量(折纯量)、农作物总播种面积、每公顷农地使用化肥量等。

由数据可知,纵观目前国内各省市自治区农业绿色化生产水平排名和相关数据,根据农业绿色化生产水平状况,可将全国 31 个省区市(不含港澳台地区)的农业绿色化生产水平程度划分为 3 个等级。

1. 绿色化程度较高

从全国的数据来看,农业绿色化生产水平较高的省区市主要有 5 个,分别为青海省、贵州省、黑龙江省、甘肃省、西藏自治区。其中青海省和贵州省农业绿色化水平全国排名分别为 1 和 2,紧随其后的黑龙江省,其每公顷农地使用化肥量 0.203 吨。在此等级中排名较为靠后的是西藏自治区,但相关的全国排名也达到了第 5 名,每公顷农地使用化肥量也仅为 0.229 吨,远低于全国平均水平。这说明在此等级中的省市农业绿色化生产水平在全国处于较高的水平,农业绿色化生产程度指标也较高,这可能和地区农业发展理念与经济发展对农业绿色化生产需求较高,实现了农业绿色化生产的良性发展。

2. 农业绿色化生产水平中等

在全国各省区市的农业绿色化生产水平排名中,处于农业绿色化生产水平中等层次的省市主要有江西省、四川省、重庆市、湖南省、内蒙古自治区、上海市、山西省、宁夏、云南省、辽宁省、安徽省、浙江省、河北省、江苏省、吉林省15个省区市。其中江西省和四川省农业绿色化生产水平排名分别为6和7,紧随其后的重庆市,其排名分别为第八名,每公顷农地使用化肥量为0.267吨。而此等级中排名靠后的吉林省,相关的全国排名为20,每公顷农地使用化肥量为0.412吨,与全国平均水平相差不大。这说明在此等级的农业绿色化生产已有一定基础,但农业绿色化生产能力不足的情况较为明显,这可能与这些地区的自然环境与发展理念制约了农业绿色化生产发展的相关因素有关。

3. 农业绿色化生产水平较低

在全国各省区市农业绿色化生产综合排名中,处于农业绿色化生产水平较低的省市主要有山东省、湖北省、新疆维吾尔自治区、广西壮族自治区、天津市、河南省、福建省、广东省、陕西省、海南省、北京市11个省区市。其中山东省和湖北省农业绿色化生产水平全国排名分别为21和22,紧随其后的新疆维吾尔自治区,其排名为23位,每公顷农地使用化肥量为0.426吨。而在全国排名靠后的北京市,相关的全国排名为31,每公顷农地使用化肥量为0.638吨,远低于全国平均水平。这说明在此等级的省区市农业绿色化生产水平明显偏低,还有待于发展,这可能与这些地区的自然环境较差,土壤肥力不足,人口对农产品总量需求过大或区域农业发展理念不重视等因素的作用结果,因而农业绿色化生产水平发展较慢(参见附表4.7)。

从整体上来看,我国各省区市每公顷农地使用化肥量主要分布于0.156吨至0.638吨之间,以青海省最好,北京市最差。而天津市在这其中处于一个较差的水平,天津市农用化肥使用量(折纯量)21.36万吨,农作物总播种面积479.17千公顷,每公顷农地使用化肥量0.446吨,在全国排名第25位。这表明天津市农业生产化肥量使用过高,农产品安全形势严峻,农业生产绿色化水平急需提升(参见附表4.8)。

在天津市农业生产绿色化水平的纵向比较方面，根据《天津市统计年鉴》(2001—2016年)和天津市政府以及市各级统计部门所公布的各种统计公告中的数据，作者整理并计算出1994年至2016年天津市农用化肥使用量(折纯量)、农作物总播种面积、每公顷农地使用化肥量等相关数据，并以此计算和总结出天津市2001年至2016年间农业生产绿色化水平的相关指标数据。

通过上述对天津市1994年至2016年农业绿色化生产水平的计算与分析，进一步根据相关数据和测度求出农业绿色化生产水平发展状况。根据天津市的实际情况和农业绿色化生产水平的等级划分，以每公顷农地使用化肥量为主要因素将农业绿色化生产水平划分为3个等级：小于0.2表明农业绿色化生产水平较好，0.2~0.5表明农业绿色化生产水平一般，大于0.5表明农业绿色化生产水平较差。

根据上述等级划分，我们可以得出以下结论：天津市农田水利建设水平发展在1994年至2016年经历了由好转差，而后又逐渐改善的过程，即天津农业绿色化生产水平指标在2007年前逐年转差，并于在2007年达到顶点，之后又逐年改善，逐渐转变为一个一般性的状态。具体说来，1994年至1999年天津农业绿色化生产水平处于好坏交替的状态，但衡量指标要素逐年起伏不定，在这期间天津每公顷农地使用化肥量从1994年的0.775吨下降到1999年的0.280吨，这可能与这一时期天津市对化肥使用量进行了一些政策调控和限制有关。而在2000年至2007年，天津市每公顷农地使用化肥量水平急剧升高，由20世纪90年代的农业绿色化生产水平中等或较好的状态，逐步恶化到农业绿色化生产水平较差的状态，每公顷农地使用化肥量数据由2000年的0.312吨提升到2007年的最高峰0.595吨，这可能是由于这一时期，天津市过分强调农产品产量增加，而忽视了绿色生产的相关要求，从而导致每公顷农地使用化肥量水平衡量指标急剧提升。2007年至2016年，天津市的每公顷农地使用化肥量开始逐年回落，从农业绿色生产水平较高的等级逐步转变为一般的等级，每公顷农地使用化肥量数据也由2007年的最高点0.595逐步回落到2016年的0.446，虽然仍然偏高，但已出现了改善的趋势。其中原因可能是天津市这一时期已经意识到农业绿色化生产的重要性，并开始出台相关政策来进行农田化肥使用量的调控，最终促使了农业绿色化生产指标逐步好转，并出现了农业绿色化生产水平由差转好的趋势。

第二节　天津农业现代化发展中存在的问题

一、天津农业现代化建设中资源的瓶颈问题

耕地面积持续缩小，相关保护力度急需提升。天津市由于其地理位置和自然条件的优势，土壤资源较为丰富，据相关数据统计，天津市共有土壤资源 459 种，共分为 6 个大类，17 个亚类。其中天津北部山区土壤主要以褐土和棕壤为主，中部的冲积平原上的土壤则主要是潮土，约占总土壤面积的 80% 以上。而在滨海地区，滨海盐土是主要的土壤组成形式，通常，在这一区域中，由于盐碱化水平较高，在已开发的农业地区，作物种植主要是水稻，其他作物较少种植。

根据天津市政府相关规划文件的要求，从 2009 年开始，天津市的农业环境保护与监测部门在天津的大港、西青、津南、东丽、汉沽和塘沽进行了土壤重金属含量的数据采集与分析。相关数据和分析结果显示，在选取的 59 个土壤抽样点中，存在着 9 个重金属含量超标的点位，超标的元素构成主要为铜、锌、铬和汞，超标点位占总选取点位的 15. 25% 。在选取的地区方面，东丽区土壤重金属超标现象最为严重，在 9 个超标点位中，东丽区有 6 个，占东丽区总选取点位数量的 50% 。而其他地区，虽然存在个别超标点位，但总体重金属含量测试均值都低于国家标准，属于正常水平。尽管如此，随着天津城市化建设进程的不断推进，城镇用地量呈现逐年提升的趋势，这就意味着，天津市土壤重金属污染问题必须得到足够的重视。在农业生产基础性位置日益加强的今天，保证耕地面积，提升耕地质量是农业现代化发展过程中一项非常重要的工作。在实践中，如果没有足够的耕地，再好的种植技术和农业管理策略，也没有可以使用的外在条件，而在耕地面积很难增加的背景下，耕地质量的提升是农产品优质高产的关键，否则耕地再多，农产品数量再丰富，得到的也是受到污染，危害健康的劣质食物和消费品，农业生产的本质功能也得不到保障。因此，提升耕地管理力度，控制耕地面积减少，提高耕地质量是未来农业和农村工作的一个重点内容。

二、化肥滥用问题急需得到广泛关注

据相关数据显示，天津所辖的农业区县中，化肥折纯使用量在2009年为26.03万吨，比上一年度增加了0.07吨，单位亩播种面积使用量为38.1公斤，远高于全国的平均亩使用量的25公斤，比发达国家所设定的相关化肥每亩使用标准多出了23.1公斤。从化肥的使用成分上来看，2009年氮肥的使用量为12.75万吨，磷肥使用量为4.07万吨，钾肥的使用量为1.53万吨，而复合肥使用量仅为7.67万吨。从中可以得出天津市化肥使用量中氮肥使用量最大，使用总量比2008年增加了1.84万吨，而钾肥使用量虽有一定的增加，但相比其他肥料来说，还处于明显的劣势。而从化肥使用的总体上来看，天津农业化肥使用量较大，且呈现出逐年上升的趋势，而使用效率较低。使用的化肥中氮肥、磷肥和钾肥的相关比例还存在不协调的现象，使用方法也存在着众多问题，其结果虽然可以在短时间内使农业产量提升，但化肥的过度使用造成了生态系统的破坏和农作物生长规律的紊乱，增加了农业环境的损害力度，进而导致人类身体健康受到影响。

三、农药过度使用问题亟待解决

在天津的农业生产中，农药的使用问题也是目前最受社会公众关注的内容。一般来说，农药一般由杀菌剂、除草剂、杀虫剂和生长调节剂组成，而杀虫剂是农药中使用量最大的一个种类，使用量约占农药总使用量的一半以上。在实践中，尽管农作物生长和农业生产离不开农药的使用，但对农药不合理和过量的使用则造成农业生态环境的严重污染，给环境中土壤、大气和水源造成较大的负面影响，造成农业环境的破坏。而在农产品中，由于农药的过度喷洒和频繁使用，忽视农药使用安全窗口期，造成农药的大量残留，给蔬菜和水果等经济农产品的消费带来了巨大的风险，其所造成的食物安全事故比粮食作物的相关状况更为严重。在天津所辖的农业区县中，由于政策的干预和病虫害防治技术的进步，一些新的病虫害防治方法，如生物防治、抗生素防治、物理防治，以及新型的防治设备如性诱捕器、杀虫灯等的广泛使用，使天津的农药使用量有所降低，据相关数据显示2009年天津全市农药使用量为3524.3万吨，比上一年度同期减少了82.2万吨，单位播种亩使用量为0.51公斤，比上一年度减少0.02公斤。总使用量和单位使用量分别同比下降了2.28%和3.97%，这表明农药使用量有所降低，但农作物农药残留问题依然十分严峻，亟待相关部门关注和解决。

四、天津市农业水资源保护迫在眉睫

水资源是农业现代化发展的关键，农业生产和农作物种植均离不开充足的水资源。而对于天津市来说，水资源的匮乏和污染已经严重制约了天津农业现代化和社会经济的发展。当前天津市为了充分保护和监控农业水资源，在全市行政区域内共设置了31个水资源监测断面，其中天津市属各区县26个，滨海新区5个。2009年刨除一个全年无水的监测断面外，剩余30个监测断面中，水质标准以国家所公布的《地表水环境质量标准》（GB3838－2002）来评价，天津市属各区县中静海县（今静海区）、津南区、南开区、宝坻区、武清区、蓟县（今蓟州区）、红桥区水质达标率为100%，水源质量良好，其他各区水质达标率分布在94%至33%之间，其中宁河县（今宁河区）和汉沽区（今滨海新区汉沽区）最低，仅有33%左右的水源达标。而在所有的农用水源监测断面中，有6个断面为4类水质，3个断面为三类水质，滨海新区的水质监控点中，四类水质的监控断面有1个，3个监测断面水质为劣五类。水源中主要的污染物分别为溶解氧、氨氮、高锰酸盐指数和生化需氧量。超标率分布在1%至11%之间。由此可见，天津市农业水资源保护形势依然十分严峻，急需推行严格的保护措施。在实践中，世界各国的农业用水治理和节水措施表明。建设节水型农业，加强农业灌溉管理，构建节水保护和激励政策，扩展新型水源是天津水资源保护工作的关键。因此，天津市应当制定和发展节水型农业的规划和制度，实行切实可行的节水规划，适当提高灌溉价格，加强研发力度，开展微咸水使用方法研究，保障天津农业用水的需要和为种植业发展提供资源基础，进而改善天津城市农业发展对水资源的需求。

五、种植业和养殖业的效益提升应重点关注

农业现代化发展过程中，种植业和养殖业是其中重要的工作内容，在实践中，只有高度区域化、专业化、产业化、设施化和标准化的种植业和养殖业，才能生产出品质齐全、绿色环保、效益优质的农产品，满足城市和社会公众生活和生产发展的需要。而当前，天津市农业种植业和养殖业发展中还存在一些问题，具体表现在四个方面：一是农业机械化设施还不完善，小型、动力型机械较多，大型

和配套式农机具较少，农业设施服务人员技术水平和服务体系还没有充分形成，农机专业户的规模化服务和经验形式还没有完全建立起来，相关服务领域也还不够完善；二是畜牧业、渔业、林业和经济作物产业产量还不高，相关生产机械化水平还需要加强，机械化生产能力还需要进一步延伸；三是种植业农机化技术水平还需进一步提升，面向沿海的农业生产格局还需进一步完善；四是种植业和养殖业质量和安全化管理力度还需进一步增强。

六、农业土地相关政策法规尚需完善

土地是农业发展的基础性资源，农业的现代化离不开土地资源的充足供给。对于天津市来说，在城市化建设中，土地资源的减少是一个无法避免的问题，也是制约农业现代化发展的一个瓶颈。这意味着，随着天津改革开放水平的不断提升，城市人口膨胀和外来流动人口日益增多，用地面积将会处于一个不断提升的状态。另一方面，由于工业化、城镇化和农业生产自身存在的生态污染状况，使得耕地质量呈现出下降的趋势，而这种趋势又进一步加剧了农业土地资源供应量的不足。这就意味着，在天津现代化发展中，人口和社会的发展，生态环境的治理都会产生对土地资源的进一步需求，而这种对土地需求的增加与发展依赖，会造成耕地保护的巨大困境，制约了农业现代化的发展。在实践中，为了解决这一矛盾性问题，土地的规划是其中重要的解决方案。这意味着农业现代化建设的成败在一定程度上决定于土地规划能力的高低。而对于天津市来说，尽管传统上土地规划开展的较早，但规划方式和规划内容还缺乏足够的论证和科学决策手段，规划制定前期的调研工作也不是很充分，这意味着天津市各区县的农业土地规划依然处于摸索和试验阶段，相关农业区域划分还不明确，规划的可执行性还不是很充分。在实际生产过程中，这种规划的不充分状况导致相关政策实施效果不明显，相似规划中的特色要素缺失，同质化相对严重，规划的盲目性较强，农业土地开发科学理念薄弱，一哄而上的现象时有发生，严重制约了天津农业现代化的发展。为此，天津土地规划手段应借鉴农业科技园区的制度和技术创新经验，实现农业技术、人才、资金和项目投入的相对集中，规划所产生的产前、产中和产后的生产、交易和技术革新的融合体能够进一步推动农业产业内部各种关联要素：种植业品种、养殖业品质和相关基础设施，相互融合，共同发展。由此可见，提升农业土地相关使用法规和制度制定力度，完善相关法律机制，对于规范化使用农业土地，保护农业土地资源具有巨大的现实意义。

七、农产品生产和加工环节的绿色化发展急需提升

农产品的生产加工环节是农产品推向市场前的重要组成部分，是农业产业化和市场化生产的关键，也是农业现代化发展的一个必然趋势。在西方发达国家，农产品的加工行业已经是各国经济发展的重要组成部分，因而受到了广泛的重视。而对于天津市来说，农产品加工业在传统上是天津农业发展的薄弱环节。但随着天津经济社会的发展，社会公众对单一农产品的需求随着恩格尔系数的下降而不断降低，相应的农产品加工的重要性则显著提升。这意味着，农产品加工行业进一步满足了社会公众对农产品质量的高要求，彰显了工业化对农业现代化发展的带动作用，而农产品加工业的发展和壮大能够进一步拉伸农业生产链条，提升农业整体效益，增加农产品的经济优势。在实践中，天津一些特色的加工农产品在市场占有率、行业知名度和产品质量评比中都具有全国优秀水平，取得了巨大的成就。未来天津市的农产品加工业应以绿色发展理念为基础，积极设立国家和农业相关标准体系，以 IS09000 质量管理体系、危害分析关键控制点认定、农业规范认定等国家强制要求标准为准绳，加强技术装备创新和产品工艺升级，以减低相关产品成本，提升产品质量，增加产品经济效益，降低环境和天气等自然因素的影响和制约程度，构建自身的优势产业。由此可知，在应用绿色化的发展理念进行农业加工领域的技术引进和革新，能够在较短的周期内建立区域中农产品生产和加工优势地位，推动农业现代化建设水平快速发展，实现农业现代化和绿色化的协调和健康发展，为绿色农业跨越式发展打下坚实的基础。

第三节　天津的乡村振兴战略

一、加快推进工业化、城镇化工作进程，提升农业现代化发展动力

在天津社会主义建设过程中，以新型工业化为先导，结合新型城市化，推动农业现代化的发展，促进乡村振兴战略的实施。在实践中，从工业化、城镇化、信息化、绿色化和农业现代化这一“新五化”发展的实际出发，积极开展“五化”协同发展。而在发展过程中，鉴于农业现代化发展水平较低，各项发展要素滞后于工业化和城镇化的发展，导致乡村振兴战略实施进度不能完全满足农村发展的需要，为此，应在遵循乡村发展实际的基础上，以新型的城镇化和新型工业化的发展带动农业现代化，推动农村地区发展。为此，天津市应着重从以下 4 个方面开展相关工作。

1. 大力提升农业机械化生产能力，以工业的生产体系来加强农业生产能力。具体来说，天津市应在提升农业科技水平和人员能力的基础上，积极推进农副产品加工业和农业机械化推广工作，加大科技成果的推广和转化程度，构建新型的工农业结合的科技示范产业。加强与北京市、济南市等工业较为发达城市的协调力度，应用周边城市的先进经验和技术来推动农业机械化设施的应用力度。

2. 加强土地政策法规完善力度，提升城乡土地资源配置均衡程度，在土地转让、承包和抵押等环节加强政策引导力度，提升经营的集中程度，使土地的利用率有效提升。

3. 加强人力资源建设，提升人才的科技能力和人文素养。鉴于天津市所属各县区农村人口文化程度较高，但由于城镇化建设的深入，乡村地区大量青壮年向城市集中，使得农村地区人口的劳动素质大幅下降，为此，天津市应当积极提升农村地区科技培训力度，完善乡村教育基础设施建设，将优势教育资源重点向乡村倾斜。同时，还应制定优惠政策，改善投资和创业环境，加强政府引导和协调力度，吸引和引导高层次和高技术人员回乡创业和工作，提升乡村人力的平均素质。

4. 推动农村生产方式和产业体系调整力度，构建生产、销售、制造一体的农业和农村生产体系，增强工业对农业的支撑和引领作用，以工业制成品带动农业产品产业链的扩展，多渠道提升农产品价值增值，进而将吸引农村剩余人口和劳动力进入工业和服务业领域，带动农村社会改造，加快城镇化建设进程。

二、加强生态文明建设，构建以人为本生态乡村氛围

随着我国社会主义生态文明建设的深入，农村地区广大群众的自然生态保护意识也不断增强，参与生态文明建设的意愿也日益强烈。在党的十九大相关决议的引导下,农村地区已经充分意识到现阶段我国社会主要矛盾的变化趋势,即人们对美好生活的追求和求索与社会发展不平衡和不充分的矛盾。因而加强环境保护力度,构建美好家园已经成为现阶段乡村振兴战略的一个重要的发展目标。在此背景下,现阶段广大农村地区资源分配和发展状态的不均衡、资源环境保护力度不足,已经严重制约了农村群众生活和居住环境的改善,降低了群众生活水平的进一步提升。为此,在国家层面,政府应积极通过相关政策引导和教育培训,营造出全民重视乡村生态文明建设的社会氛围,将广大乡村居民纳入乡村环境保护的工作中来,与广大人民群众一起努力,共同推动乡村生态文明建设和环境保护工作。为此,天津市应在实际的农村生态文明建设进程中,充分发挥乡村群众的生产积极性,以人民群众的主观意愿和利益为基础,提升广大农村群众的生态保护意识,加强其在生态文明建设中主人翁的作用,按照生态保护和环境治理的相关要求改造相关生活方式和行为习惯,铸造绿色环保的乡村生活和生产模式。另一方面,要积极加强面向乡村居民的教育与培训力度,将绿色、环保的发展理念深入到每个农村居民心中,坚持以人为本的原则,将每个农村居民纳入生态文明的推进工作中来,培育群众环境保护的忧患意识和大局观念,以强烈的责任感,构建人和自然协调发展的乡村振兴新模式。

三、以科学发展观作为乡村振兴战略的基本原则

农业和农村生态文明建设作为乡村振兴战略实施的推进的重要组成部分,其中涉及政治、经济、文化、物质等众多方面,一些自然生态学的理念和绿色发展的观点也在其中发挥了重要作用。为此,在乡村振兴的大背景下,积极推进科学发展观中的绿色发展理念,是农村可持续发展的关键。为此,在实际工作中应着重关注以下 3 个方面的内容:

1. 规划与行动相结合的统筹协调观念

农村的生态环境建设与保护是我国社会主义现代化建设的重要组成部分和主要任务之一,决定着我国全面建设小康社会的成败。为此,在实际工作过程中,应大力重视乡村生态环境建设工作,并将其纳入国家总体生态文明建设战略规划中,充分重视和关注农村地区的生态环境保护和治理,推动农村生态环境建设进入一个新的发展阶段。传统上,我国生态文明建设战略一直存在着忽视农村生态,重点投入城镇的生态建设的弊端,这造成农村生态保护工作由于资金和政策投入不足,而造成发展滞后,严重影响了农村生态环境的改善,造成了生态与经济发展的恶性循环,严重制约了我国生态文明建设的深入发展,给国家生态文明战略的实施带来了较大阻力。为此,当前在乡村振兴战略的全面实施的背景下,各级政府主管部门应破除以往"重城镇,轻乡村"的生态环境建设理念,加强统筹规划,将乡村生态文明建设纳入政府建设和发展规划中去,共同推动乡村和城镇生态文明保护和治理,做到城乡一体化管理和建设,推进我国生态文明总体工作进程不断发展。

2. 正确调节创新与治理建设之间的关系

广大农村的发展和建设无法避免当地实际发展状况的制约,资源和财政的保障力度的强弱是农村建设顺利进行的重要因素。从这点意义上来说,当前农村绿色生态经济的建设和推进并不是单纯地协调农村居民和生态环境之间的关系,而是一种涉及农村社会方方面面的全方位发展,实现生态保护与社会经济发展的高度统一。为此,在乡村振兴战略中,要大力戒除物质文明建设与生态文明建设互相抵触的恶性循环,将绿色环保理念融入农村地区社会经济发展的实际需求中,以创新、绿色和环保的理念改革传统的发展模式,倡导全新的发展和进步理念。

3. 在思想创新的基础上,大力推动科技应用

科学技术作为第一生产力,在乡村绿色发展过程中发挥了极其重要的作用,其在农村生态文明建设和保护中扮演了指挥和引领的角色。从这点意义上来说,科技的应用与理念的创新作为一种践行科学发展观的重要途径,引领着农村绿色经济建设。为此,各级政府和主管部门,必须按照人与自然和谐共处的理念开展相关工作,改变以往牺牲环境来换取经济效益的错误做法,利用科技和创新理念加强环境治理和资源循环利用工作。另一方面,要进一步利用政府的舆论和教育培训优势,加强农民生态环保意识,构建生态文明建设氛围,以科技指导农业现代化建设,在理念创新和基础上,进一步提升现代生态农业建设水平,推动乡村振兴战略顺利实施。

四、构筑现代化的伦理道德体系，为乡村振兴提供持久发展的动力

生态伦理道德观念，作为一种社会中人与自然行为规范的准则，其是社会伦理道德层面上的一个概念。在这种概念体系下，自然环境作为一种社会对象，被赋予了人类的各种权利，在现实社会中，人类的各种活动都应当考虑到自然环境的问题，做到人与自然的换位思考和推己及人的行为理念，构建符合自然生态要求的行为习惯和生产生活方式，实现自然生态与社会进步和谐共发展。基于此种生态伦理道德观念，在乡村振兴战略中，应以自然伦理道德的相关要求塑造乡村居民的生态观念，将农村生态保护工作作为全体居民的行为指南和行动目标，加强生态保护理念构筑工作推进力度，树立环境敬畏思想，自觉与破坏生态环境的行为划清界限。在实践中，生态伦理道德建设并非一种孤立的伦理观点，它与广大农村居民的思想文化素质紧密相连，为此各级政府和主管部门应加强面向农村居民的教育与培训力度，加强生态伦理道德教育，通过政策引导和机制扶植，提升农村生态道德观念和知识，推动农村生态文明建设，让广大农民自觉自愿地加入生态保护工作中去，发挥主人翁责任意识，使其在生态文明建设中承担更大和更重要的作用。

五、以解决“三农”问题为契机，将乡村振兴战略提升到新的历史高度

“三农”问题作为农村和农业发展的主要问题，一直是农业现代化发展的关键和瓶颈。党的十九大以来，随着乡村振兴战略的实施和发展，为“三农”问题的彻底解决提供了全新的视角。而“三农”问题解决的进程也为乡村振兴战略的进一步实施提供了良好的契机。为此，为了进一步加强乡村振兴战略的实施，提升“三农”问题的解决力度，在实际建设过程中，应着重从以下方面开展工作。

1. 加强生态意识培育，提升农村居民环保素质

生态文明意识的强与弱往往体现在广大人民群众的生活行为中，这就意味着生活行为习惯的好坏直接影响到生态理念的构建。而在广大农村地区，人民群众是农村生态主要接触者和参与者，农村生态环境的保护和治理离不开广大农村群众的积极参与。因此，培育良好的生态保护意识，构筑优秀的环保行为习惯，是建设农村生态文明的关键，也是为子孙后代保留福利和共赴发展的长远策略。在现实生活中，应积极谋划广大群众的生态保护意识培育策略，加强教育培

训力度，提升环境保护意识，构筑强烈的生态环境建设主人翁责任感，自觉自愿地投入到环境保护工作中去，纠正和改进不利于环境发展的行为习惯和生产模式，推动生态环境与社会进步和谐发展。为此，可以从两个方面开展相关工作：一是加强宣传教育工作力度，让广大农村群众了解和掌握生态文明建设的各种理念和方法，使环境保护意识深入每个人心中；二是构建科学发展的相关理念，在坚持马克思主义相关理论的基础上，提升广大乡村群众生态教育培训力度，构建人与自然、人与生态和谐发展和共处的全新发展模式。改正以往“唯经济发展第一”的理念，构建绿色发展模式，重点治理乡村生态破坏和污染的问题，以科学发展的理念，实现乡村振兴战略的全面推进。

2. 按照生态环保的要求构建全新的生活和消费模式

伴随着城镇化建设的深入，城乡经济和交流日益频繁，广大乡村居民的消费意识日益提升，而随之带来的消费破坏生态问题也日益严重。如在乡村由于未能及时认识到塑料袋制品的环境危害性，由之带来的白色污染已经给乡村环境带来的巨大的损害。由于乡村垃圾处理基础设施建设还不够完善，造成白色塑料袋随处堆放，没有统一的处理和回收站点，使农村生态环境破坏程度明显加大。由此可见，改进农村居民消费意识，构建绿色环保消费理念，对于农村地区生态环境保护和农业现代化建设具有极其重要的意义。

3. 按照良性生态保护的要求，开展生产方式改革

在乡村绿色经济发展和建设过程中，由于农村地区社会发展和群众生活的实际需要和客观规律的存在，相关发展理念应以农村地区实际情况为基础，在正视农村生态环境现状的原则下，积极寻找相关工作开展的切入点，创造有利条件，发展绿色经济，维护农村生态秩序，保护农村生态环境，以生态效益的发展和壮大来提升经济效益的发展水平，带动社会效益的发展。为了实现此目标，在实际工作中，应大力戒除那种只顾眼前利益，以破坏生态环境为代价发展经济的盲目和野蛮发展理念，按照绿色经济发展的生态、效率和和谐的观点来进行生产方式的革新，按照党的十九大提出的生态发展国家战略要求，构建和谐、绿色的生态发展观，树立生态发展的社会经济效应，为生态文明建设的顺利发展提供理论和实践的基础与前进动力。

第五章　天津绿色化发展状况

第一节　天津绿色化发展现状

一、天津整体绿化水平不高，人均拥有绿地较少

天津毗邻渤海湾，土质以碱性为主，地质情况决定了其绿化难度较大。选取 3 个指标即天津城市建成区绿地覆盖率、森林覆盖率和城市人均公园绿地面积，分别考察天津绿地拥有情况。2016 年，天津城市建成区绿化覆盖率约为 48.40%，按从高到低顺序排序在全国 31 个省区市（不含港澳台地区）中排名第 24 位，即倒数第 8 位；天津森林覆盖率约为 9.87%，按从高到低顺序排序在全国 31 个省区市（不含港澳台地区）中排名第 29 位，即倒数第 3 位；天津城市人均公园绿地面积约为 10.59 平方米/人，按从高到低顺序排序在全国 31 个省区市（不含港澳台地区）中排名第 27 位，即倒数第 5 位。天津在这 3 个指标上的排名均以倒数计，因此可看出天津整体绿化水平不高，人均拥有绿地较少（参见附表 5.1）。

二、天津废水及工业“三废”排放水平不高，但仍应重点控制烟（粉）尘的排放

选取万元国内生产总值废水排放量、万元国内生产总值废气中二氧化硫排放量、万元国内生产总值废气中氮氧化物排放量和万元国内生产总值废气中烟（粉）尘排放量 4 个指标考察天津废水及废弃排放情况。从数据可知，天津万元国内生产总值废水排放量约为 5.1 吨，按从低到高顺序排序在全国 31 个省区市

（不含港澳台地区）中排名第1位，说明天津工业废水排放情况监管治理良好；天津万元国内生产总值废气中二氧化硫排放量按从低到高顺序排序在全国31个省区市（不含港澳台地区）中排名第3位，落后于京沪两地；万元国内生产总值废气中氮氧化物排放量按从低到高顺序排序在全国31个省区市（不含港澳台地区）中排名第4位，落后于北京、上海、浙江三地；万元国内生产总值废气中烟（粉）尘排放量按从低到高顺序排序在全国31个省区市（不含港澳台地区）中排名第5位，落后于北京、上海、广东、浙江。天津在废水及工业废气排放方面表现良好，但烟（粉）尘排放情况相对较差，今后应重点控制烟（粉）尘的排放（参见附表5.2）。

三、天津单位国内生产总值能耗水平较低，能源综合利用率较高

天津对能源的综合利用水平较高，单位国内生产总值能耗不高。从数据可知，2016年天津万元国内生产总值电力消费量约为452千瓦时，按从低到高排序在全国31个省区市（不含港澳台地区）中排名第3位，仅落后于北京市和西藏自治区。能在一定程度上说明天津对能源的综合利用程度较高（参见附表5.2）。

四、天津水资源短缺、人均拥有道路及公厕情况一般

天津水资源短缺一直是个不争的事实，从全国31个省区市（不含港澳台地区）排名情况看，京津冀区域整体上都处于缺水的地位，天津的人均水资源占有量仅有122立方米，排名第31位，即倒数第1位。天津人均拥有公共交通标准运营车数辆约为18台，按从高到低排序在全国31个省区市（不含港澳台地区）里排第2位，公共交通配备情况属上游。天津城市人均拥有道路面积约为15.39平方米，按从高到低排序在全国31个省区市（不含港澳台地区）中排第17位。同排第17位的还有单位城市人均拥有公共厕所数。说明天津人均拥有道路及公厕情况在全国属中等一般水平（参见附表5.3）。

第二节 天津绿色化建设中存在的问题

一、绿色化与工业化的联系与作用

随着我国经济的不断发展，既有经济发展模式的弊端越来越大，具体体现在重工业企业较多且集中度较大，化石能源消耗量大，废物排放量严重超过环境负载能力，加之人口众多，绿色能源消耗所占比重较小，严重制约了我国生态环境的改善。基于此问题，当前我国工业化所面临的最重要的问题就是在进行企业发展转型的基础上，加大对新型绿色能源的开发力度，加强环境治理，避免重蹈西方发达国家环境先污染后治理的问题，及早对环境和生态进行修复和治理，做到工业化与绿色化协调发展。

在实践中，生态文明的建设应当注重人与自然的良性循环和发展，强调人与社会、人与人之间形成和谐共生、持续繁荣的状态，是现今生态文明建设的核心内容。然而，在现实生活中，我国在工业化发展和经济建设中还没有完全遵循生态文明建设的理念和观点，传统发展中的“耗能高、污染大、排放重”的弊端依然没有解决，旧的发展模式还没有从根本上得到改变。据相关统计资料显示，在“十一五”建设期间，我国每单位生产总值的能源消耗量是全球平均水平的 2 倍以上，这意味着，我国用占全世界能源 19.3% 的消耗量，创造出了全球 8.6% 的产值，其结果就造成我国能源缺口持续扩大，即从 2001 年的合计 6531 万吨标准煤，增长至 2010 年的 28023 万吨标准煤，造成了我国外汇的持续流失。

为了解决这些问题，党的十八大就曾指出，当前我国经济建设应当深入贯彻生态文明的相关理念，在深刻认识我国资源现状的基础上，大力推动经济发展模式的转型。在实践中，工业领域和工业化进程，作为经济发展的主要推动力量，其在资源使用和废物排放领域问题相对严重，发展模式对环境影响很大，因此，构建和谐的生态保护与工业化关系是今后发展的重要方面，为此，对于工业化与绿色化的协调发展的相关问题，应当从以下几个方面来开展具体工作。

1. 工业的可持续化发展模式的构建和运行

可持续发展理念作为一种实践性理念,其构成的是一种基于生态自然观的哲学观点,体现了一种切合于生态文明建设要领的经济发展新模式。在实践中,我国应当充分贯彻可持续性发展的理念,在实现工业现代化的同时注重生态文明建设,做到经济利益与生态文明利益协调发展,社会、经济与生态环境和自然资源兼顾。最终不损害子孙后代利益的前提下在使经济社会发展充分满足现今社会大众发展的需求,进而实现现代工业化的持续发展。

2. 工业产业节能减排的科技推动效应

一般来说,科学技术在社会生活领域具有两面性,一方面,科学技术的进步能够给予人们更多的物质和精神财富,满足人类的各种需求;另一方面,工业生产中的科技进步,进一步加剧了资源的消耗量和废物的排放量,加剧了资源短缺和生态环境的污染,这给类似于我国这种工业化发展国家以极大的发展困境。然而,随着经济社会的发展,科学技术也存在着和环境保护相结合的可能,即利用科技的发展来提升环境保护的力度,实现环境与工业协调发展。这就意味着,通过科学技术的进一步发展,推动节能、环保和综合利用资源技术在工业的广泛应用,实现工业领域的资源消耗量和废物废水排放量的大幅下降,达到节能生产、综合利用资源和清洁节能的目标,从而推动工业和生态的协调发展。

3. 加强工业化转型的法治化保障力度

在工业化进程推进过程中,应利用法治化的措施来推动工业企业的资源利用水平,努力降低单位产值的能源消耗量和废物排放量,鼓励意在废物利用技术的深入应用,保障工业化发展所需的能源和生态资源的充分供给。这意味着,在实际生产过程中,应充分利用补贴、税收优惠等宽严相济的法律措施,推动工业产业发展转型,大力推进新能源和可再生能源建设,加强对高排污、高耗能、高污染产业的处罚力度,优化调整产能结构,以税收和奖励的形式引导和示范相关工业企业进行生产能力转型和升级,全面提升工业化企业的节能减排意识,促进环保工作全面发展。

4. 全面推进工业化和生态化协调发展的公众参与度

工业化和生态化的协调发展和环境的综合治理工作离不开广大社会公众的

参与。这意味着，在生态环境保护过程中，除了政府部门对工业发展的污染和排放问题进行监督和管理外，社会公众的参与和监督也是必不可少的。在现实生活中，政府部门可以大力向社会公众宣传节能绿色和环保的工业产品的优点，引导公众自觉自愿地使用绿色环保工业品，拒绝抵制高耗能、高污染的消费品，从而扩大绿色环保工业产业产品的销路和使用范围。另一方面，政府也可以发动社会公众积极参与环保的监督工作，举报、曝光和投诉工业产业中高耗能、高污染和严重破坏生态环境的行为，确保工业化和生态化的持续可协调发展，推动社会环保产业的发展和进步。

总之，构建工业化和生态化协调发展的社会经济生产模式，对于社会发展和进步是至关重要的工作。而对于天津这一城镇化进程较为发达的城市，其具有较为完善和发达的工业产业体系和基础设施，工业发展所依托的地理条件也较为优越。因此，大力建设工业化与生态化协调发展的绿色产业园是未来天津工业化发展的必由之路，也是推动天津社会现代化建设的重要手段。

二、绿色化与信息化建设的协调发展

在信息化建设中，绿色化的和谐发展理念体现的尤其显著，绿色架构和产业体系在信息化组织、企业组成、信息产业战略上得到了深入的应用。在实践中，一些互联网企业，如阿里巴巴，在组织结构发展时就着力于构建生态而绿色的自组织形态。这意味着在未来的互联网企业中，自上而下的管理层级结构将会逐步减少，组织内部横向的联系和交往将会成为管理的主要方式，这种发展趋势将最终改变传统的金字塔架构形态，转而以自组织形式形成业务组织结构，通过任务和兴趣相关联，最终形成一个更加生态绿色的企业组织架构。一般来说，符合生态化的企业组织架构需要很多先决性条件要素，这些要素共同作用最终形成较好的生态架构形式。这些要素条件具体要求如下。

1. 信息和数据的条件

信息和数据共享是自组织组织架构形成的先决条件，只有大家平等和透明地享用数据和信息，而不是以等级来构建信息壁垒，生态化的组织架构才能够正常搭建和运营。以阿里巴巴公司为例，在公司内部存在一个云盘系统，企业员工可以利用此系统进行信息检索，掌握和共享数据与信息资源。如一个人力管理员工可以在云盘上查询任何一个员工的简历,包括他做过什么工作,拥有哪些资源,他人对其的工作评价以及其在公司内部的职责和权限。当查询一个产品经理的简历时,还可以看到他所做产品的客服内容和客服评价。在实践中,这种信息共享的方式,使得信息壁垒被最大限度地打破,信息透明程度越来越高。目前,在阿里巴巴内部,所用的年报和周报都不再使用电子邮件发送,而是采用类似于微博的方式进行内外发布,使信息得到最大限度的共享。同时,在阿里巴巴内部,员工之间也组成了很多"自组织群"来共享和发布组织内部的信息。在所有的信息中,有可能很多信息并不是公司员工当时需要的,但信息壁垒的打破,使数据信息共享力度大幅提升,数据和搜索这一资源与应用的组合必然会在未来企业组织架构改革中发挥更大的作用。

2. 组织管理流程条件

在项目导向的组织结构中,相关管理流程应当以一种自定义的形式出现,即可以设定多种流程,组成流程包,项目管理人员,可以根据项目实际情况,从路程包中调用相关流程,进行配置和组合操作,灵活形成项目组所需要的工作流程形式。

3. 价值观念的条件

价值观念作为自组织和项目制团队管理的关键,在管理过程中发挥了无可替代的作用。项目组成员价值观越接近,其目标和行为方式也趋于相同,相关管理也就简单,这使得大家能够在自身意愿的驱动下,向相同的状态去努力,形成一个较好的结果。在现实工作中,由于团队规模的扩大,人员数量也随之增加,在目标确定的情况下,只有价值观的相同才能使大家做到行为一致,使团队工作得以顺利进行。

4. 奖励制度的设定

传统的奖励制度是一种金字塔型的结构,即各级管理者自上而下的制定奖励数量和标准。而在生态化的组织架构下,自组织结构的出现,使得团队管理者并不了解下属所有成员的表现,因此应当根据员工间的互评系统进行评价。在实践中,可以应用互评系统进行相关评价,让员工互相进行意见的表达,做到奖罚并不根据负责人的喜好确定。这意味着,在生态化组织内部,数据的积累、信息的堆积是决定奖励评价的关键性问题。

总之，生态化的组织结构中，信息、流程、奖励制度和价值观念是整个组织方式最为重要的要素和关键点。从这点意义上来说，生态经济和组织结构的发展，从根本上改变了传统自上而下、控制、管理和命令的组织和规划方式，逐渐转变为以激发、鼓励和指导为主的自下而上的管理和执行方式。这就意味着，在组织团队时，现阶段不能依靠上级部门的统一调配，而是需要团队负责人的个人能力来调动和吸引资源和人力前来加入，即使用市场的力量而非行政命令来进行团队的组建，使团队中大多数人是基于兴趣和价值观感来进行工作，提升了团队的凝聚力和战斗力。

由此可见，信息化建设中，生态经济的观点的加入，使得信息化层次从简单的单一结构逐步推进到结合和符合的状态，实现出层层递进的、逐步提升的发展状况，有力地推动了信息经济发展质量的提升和完善。实际上，生态化的理念的实质在于将生态系统只能演化、自我完善和自主修复的演变过程渗透于社会生活的方方面面，指导并改变着信息企业产生、发展和蜕变的全过程，并推动产业的智能升级和转型，使产业获取可持续发展的动力。从这点意义上来说，生态化的理念为信息化的深入发展提供了横向的资源圈层和发展平台，又在纵向为信息化建设带来了产业链上下游集群式扩张的发展模式，最终在信息化建设的进程中构建一种纵横交叉的生态网，在推动信息化工作全面进行的同时，也使信息产业体系的每一个成员都能获取充分的竞争力，促进产业的健康、可持续发展。

三、绿色化与城镇化建设的关联和冲突

1. 城镇化建设对绿色化的影响和破坏

随着我国社会主义现代化建设的深入发展，城镇化建设因其所代表的历史发展趋势和对经济发展的巨大推动力量，而得到了社会公众的广泛重视，我国各级政府也将城镇化建设作为执政工作的一个重要领域加以推进。党的十八大以来，在党中央的领导和统筹调度下，我国加快了城镇化建设进程，认真履行新型城镇化发展战略，将城镇化建设推到了一个全新的状态，极大促进经济社会的发展。在实践中，由于城镇化建设的带动，我国各地新城区和工业园大批出现，农村人口加速向城镇人口转变，各地城镇面貌有了翻天覆地的变化，城市对各种发展要素的吸引作用极大增强，这使得我国在城镇化建设中取得了巨大的成就，获得了世界的广泛赞誉。

然而，伴随着城镇化建设巨大进步而来的是严重的生态和环境问题，许多城镇生态环境的破坏到导致其已经处于发展的亚健康或不健康的状态，严重制约了城镇化的进一步发展。这意味着，尽管当前我国城镇化发展已处于快速推进的状态，但由于前期城镇化建设的粗放型发展模式所具有的高污染、高能耗的发展状况，使得生态环境遭受了严重的破坏。面对这种问题的出现，今后的城镇化建设应当正确对待这些发展中的环境问题，各级政府应当从实际情况出发，坚持经济转型和产业结构调整战略不动摇，推动产业的生态化发展进程，改善和修复良好的生态环境。西方发达国家的发展经验表明，良好的生态环境能够更好地促进工业化和产业发展，提升经济建设的推进进程，因此应当以生态学的观点和环境经济协调发展的理念来建设、规划和改造中小城镇，利用科技的力量集中解决城镇化建设过程中资源消耗量大、环境被破坏，生态遭污染的问题，增强城镇化的可持续发展能力，使资源、城镇和经济和谐健康的发展。

在具体实践过程中，对于天津这一城镇化水平有相当规模的大型工业化城市来说，当前城镇化建设所面临的最大问题在于土地利用问题，其具体表现在六个方面：一是机制问题，即城镇土地交易与转让市场配置规章不完善；二是利用问题，即城镇化建设中耕地占用过多；三是使用结构问题，即土地绿地面积建设量较少，土地使用结构还需完善；四是用地面积问题，即城镇人均使用土地较高；五是利用率问题，即土地浪费较为严重，使用效率较低；六是征地补偿问题，即对农民征地后补偿标准不完善，补偿款占用现象较为严重。

2. 城镇化与绿色化协调发展的政策建议

城镇化与绿色化的协调发展的本质就是生态城镇化工作的推进，即在城镇化发展过程中，注重经济、社会、文化、人口和资源和谐之间的关系，坚持以生态文明的实际出发，大力推动城镇中环境发展、人员消费模式、生产结构和生态建设的协调和转型，构建和谐、方便、宜居和绿色的城镇社会与人文环境，推进以绿色经济、绿色文化和绿色生产、绿色生态为特征的生态城镇，以绿色发展作为城镇化建设的落脚点和目标，最终实现城市经济社会可持续性发展的战略。从这点意义上来说,实现生态化的城镇已经不是传统意义上的城镇概念,其更加确切的概念是一种生态系统,在这其中,人与自然和社会环境能够和谐发展,协调共生,具有极强的可持续发展能力。因此,人类建设生态型城镇的过程也是自身不断发展和完善的过程,其与传统的小城镇建设理念完全不同,更多地强调生态与城市的和谐发展和协调共生,这就意味着,与绿色化和生态化结合发展的城镇化建设能够在最大限度上体现出城镇化发展的战略方向和未来目标,是人类获得可持续性城镇化发展动力的重要途径。

对于天津这一城镇化建设较早的工业化城市来说,其建设生态城镇化的原则应是始终坚持生态发展为第一位,将生态理念与城镇化建设方针相融合,使城镇化发展始终贯彻生态文明建设的相关观点,坚持个性化与一体化相统一的建设原则,在城镇化建设中,注重城镇风格与产业发展模式的个性化,彰显个性化的魅力,实现符合当地实际情况的个性化产业,因地制宜,协调发展,努力展现和保持当地的个性化特征,以个性化发展和进步推动本地城镇化发展水平,实现城镇化发展的战略目标。在实际建设过程中,天津城镇化建设应着力开展以下几方面的工作。

1. 实现生态化的土地集约型利用模式

生态化的城镇发展离不开对土地的集约利用,在实践中,生态城镇的建设中的土地利用模式应着重于内涵发展为主,内涵与外延相互结合的建设方式,合理利用和发展城镇化建设中需要的土地资源,以最佳的方式进行土地资源的配置和管理。在这一过程中,应着重完善土地管理的法制和法规建设,严格执法,按照规划和审批流程进行土地划拨和使用,严防利用土地划拨审批环节中的权力寻租问题。

2. 构建符合生态文明建设的居住模式

人口的集中式居住和集中式建设是生态文明发展中对人口居住模式的要求,这就意味着,在生态型城镇发展过程中,城市管理者和城镇化建设者应重点关注城镇居民的各项要求,厘清各种问题,大力开展居住环境的基础设施建设,改善人居环境,将村镇的各种道路、排水和卫生条件的改善纳入城镇化建设的主要工作中来,从根本上改变村镇市容落后的面貌,实现水电和通讯、道路的畅通无阻，最大限度地提升村镇居民的生活质量和水准，使村镇居民的生活环境随着城镇化进程不断改进。在实践中，村镇居住环境的建设应按照生态服务社区的实际要求，构建完整的社区和村镇服务体系和公共配套服务设施，以完美、便捷、高效和富有地区特色的社区环境来进一步提升社会公众的居住水平。

3. 构建低碳环保的生态消费模式

所谓生态消费模式本质是一种保护环境、破除浪费资源的消费方式，其是建设生态城镇化的重要任务之一。在这一过程中，政府、社会公众和企业要形成相应的互动机制，即在政府方面，要加大宣传和教育力度，完善相关法律和法规，在重要领域，如酒店一次性用品使用、汽车尾气排放等，加大监管力度，推动消费模式的生态化发展和转变。在个人消费领域，需要构建靠科学的消费理念，消除传统的“便捷消费”“过度消费”“面子消费”“一次消费”和“炫耀型消费”所带来的不良影响，摒弃不良的消费习惯，实现个人消费意识生态化。在企业方面，应当加大革新力度，向社会公众提供更多更好的符合生态环境保护要求的各种服务和产品，充分满足社会对环保消费品的需求。

总之，现阶段我国正在推行的城镇化建设将大大地推进既有社会结构的改变，提升社会的发展水平。而在这一过程中生态文明建设的加入和渗透，将会使城镇化建设更加和谐和健康。同时，社会也需要构建一套良好的保障和运营机制，确保社会经济发展的持续动力和平衡机制的运营。在实践中，社会发展的持续动力将能够保障社会发展的不断前进，保证相关的运行效率。而平衡机制则主要保障社会的有序和稳定运行，增强公平和正义。这两大要素的相互结合和发展，就构成了社会主义和谐社会的发展要素，实现动力与平衡的高度统一。从这点意义上来说，当前构建生态城镇化需要在政治、经济、精神文明建设和社会发展等四个领域开展工作，即在经济上加强制度完善力度，提升社会保障条件；在政治上需要完善和发展相关法制，推进社会主义民主工作进程；在社会发展领域应加强工作机制建设，坚决维护社会繁荣和稳定；在精神文明建设方面需要加大公民培训力度，提升公民道德和素质修养，提高思想认识和行为标准。最终推动国家生态城镇化发展的战略目标尽快实现。

四、绿色化与农业现代化建设的关系

随着互联网技术的快速发展和成熟，农业的供给侧改革不断深入，农业现代进程也逐步深入到农村和农业建设的各个方面。在这种背景下，传统农业“靠天吃饭”的运营模式逐步被“农户+农场+互联网平台+龙头企业”三产融合的经营模式所取代，这使得农业现代化建设获得了充足的推动力。在实践中，通过互联网技术所搭建的电商平台，农业生产者和终端农产品消费者实现了网上与线下的互动，一些质量优良、绿色环保的农产品在互联网平台上找到销路，极大地改善了小农户与大市场、农业企业与终端消费者的关系。在提升农产品质量的同时，也带动了农业企业的壮大与发展。这意味着，在新型的农业现代化建设中，政府已经不再会干预和支配农户的生产经营状况，彻底成为一个服务和宏观管理者，而农户的生产和经营完全依靠市场和相关企业去引导和影响，推动农户种植农产品质量的提升，保障食物安全。这种政府管理、企业引导来推动农业现代化发展的例子比比皆是，如山东泰安市政府制定优惠政策引导和支持农村合作者、种植农户和小型农场转化为农业龙头企业，使农业生产更加具有活力，生产流程更加规范，生产效应更加具有辐射性和带动性。同时政府应用政策机制这种“有形的手”培育涉农的企业、园区和基地，有效地推动了农业现代化的发展和进步，进而促进农业企业在生产过程中更加注重生态文明建设，创造绿色化农产品，有力地提升了农业现代化的生态化发展。

在这种背景下，农业农村部在总结和梳理全国生态农业发展的基础上，将一些具有经过较长时间检验且具代表性的生态农业发展模式作为典型事例作为今后发展的重点任务，面向全国进行宣传和推广。这些重点事例如下：

1. 推行“四位一体”的北方生态农业发展模式

所谓“四位一体”是一种生态农业发展模式，它是人工干预与自然调控相结合的一种农业生产方式，这其中“四位”是指四种因子要素：沼气和太阳能等再生能源、日光温室养殖、大棚蔬菜栽培和生态厕所；“一体”则是将四种要素有机结合起来的一种方式，即以可再生能源为基础，以沼气副产品为肥料，将种植业、养殖业中的能源流和物质流相互结合，形成一个良性循环系统，最终构成一种综合效益显著、资源高效循环利用的生态农业生产模式。

2.“猪—沼—果”的南方生态农业生产模式

以“猪—沼—果”为特征的生态农业发展模式实质是利用南方广泛存在的庭院、水系、农田和山地等生产资料,采用沼气池与猪舍和厕所相结合的工程形式,以沼气为连接点,将畜牧业和果树种植业结合起来共同发展的一种生态农业发展方式。在实践中,应明确重点的农业发展对象,根据各地的实际情况开展沼气生产的综合利用,带动果园和生猪养殖业的发展,提升农产品质量,使农民收入大幅提高,进而实现高效利用现有农业资源,推动生态农业建设的战略目的。目前这一优秀的生态农业发展方式已经在我国南方农村得到了大范围的应用,据统计,仅在江西赣南一地,就有 25 万户农村居民使用了这种生态农业生产模式,取得了良好的社会和经济效益。

3. 草原环境下可持续恢复与发展方式

这种发展模式充分尊重了草地生态系统中植物生态与分布的自然性规律,运用现代草业管理和经营的观念,对草地生态系统进行保护和合理的开发利用。在实践中这种模式基于草地生态系统中的能量和物质原理,针对不同的环境,因地制宜,采用不同的措施来推动草业资源的保护和利用。如在牧区采用减少牲畜数量、促进草地生长;在农牧交界的地带严格实行种植业退出的政策;在沙化土地中采用综合治理和生态防护的防治模式;在南方山区草场则采用通过种植草地来进行畜牧业发展的模式;在牧草丰富的地区大力推行产业化发展模式等。这些措施的实施,能够最大限度地保护草场资源,提升农牧民收入,推动草业生态资源建设,是草业和畜牧业发展获取可持续发展的动力,取得了良好的社会和经济效益。

4. 农业、林业和畜牧业复合发展的模式

这种生态农业发展描述是借助两个或两个以上产业在发展时空上所具有的互补性来进行组合和复合生产的一种模式。在实践中,这种模式主要通过相关产业的接口技术来进行资源利用和产业体系间的物质和能量循环与再利用。如养殖业可以为种植业提供肥料,而种植业则是养殖业饲料的重要来源。种植业生产中的秸秆可以进行沼气化处理,为多种产业和生活提供能源等。这些复合型发展的模式是平原地区农牧业可持续发展动力的主要来源。

5. 基于生态建设的种植业配套技术

所谓种植业配套技术，是指在单位土地上，根据农作物生长实际和相关规律，应用现代农业技术改造传统农业中间种和套种方式，形成一种能够充分利用水、热、肥、气、光等种植业资源，以提升生物资源的利用率，以生产科技来获取较好农业经济效益的全新农业种植生产模式。

6. 畜牧业的生态发展方式

畜牧业生产过程中，为了充分保护环境，提升畜牧业的可持续发展水平，现代畜牧业生产应充分利用先进的生态学、经济学、系统科学和清洁能源的理念和思想来指导产业的深入发展。这意味着生态畜牧业应当按照生态文明建设的需求来进行产业的升级和改造，充分应用现代科技发展符合畜牧业发展需要的清洁能源生产技术，不断推出环保优质的农畜产品，以满足消费者的需求，推动畜牧业可持续性发展和壮大。

7. 渔业的生态发展模式

在渔业的生产过程中，应充分尊重水生动物养殖和生长的规律，保证水产养殖区域的生态平衡。在实践中，生态渔业的发展应充分遵循生物技术和工程技术的理论成果，在保护水体资源的前提下，构建水生生物水体的食物链网状结构平衡体系，根据水生生物在水体生物圈内依存和竞争的关系，在水体垂直分布上科学地进行水生生物品种和数量的调整和搭配，实现水域和饲料资源的合理利用，推动生态渔业的深入发展。纵观整个渔业生态养殖，相关配套技术主要包括池塘混养模式、异种生物混合养殖和多品种综合养殖技术等。其实质是在相关技术的指导下，充分利用养殖资源和配套设施，促进养殖生物在同一水域中和谐共生、共同发展，从而鱼池塘混养模式和鱼与鱼池塘混养模式的共同发展，保证水体环境中各生物的协调生长和多样性发展，推动生态渔业产业的持续性进步和壮大。

8. 小流域和丘陵山区的生态农业发展模式

在我国的国土面积中，有70%的面积属于丘陵山区，在这些区域中地理环境差异较大，生态和自然资源极其丰富，相关生态系统错综复杂，这使得在这一区域中生态农业的发展应充分考虑当地的实际情况，建设有地方特色的农牧、农林和林牧生态农业体系，并以此加强配套技术建设，充分发挥区域生物资源优势，形成区域特色的生态农业发展体系。在实践中，各地形成了多种综合生态农业发展体系，如西北地区的“畜牧—沼气—种植—草原—果业”的配套发展模式，中部地区的“围山转”的农业生态发展技术和经济生态建设模式，以及中东部地区的果园生态发展和建设模式等，极大提升了生态农业发展和适用的范围，取得了良好的效果。

9. 设施农业的生态化发展

在设施农业发展中，应充分利用现代科技发展的成果，建设符合生态文明建设的设施农业配套设施和相关技术体系，加速设施农业生产的升级与转型，例如，生产中逐步淘汰化学肥料的使用，转而应用各种有机肥料；加强以生物技术和物理防治为基础的病虫害治理技术的研发等。推动设施农业的可持续发展和壮大，实现动植物和谐共生、资源循环利用的高效农业生产模式。

10. 推动生态观光农业的发展

生态观光农业主要包括生态农业园、生态观光村、生态农庄、生态公园等多种模式，其实质是借助生态农业的相关理念，建设观光、培训、休闲和游园等多种功能模式，开展面向第三产业的服务业经营方式，以此推动农业生产的进一步发展。在实践中，这种观光农业有力地推动了农业生产经济效益的提升，是第一产业和第三产业相互结合、共同发展的典范型行业，得到了越来越多的重视。

对于天津城市本身来说，其农业生产区域距主城区地理上不是很遥远，分布又相对集中，因此在农业现代化建设中可以大力发展生态农业的方式，即在土地集约化经营的基础上，大力推进观光型农业的发展，依托天津城郊的自然和人文资源，开展旅游和文化产业建设，大力挖掘天津地理和人文资源的优势，建设休闲农业产业和观光农业产业，着重发展果业、花卉和采摘等行业，吸引外来游客进行生态农业参观和休闲活动，进而实现生态农业发展和第三产业服务行业的相互协调与融合，实现产业发展的双赢局面。另一方面，天津应大力建设生态农业功能区域，提升农业科技发展水平和技术支撑能力，完善农业生态生产基地，拓展农产品的流通渠道，为实现农业发展中从业人员与自然的协调共生奠定基础。

在实践中，天津应当从两个方面加强生态农业的建设：首先，应当进一步扩展生态旅游发展模式，利用天津城乡中生态、自然和人文古迹资源的优势，建设生态文明功能区，依靠旅游优势资源，带动旅游周边产业，如餐饮、住宿和交通等行业的深入发展，多方面满足观光游览游客的需求，构建全新的生态旅游业。从这点意义来说，生态旅游业能够充分利用生态资源，在保护生态平衡的前提下，依靠先进的科学技术，为相关社会公众构建良好的旅游观光环境，进而实现生态农业的可持续性发展。其次，天津应大力发展生态物流产业，将物流和农业生产相结合，以物流服务业提升农产品的物流流通速度。在实践中，应以处于交通枢纽区域的小城镇为依托，建设便利的交通网络和仓储设施，在区域内形成以物流业为主导的服务产业体系，实现生态化物流业的大发展，推动区域社会经济产业转型与升级，进而以优良的生态环境保障物流业的可持续性发展和壮大。

第三节　政策建议

一、天津湿地保护的举措与发展建议

1. 完善相关法规，明确各政府部门在湿地保护中所承担的职责和任务

据相关数据显示，天津市共有湿地 2956 平方公里，湿地类型多样，具有种类齐全、功能丰富且所拥有的动植物资源众多的特点。一般来说，天津市的湿地主要包含五大类型：人工湿地、河流湿地、沼泽湿地、滨海湿地和湖泊湿地。然而由于历史遗留下来的职责划分，天津市不同类型的湿地管理单位也不相同，相关管理单位主要分布于农业、水务、市容园林部门和海洋各部。这些部门按照其内部的职责和管理方式对相关湿地进行分头管理，管理效率和管理绩效完全不同，因此难以形成管理上的合力，最终使湿地保护工作不能顺利有序进行。为了解决这一问题，《天津市湿地保护条例》明确指出农业行政管理部门是湿地保护的主要负责和协调单位。在行政区域内的湿地保护工作的监督、协调和组织与指导工作主要由市、区和县相关林业行政主管部门和相关指定单位承担。市政园林、海洋和水务等部门主要负责管理湿地保护的相关工作；其他一些相关部门如旅

游、环保、建设、规划、国土资源和房管部门则根据相关职责,对湿地保护的工作进行配合和协调。在明确了各部门对湿地保护工作分工的基础上,天津市积极加大了湿地保护的执法力度,这使得天津湿地保护工作取得了显著的成就。

2. 确立湿地分级保护管理原则,构建湿地使用名录制度

天津市按照湿地保护功能规划和湿地内部各种生物和功能属性将湿地分为三大类:一般湿地、国家级保护湿地和市级保护湿地,并根据不同类别的湿地实际情况,进行分级性湿地保护管理,以此为基础构建重要湿地保护名录,将国家级保护湿地和市级重要保护湿地加入名录,进行重点保护。在名录中湿地中所进行的相关科学研究工作,被明令禁止从事破坏生态环境、改变湿地功能的活动,一些必要的工作要严格限制规模以免超出湿地的承载范围。在实践中,天津市专门制定了相关地方法规,规定了 8 种在湿地中严禁从事的行为,其中包括捕猎和大规模采挖动植物资源,用土或废物填埋和排干湿地中的水源,在湿地中进行烧荒、开垦、围垦和采沙等行为,向湿地排放或堆积生活和工业废物,在湿地中进行外来物种的引入行为,破坏湿地中的监测和保护设备的行为。上述行为一旦发现,有关部门依法进行处罚,以保护天津市湿地资源不受破坏,推动美丽天津建设进程。

3. 加强《天津市湿地保护条例》配套规章执行力度,切实将相关法规落在实处

天津市各级政府主管部门,应抓住《天津市湿地保护条例》正式颁布实施的时机,大力推动宣传和培训进程,将该项法规的配套规章切实落在实处,推动相关工作顺利执行。在实际工作中,相关工作主要体现在八个方面:一是协调相关部门启动并制定相关湿地保护规章和规划的制定工作;二是进一步核实和校订市政各部门所编制的天津市湿地保护名录,在专家论证的基础上,由政府主管部门审核并向全市公布;三是加强湿地公园的管理和认证力度,设立以生态旅游为目的的湿地公园,并以公园为基础加强宣传教育,向全社会宣讲保护湿地生态、合理利用湿地的相关规章制度,使社会公众都参与到湿地保护工作中去;四是加强湿地调查和科学研究力度,调查、监控和评估湿地资源,并建立规范的湿地资源保护和发展档案;五是协调相关野生动物救助和保护单位,健全湿地生态系统保护机制;七是加强对湿地破坏违法行为的打击和处理力度,将相关法规制度执

行落到实处;八是加强监测和评估力度,对列于天津市湿地保护名录的湿地资源进行有组织的定期监测和调查,对各项保护法规进行监督和检查,实现湿地保护的年报制度。

总之,通过各项规章制度和环保法律的制定与实施,保障天津包括湿地在内生态环境保护工作得以顺利推进,最终实现天津绿色化建设的发展和完善,进而实现"美丽天津"的建设战略目标。

二、"五化"和谐发展中的绿色化发展建议

为了进一步推进"五化"协同发展,加强生态和环境保护力度,推进绿色化建设进程。未来天津市将从以下几个方面推进"五化"和谐发展和城市绿色化建设。

1. 大力推进城镇人口居住区环境安全隐患调查工作

由于城镇人口聚居区危险物品生产企业严重威胁到社会公众的人身安全,国务院办公厅于2017年9月颁布相关指导意见,要求城镇人口聚居区附近的危险品生产和加工企业尽快进行整体搬迁和改造。意见要求截至2025年,城市人口聚集区危险品加工和生产企业务必迁至相关工业区,并实现防护距离的全面达标。为此,目前应加大调研力度,将居民聚集区的危险物品生产企业进行摸底,并登记造册,做到危险品生产和不符合安全卫生的生产企业状况的实时监控。

2. 制定企业转型和搬迁规划

各级政府应高度重视危险品生产和加工企业搬迁和整治工作,结合地方实际情况,制定相关企业搬迁和关闭实施方案和相关规划,并向全社会进行公示,确保社会公众对相关设施改造的知情权。

3. 科学制定搬迁和转型的实施方案

在实际工作过程中,各级政府主管部门应大力重视相关危险品生产和加工企业的转型和搬迁工作,科学制定相关实施方案,协调相关企业积极行动,深入了解在实施过程中遇到的问题,构建合理的搬迁和关闭实施方案,最大限度地减少整治对相关企业生产所带来的不便。

4. 强化环保管理,促进产业的升级和转型

各级政府应当积极开展环境保护监测和评价工作,做好相关风险评估和管理工作,防止搬迁的危险品生产企业在原址重新建厂生产,督促企业开展生产模式转型和项目改造,禁止对危险品生产进行扩建和增加产能的行为。同时积极帮助相关企业解决社会现实问题,帮助安置和解决相关职工的生活问题;进一步引导相关企业进行生产工艺改造,推动产品升级,加大企业生产优化重组力度,打造优秀品牌,淘汰落后产品生产模式,优化企业组织结构,使企业的自主创新能力和市场竞争力稳步提升。

5. 加大政策支持力度,扩展企业生产融资渠道

在企业生态发展绿色改制中,政府应当积极提升政策支持力度,为优势企业提供资金、政策和税收优惠支持,扩宽企业融资和筹资渠道,相关企业在绿色化生产改造中能够通过银行贷款、企业债券、短期票据和融资券等渠道筹集资金,进行生产工艺和管理模式的改造和升级;同时相关政府主管部门还应在土地供给上加大支持力度,在新增土地划拨规划中积极向绿色生态企业倾斜,保障相关企业的用地需求,并利用所收入的腾退土地出让资金,以预算支付的渠道解决相关企业职工生活安置的问题。从而在政策和体制上全力推进绿色生态化建设工作进程,促进经济社会“五化”协同发展,实现建设“美丽天津”的战略目标。

第六章 “五化协同”发展评价指标体系

第一节 “五化协同”发展评价指标体系的构建原则及方法

一、“五化协同”发展指标体系构建原则

指标体系遵照系统性、科学性、可行性和可比性的原则来构建和选取指标。科学性原则要求构建的指标评价体系要客观反映“五化”的整体属性。系统性原则即在建立“五化”评价指标体系时，一定要充分反映“五化”的协调统一性。可行性原则是指“五化”数据应具有可收集性，评价方法应具有可操作性。可比性原则是指“五化”评价指标的口径要一致，数据收集的来源要一致，这样“五化”指标之间才具有可比性。

根据前面对“五化”协调发展理论的认识，在构建“五化”评价指标体系时应该注意的问题是：其一，“五化”指标在体现协调发展内涵外还应该具有全面性；其二，指标不是孤立存在的，选取时应该考虑到各个指标间的相互关系，避免指标间的线性相关性，这将保证评价的客观性；其三，“五化”协调发展的指标体系并不是固定不变，需要根据各个区域的现实状况来确定，虽然多样性随处存在但所构建的指标体系必须能体现出“五化”协调发展评价的本质。

二、“五化协同”发展评价方法

本书所列数据主要来自历年《中国统计年鉴》《天津统计年鉴》和《天津经济社会发展统计公报》等。遵循全面性、主导性、科学性、可比性、可获得性等原则，选取适宜指标，构建工业化发展指数、信息化发展指数、城镇化发展指数、农业现代化发展指数、绿色化发展指数，进行五化发展水平测度，参见如下公式。

$$G(g)=\sum_{i=1}^{m}\alpha_i g_i^{'} \tag{6.1.1}$$

$$X(x)=\sum_{j=1}^{m}\beta_j x_j^{'} \tag{6.1.2}$$

$$C(c)=\sum_{k=1}^{m}\gamma_k c_k^{'} \tag{6.1.3}$$

$$N(n)=\sum_{p=1}^{m}\delta_p n_p^{'} \tag{6.1.4}$$

$$L(l)=\sum_{q=1}^{m}\varepsilon_q l_q^{'} \tag{6.1.5}$$

其中，α_i、β_j、γ_k、δ_p、ε_q 表示权重；$g_i^{'}$、$x_h^{'}$、$c_k^{'}$、$n_p^{'}$、$l_q^{'}$ 表示描述工业化、信息化、城镇化、农业现代化和绿色化特征的指标。考虑到不同指标具有不同的量纲，本文采用极值法进行数据的无量纲化处理。其中指标数据越大越利于系统发展水平提高时，采用正向指标处理；指标数据越小越利于系统发展水平提高时，采用取倒数方法处理。指标无量纲化处理公式如下。

$$Y_{ij}^{'}=\frac{Y_{ij}-V_{j\min}}{V_{j\max}-V_{j\min}} \tag{6.1.6}$$

其中，Y_{ij}为 i 行 j 列的原始数据，$V_{j\min}$为第 j 列原始数值的最小值，$V_{j\min}$为第 j 列原始数值的最大值，$Y_{ij}^{'}$为标准化后的第 i 行 j 列的数据。

关于指标体系构建，根据以上评价指标体系的理论分析思路与基本原则，在参考相关文献的基础上构建“五化”评价指标体系，该指标体系由 1 个目标层——“五化协同”度”综合指数；5 个一级指标层——工业化发展水平、城镇化发展水平、信息化发展水平、农业现代化发展水平和绿色化发展水平构成。为保证应用的便利性和数据的可得性，基本指标选取尽量简单易得，并兼顾有效性。具体指标选取情况如下：其一，选取全部工业增加值、全社会固定资产投资完成额、新增固定资产、规模以上工业企业单位数、规模以上工业企业 R&D 科技活动人员折合全时当量、规模以上工业企业 R&D 经费支出、规模以上工业企业 R&D 科技活动项目（课题）数、技术合同成交额指标，从投入、产出、创新、效益的综合角度进行工业化发展水平综合评价；其二，选取邮政业务量、电信业务量、电话普及率、互联网普及率、软件业务收入占地区国内生产总值之比、软件产品收入占地区国内生产总值之比、信息技术服务业收入占地区国内生产总值之比、居民家庭人均交通和通信消费支出占居民家庭人均消费性支出的比重等指标，从信息业及信息市场发展程度、信息产业普及情况、信息消费等角度反映信息化整体发展水平；其三，选取城镇居民人均可支配收入、城镇居民人均消费性支出、城市建成区面积、城区面积、单位人口拥有公共图书馆藏量、在岗职工参加基本养老保险人数、城镇化率、单位城市人口拥有公共交通标准运营车辆、城市人均日生活用水量、城市燃气普及率、单位人口医疗卫生机构床位数指标，从户籍和就业的城乡分布、居民收入和消费支出、文化事业发展状况、公共交通、医疗卫生、城市生活等反映城镇化发展水平；其四，选取城镇居民消费水平、农村居民消费水平、城镇居民人均可支配收入、农村居民人均可支配收入、城镇居民人均消费性支出、农村居民人均消费性支出、有效灌溉面积、农作物总播种面积、农用机械总动力等指标构建农业现代化指标体系，从城乡差距和农业基础设施建设角度测度农业现代化程度；其五，选取废气中二氧化硫排放量、废气中氮氧化物排放量、生成废气中烟（粉）尘排放量、一般工业固体废物产生量、电力消费总量、废水排放总量、城市人均公园绿地面积等指标，从“三废”排放、单位国内生产总值电耗、人均绿地等角度测度城市绿色化发展水平。进一步，将工业化发展指数、信息化发展指数、城镇化发展指数、农业现代化发展指数和绿色化发展指数进行等权加总，即可得到“五化协同”度指数。参见如下公式。

$$T = \frac{1}{5}\left[G(g) + X(x) + C(c) + N(n) + L(l) \right] \tag{6.1.7}$$

使用SPSS（统计产品与服务解决方案）软件做因子分析，通过权重降维来得到因子得分。具体步骤如下：其一，先对数据做标准化处理；其二，使用KMO（检验统计量）和Bartlett（球状检验）方法进行相关性检验，去掉相关性不显著的变量，保留相关性显著变量；其三，用主成分法求公因子，得到公因子方差表；其四，得到解释的总方差表和碎石图，得到主成分个数，分析各主成分对变量的解释情况；其五，给出因子载荷矩阵，分析所提取公因子的实际意义，如果不好解释，就采用正交旋转中的最大方差法得出旋转后的因子载荷矩阵，然后分析旋转之后的公因子；其六，利用提取的每个公因子分别对各省市进行排名并作简要分析；其七，最后构造反映“五化协同”情况的“五化协同”度综合因子，计算各省区市“五化协同”度的分值，进行排序并做分析。

第二节　工业化发展指标

一、指标选取

选定8个变量，首先对变量数据进行标准化处理。然后使用KMO和Bartlett方法进行相关性检验，得到sig.值为0，所以拒绝相关系数为0（变量相互独立）的原假设，即说明变量间存在相关性。

表6.2.1　工业化发展指标选取说明

变量	指标说明
X1	全部工业增加值
X2	全社会固定资产投资完成额
X3	新增固定资产（不含农户）
X4	规模以上工业企业单位数
X5	规模以上工业企业R&D科技活动人员折合全时当量
X6	规模以上工业企业R&D经费支出
X7	规模以上工业企业R&D科技活动项目（课题）数
X8	技术合同成交额

按主成分分析法得到每个原始变量的公因子方差表，由表中数据可看出，主成分包含了各个原始变量的80%以上的信息。

表 6.2.2 公因子方差表

变量	X1	X2	X3	X4	X5	X6	X7	X8
初始	1.000	1.000	1.000	1.000	1.000	1.000	1.000	1.000
提取	0.968	0.851	0.848	0.979	0.933	0.942	0.886	0.927

二、运算过程

按主成分分析方法，得到解释的总方差表，得出前2个主成分的累计贡献率就达到了91.675% >85%，所以选取主成分个数为2。选F1为第一主成分，F2为第二主成分。且这两个主成分的方差和占全部方差的91.675%，即基本上保留了原来指标的信息。这样由原来的8个指标变为了2个指标。

得到如下碎石图：

由碎石图也可看出，自第二主成分后，线段开始趋于平缓，说明第一、二主成分可用来解释大部分信息。

提取两个主成分，用主成分分析法，得到成分矩阵，成分矩阵数据见下表所列，可以得出：X1、X2、X3、X4、X5、X6、X7主要由第一主成分解释，X8主要由第二主成分解释。

表 6.2.3 成分矩阵表

变量	X1	X2	X3	X4	X5	X6	X7	X8
F1	0.984	0.898	0.884	0.989	0.958	0.960	0.934	0.095
F2	-0.008	-0.212	-0.257	-0.028	0.123	0.141	0.116	0.958

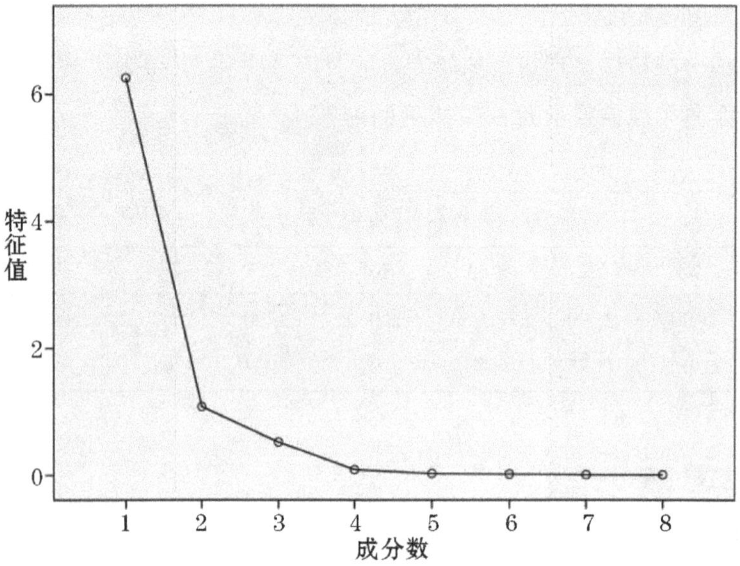

图 6.2.1　碎石图

下面作因子旋转后的因子载荷阵。使用具有 Kaiser 标准化的正交旋转法，得到旋转成分矩阵，结果见下表所列。

表 6.2.4　旋转成分矩阵表

变量	X1	X2	X3	X4	X5	X6	X7	X8
F1	0.982	0.909	0.898	0.989	0.949	0.950	0.926	0.038
F2	0.051	-0.158	-0.203	0.031	0.180	0.198	0.172	0.962

旋转成分矩阵再次印证了上述结论，且可看出通过旋转，可使各变量与主成分间的相关性得到进一步加强，变量解释力提高。

经过具有 Kaiser 标准化的正交旋转法，得到的成分转换矩阵见下表所列。

表 6.2.5 成分转换矩阵

成分	1	2
1	0.998	0.060
2	-0.060	0.998

得到旋转空间中的成分图：

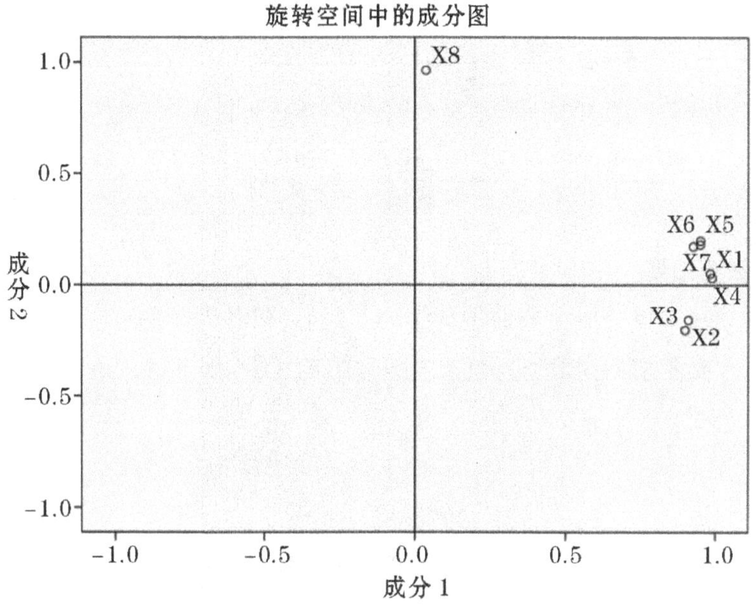

图 6.2.2 旋转空间中的成分图

由成分图可明显看出各变量与两个主成分间的相关性。

由上面图标和数据不难看出：X1、X2、X3、X4、X5、X6、X7 主要由第一主成分解释，X8 主要由第二主成分解释。与第一因子关系密切的变量主要是全部工业增加值、全社会固定资产投资完成额、新增固定资产、规模以上工业企业单位数、规模以上工业企业 R&D 科技活动人员折合全时当量、规模以上工业企业 R&D 经费支出、规模以上工业企业 R&D 科技活动项目（课题）数，可以命名为工业投入产出及企业研发投入情况因子；第二因子是有关技术合同成交额方面的变量，可以命名为技术市场成交额因子。由成分图也可印证以上关系。由成分图可看出,第一主成分与变量 X1、X2、X3、X4、X5、X6、X7 关系密切,第二主成分与变量 X8 关系密切。

用具有 Kaiser 标准化的正交旋转法提取主成分,得到的成分得分系数矩阵见下表所列。

表 6.2.6 成分得分系数矩阵表

变量	X1	X2	X3	X4	X5	X6	X7	X8
F1	0.157	0.155	0.155	0.159	0.146	0.145	0.143	-0.038
F2	0.002	-0.188	-0.229	-0.016	0.123	0.139	0.117	0.888

三、最终结果

对各主成分得分情况分别进行排序。最后,以各因子的方差贡献率占三个因子总方差贡献率的比重作为权重进行加权汇总,得出各省区市的综合得分 F。参见如下公式。

$$F = \frac{0.7797 \times F1 + 0.1371 \times F2}{0.9168} \tag{6.2}$$

最后再按 F 得分排序。排序结果如下:

第一主成分得分最高的是江苏、广东、山东、浙江,得分均在 0.7 以上,说明这些地区工业投入产出及企业研发投入情况较好;得分最低的是西藏、海南、青海、宁夏、甘肃、北京、新疆,得分均低于 0.1,说明这些地区工业投入产出及企业研发投入情况较差。第二主成分得分最高的是北京、广东、上海、天津、江苏,得分均在 0.1 以上,说明这些地区技术市场成交情况较好;得分最低的是河南、河北、湖南、广西、四川,得分均在 -0.1 以下,说明这些地区技术市场成交情况较差。综合因子得分最高的是江苏、广东、山东、浙江,得分均在 0.6 以上,说明这些地区工业整体发展状况较好;得分最低的是西藏、海南、青海、宁夏、新疆、甘肃、贵州、黑龙江、云南,得分均在0.1以下,说明这些地区工业整体发展状况较差。

天津工业综合因子得分为0.1815,仅排第14位。天津第一主成分即工业投入产出及企业研发投入因子得分为0.1944,仅排第13位。第二主成分即技术市场成交额因子得分为0.1077,排名较为靠前,落后于北京、广东和上海,居于第4位。说明天津仍需在提高工业投入产出效率及增加企业研发投入方面多下功夫。

表6.2.7 全国31个省区市(不含港澳台)工业化指标得分及排名情况

地区	F1		F2		F	
	得分	排名	得分	排名	得分	排名
北京市	0.0784	26	0.8960	1	0.2006	12
天津市	0.1944	13	0.1077	4	0.1815	14
河北省	0.3807	6	-0.1846	30	0.2962	8
山西省	0.1342	21	-0.0792	24	0.1023	22
内蒙古自治区	0.1592	18	-0.0905	26	0.1218	20
辽宁省	0.1347	20	0.0800	7	0.1266	19
吉林省	0.1484	19	-0.0668	18	0.1162	21
黑龙江省	0.1167	23	-0.0369	16	0.0938	24
上海市	0.1823	16	0.2274	3	0.1891	13
江苏省	1.0307	1	0.1022	5	0.8919	1
浙江省	0.7186	4	0.0831	6	0.6236	4
安徽省	0.3614	7	-0.0675	19	0.2973	7
福建省	0.3335	10	-0.0762	23	0.2723	9
江西省	0.2123	12	-0.0838	25	0.1680	16
山东省	0.8446	3	-0.0687	21	0.7080	3
河南省	0.4858	5	-0.1908	31	0.3847	5
湖北省	0.3539	8	0.0765	8	0.3124	6

续表

地区	F1		F2		F	
	得分	排名	得分	排名	得分	排名
湖南省	0.3350	9	-0.1151	29	0.2677	10
广东省	0.8670	2	0.2833	2	0.7797	2
广西壮族自治区	0.1695	17	-0.1116	28	0.1275	18
海南省	0.0153	30	-0.0105	12	0.0114	30
重庆市	0.1851	15	-0.0301	15	0.1529	17
四川省	0.3223	11	-0.1026	27	0.2588	11
贵州省	0.1114	24	-0.0677	20	0.0846	25
云南省	0.1298	22	-0.0756	22	0.0991	23
西藏自治区	0.0000	31	0.0001	10	0.0000	31
陕西省	0.1932	14	0.0762	9	0.1757	15
甘肃省	0.0739	27	-0.0226	14	0.0594	26
青海省	0.0176	29	-0.0009	11	0.0148	29
宁夏回族自治区	0.0279	28	-0.0113	13	0.0221	28
新疆维吾尔自治区	0.0807	25	-0.0620	17	0.0594	27

第三节　信息化发展指标

一、指标选取

选定 8 个变量，首先对变量数据进行标准化处理。然后使用 KMO 和 Bartlett 方法进行相关性检验，得到 sig. 值为 0，所以拒绝相关性系数为 0 的原假设，说明变量间存在相关性。

表 6.3.1 信息化发展指标选取说明

变量	指标说明
X1	人均邮政业务量(可比价格)
X2	人均电信业务量(可比价格)
X3	电话普及率(包括移动电话)
X4	互联网普及率
X5	交通和通信支出占居民家庭人均消费性支出的比重
X6	软件业务收入占国内生产总值比重
X7	软件产品收入占国内生产总值比重
X8	信息技术服务业收入占国内生产总值比重

按主成分分析法得到每个原始变量的公因子方差表。从每个原始变量中提取的信息可知,主成分包含了各个原始变量的75%以上的信息。

表 6.3.2 公因子方差表

变量	X1	X2	X3	X4	X5	X6	X7	X8
初始	1.000	1.000	1.000	1.000	1.000	1.000	1.000	1.000
提取	0.753	0.911	0.947	0.818	0.949	0.937	0.883	0.946

二、运算过程

按主成分分析方法,得到解释的总方差表,得出前2个主成分的累计贡献率就达到了89.300% >85%,所以选取主成分个数为2。选F1为第一主成分,F2为第二主成分。且这两个主成分的方差和占全部方差的89.300%,即基本上保留了原来指标的信息。这样由原来的8个指标变为了2个指标。

得到如下碎石图:

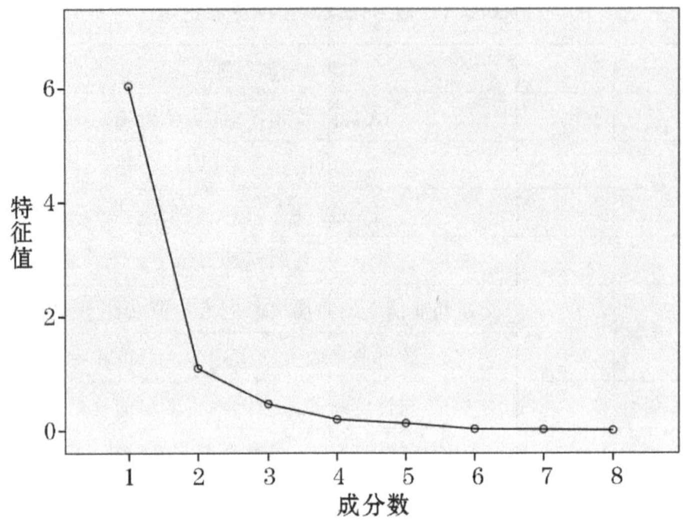

图 6.3.1 碎石图

由碎石图也可看出,自第三主成分后,线段开始趋于平缓,说明第一、二主成分可用来解释大部分信息。

提取两个主成分,用主成分分析法,得到成分矩阵,成分矩阵数据见下表所列,可以得出:X1、X2、X3、X4、X6、X7、X8 主要由第一主成分解释;X5 主要由第二主成分解释。

表 6.3.3 成分矩阵表

变量	X1	X2	X3	X4	X5	X6	X7	X8
F1	0.865	0.942	0.960	0.888	-0.065	0.958	0.922	0.961
F2	0.062	0.156	0.157	0.172	0.972	-0.135	-0.18	-0.152

下面作因子旋转后的因子载荷阵。使用具有 Kaiser 标准化的正交旋转法,经过 3 次迭代后收敛,得到旋转成分矩阵,结果见下表所列。

表 6.3.4 旋转成分矩阵表

变量	X1	X2	X3	X4	X5	X6	X7	X8
F1	0.867	0.949	0.967	0.896	-0.015	0.950	0.912	0.951
F2	0.017	0.106	0.107	0.125	0.974	-0.185	-0.227	-0.201

旋转成分矩阵再次印证了上述结论，且可看出通过旋转，可使各变量与主成分间的相关性得到进一步加强，变量解释力提高。

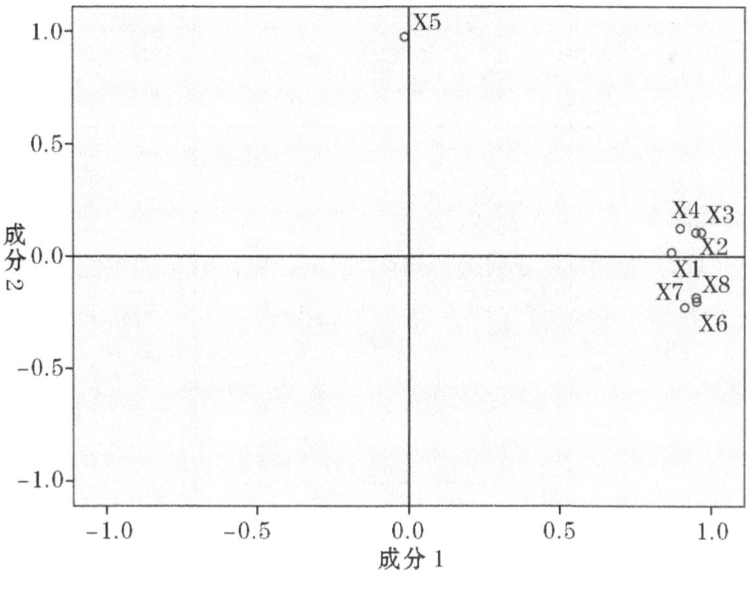

图 6.3.2 旋转空间中的成分图

由成分图可明显看出各变量与两个主成分间的相关性。

由上面图标和数据不难看出：X1、X2、X3、X4、X6、X7、X8 主要由第一主成分解释；X5 主要由第二主成分解释。与第一因子关系密切的变量主要是人均邮政业务量、人均电信业务量、电话普及率、互联网普及率、软件业务收入占地区国内生产总值比重、软件产品收入占地区国内生产总值比重、信息技术服务业收入占地区国内生产总值比重，可以命名为信息化程度及收入占比情况因子；与第二因子关系密切的变量是居民家庭人均交通和通信消费支出占人均消费性支出的比重,可以命名为信息消费支出情况因子。由成分图也可印证以上关系。由成分图可看出,X1、X2、X3、X4、X6、X7、X8 与第一主成分关系密切;X5 与第二主成分关系密切。

用具有 Kaiser 标准化的正交旋转法提取主成分,得到的成分得分系数矩阵如下表。

表 6.3.5　成分得分系数矩阵表

变量	X1	X2	X3	X4	X5	X6	X7	X8
F1	0.146	0.163	0.166	0.155	0.035	0.152	0.144	0.152
F2	0.049	0.133	0.134	0.148	0.882	−0.131	−0.171	−0.146

三、最终结果

对各主成分得分情况分别进行排序。最后,以各因子的方差贡献率占两个因子总方差贡献率的比重作为权重进行加权汇总,得出各省市自治区的综合得分 F。参见如下公式。

$$F = \frac{0.7537 \times F1 + 0.1393 \times F2}{0.8930} \tag{6.3}$$

最后再按 F 得分排序。排序结果如下:

第一主成分得分最高的是北京、上海、广东、浙江,得分均在 0.5 以上,说明这些地区信息化程度及收入占比较高;得分最低的是江西、广西、云南、河南、安徽、湖南、西藏、甘肃、贵州,得分均低于 0.1,说明这些地区信息化程度及收入占比较低。第二主成分得分最高的是宁夏、青海、浙江、广东、新疆、天津,得分均在 0.5 以上,说明这些地区居民信息消费支出较多;得分最低的是西藏、江西,得分均在 0.1 以下,说明这些地区居民信息消费支出较少。综合因子得分最高的是北京、上海、浙江、广东,得分均在 0.5 以上,说明这些地区整体信息化程度较高;得分最低的是江西、西藏、广西、河南、湖南,得分均在 0.1 以下,说明这些地区整体信息化程度较低。

从“五化协同”发展评价指标体系中的信息化因子得分情况看，天津信息化综合因子得分约为0.3625，排第8位，落后于北京、上海、浙江、广东、福建、江苏、辽宁。天津第一主成分即信息化程度及收入占比情况因子得分约为0.3337，排第8位，与综合因子得分情况一致。天津第二主成分即信息消费支出情况因子得分约为0.5182，排第6位。说明天津整体上信息化程度较高，但比较北京、上海、广东等地而言，软件业务收入、软件产品收入、信息技术服务业收入偏低，信息产业化程度仍有待提高。

表6.3.6 全国31省市信息化指标得分及排名情况

地区	F1		F2		F	
	得分	排名	得分	排名	得分	排名
北京市	1.0500	1	0.2074	23	0.9186	1
天津市	0.3337	8	0.5182	6	0.3625	8
河北省	0.1310	19	0.4608	8	0.1824	18
山西省	0.1154	21	0.2939	18	0.1433	22
内蒙古自治区	0.1240	20	0.4750	7	0.1788	19
辽宁省	0.3564	7	0.4459	9	0.3703	7
吉林省	0.1831	15	0.4143	13	0.2191	14
黑龙江省	0.1082	22	0.4082	14	0.1550	21
上海市	0.7338	2	0.1907	26	0.6491	2
江苏省	0.3970	6	0.4236	12	0.4012	6
浙江省	0.5852	4	0.6728	3	0.5989	3
安徽省	0.0621	27	0.3187	17	0.1021	26
福建省	0.4273	5	0.3212	16	0.4108	5
江西省	0.0436	31	0.0866	30	0.0503	31
山东省	0.2184	11	0.2475	20	0.2229	13
河南省	0.0585	28	0.1546	29	0.0735	28

续表

地区	F1		F2		F	
	得分	排名	得分	排名	得分	排名
湖北省	0. 1676	16	0. 1857	27	0. 1704	20
湖南省	0. 0622	26	0. 2238	22	0. 0874	27
广东省	0. 5893	3	0. 6082	4	0. 5923	4
广西壮族自治区	0. 0490	30	0. 1655	28	0. 0672	29
海南省	0. 1960	13	0. 2504	19	0. 2045	17
重庆市	0. 2303	10	0. 2045	24	0. 2263	12
四川省	0. 2102	12	0. 2281	21	0. 2130	16
贵州省	0. 0830	23	0. 4275	11	0. 1367	23
云南省	0. 0565	29	0. 3896	15	0. 1085	25
西藏自治区	0. 0663	25	0. 0570	31	0. 0649	30
陕西省	0. 2663	9	0. 1967	25	0. 2554	11
甘肃省	0. 0665	24	0. 4406	10	0. 1248	24
青海省	0. 1540	17	0. 8256	2	0. 2587	10
宁夏回族自治区	0. 1944	14	0. 9998	1	0. 3201	9
新疆维吾尔自治区	0. 1538	18	0. 5667	5	0. 2182	15

第四节　城镇化发展指标

一、指标选取

选定 11 个变量，首先对变量数据进行标准化处理。然后使用 KMO 和 Bartlett 方法进行相关性检验，得到 sig. 值为 0，所以拒绝相关系数为 0 的原假设，说明变量间存在相关性。

表 6.4.1 城镇化发展指标选取说明

变量	指标说明
X1	城镇化率
X2	城镇居民人均可支配收入
X3	城镇居民人均消费性支出
X4	城市建成区面积占城区面积之比
X5	城市人均日生活用水量
X6	城市燃气普及率
X7	单位城市人口拥有公共交通标准运营车数
X8	单位人口医疗卫生机构床位数
X9	单位人口拥有公共图书馆藏量
X10	电视节目综合人口覆盖率
X11	在岗职工参加基本养老保险人数占比

按主成分分析法得到每个原始变量的公因子方差表。由表中数据可知,主成分包含了各个原始变量55%以上的信息。

表 6.4.2 公因子方差表

变量	X1	X2	X3	X4	X5	X6	X7	X8	X9	X10	X11
初始	1.000	1.000	1.000	1.000	1.000	1.000	1.000	1.000	1.000	1.000	1.000
提取	0.929	0.925	0.943	0.657	0.795	0.640	0.594	0.860	0.682	0.746	0.879

二、运算过程

按主成分分析方法,得到解释的总方差表,得出前3个主成分的累计贡献率就达到了78.635% >75%,所以选取主成分个数为3。选F1为第一主成分,F2为第二主成分,F3为第三主成分。且这3个主成分的方差和占全部方差的78.635%,即基本上保留了原来指标的信息。这样由原来的11个指标变为了3个指标。得到如下碎石图。

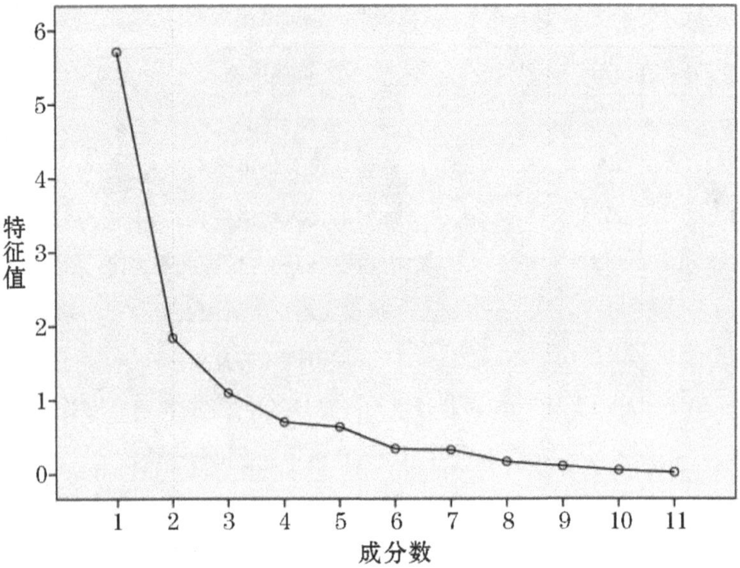

图 6.4.1 碎石图

由碎石图也可看出，自第四主成分后，线段开始趋于平缓，说明第一、二、三主成分可用来解释大部分信息。

提取两个主成分，用主成分分析法，得到成分矩阵，成分矩阵数据见下表所列，可以得出：X1、X2、X3、X7、X9、X10、X11 主要由第一主成分解释；X5 主要由第二主成分解释；X4 主要由第三主成分解释；X6 可以用第一、二主成分解释；X8 可以用第二、三主成分解释。

表 6.4.3 成分矩阵表

变量	X1	X2	X3	X4	X5	X6	X7	X8	X9	X10	X11
F1	0.948	0.929	0.94	-0.505	-0.095	0.602	0.707	-0.033	0.771	0.684	0.933
F2	0.143	-0.248	-0.243	0.406	-0.886	0.526	0.224	0.393	-0.292	0.421	-0.087
F3	-0.098	-0.014	0.02	-0.487	0.039	-0.017	0.208	0.839	-0.041	-0.316	-0.016

下面作因子旋转后的因子载荷阵。使用具有 Kaiser 标准化的正交旋转法，

经过5次迭代后收敛,得到旋转成分矩阵,结果见下表所列。

表6.4.4 旋转成分矩阵表

变量	X1	X2	X3	X4	X5	X6	X7	X8	X9	X10	X11
F1	0.815	0.949	0.96	-0.667	0.238	0.364	0.595	-0.085	0.816	0.446	0.894
F2	0.510	0.133	0.135	0.287	-0.838	0.703	0.419	0.140	0.041	0.711	0.279
F3	-0.066	-0.086	-0.052	-0.360	-0.192	0.115	0.253	0.913	-0.122	-0.202	-0.046

通过旋转,变量与因子关系得到进一步加强,变量解释力提高。

由上面数据不难看出:X1、X2、X3、X4、X7、X9、X11主要由第一主成分解释;X5、X6、X10主要由第二主成分解释;X4、X8主要由第三主成分解释。与第一因子关系密切的变量主要是城镇化率、城镇居民人均可支配收入、城镇居民人均消费性支出、城市建成区面积占城区面积之比、单位城市人口拥有公共交通标准运营车辆、单位人口拥有公共图书馆藏量、在岗职工参加基本养老保险人数占比,可以命名为城镇人民生活及基础设施基本情况因子。与第二因子关系密切的变量主要是城市人均日生活用水量、城市燃气普及率;此外,X1即城镇化率指标,X7即单位城市人口拥有公共交通标准运营车数指标与第二因子的关系也很显著,说明第二因子也是城市基础设施建设情况方面的因子,因此可以命名为城市用水、用气及公共交通情况因子。与第三因子关系密切的变量主要是单位人口医疗卫生机构床位数指标,因此可以命名为城镇医疗卫生情况因子。由成分图所示,第一主成分与变量X1、X2、X3、X4、X7、X9、X11关系密切,第二主成分与变量X5、X6关系密切,第三主成分与变量X8关系密切。

用具有Kaiser标准化的正交旋转法提取主成分,得到的成分得分系数矩阵见下表所列。

表 6.4.5 成分得分系数矩阵表

变量	X1	X2	X3	X4	X5	X6	X7	X8	X9	X10	X11
F1	0.116	0.198	0.202	-0.209	0.163	-0.008	0.091	-0.002	0.179	-0.003	0.167
F2	0.154	-0.056	-0.06	0.269	-0.445	0.299	0.111	0.008	-0.082	0.318	0.023
F3	-0.068	-0.049	-0.018	-0.370	-0.090	0.058	0.214	0.793	-0.079	-0.220	-0.028

三、最终结果

对各主成分得分情况分别进行排序。最后,以各因子的方差贡献率占 3 个因子总方差贡献率的比重作为权重进行加权汇总,得出各省市的综合得分 F。参见如下公式。

$$F=\frac{0.4677\times F1+0.2141\times F2+0.1045\times F3}{0.7864} \qquad (6.4)$$

最后再按 F 得分排序。排序结果如下:

第一主成分得分最高的是上海、北京、浙江、广东,得分均在 0.4 以上,说明这些地区城镇人民生活及基础设施建设情况较好;得分最低的是甘肃、河南、黑龙江、江西,得分均为负数,说明这些地区城镇人民生活及基础设施建设情况较差。第二主成分得分最高的是天津、黑龙江、山西、河北、陕西、河南,得分均在 0.7 以上,说明这些地区城市用水、用气及公共交通建设情况较好;得分最低的是西藏、海南、贵州,得分均在 0.3 以下,说明这些地区城市用水、用气及公共交通建设综合因子方面得分较低。第三主成分得分最高的是新疆、辽宁、贵州、重庆、四川、湖南、湖北,得分均在 0.4 以上,说明这些地区城镇医疗卫生情况较好;得分最低的是广东、天津、江西、西藏、福建、安徽,得分均在 -0.1 以下,说明这些地区城镇医疗卫生情况相对紧张。综合因子得分最高的是北京、上海、浙江、江苏、辽宁、天津,得分均在 0.4 以上,说明这些地区城镇化建设情况较好;得分较低的是西藏、甘肃、江西、广西、海南、河南、云南、贵州、安徽,得分均在 0.2 以下,说明这些地区城镇化建设情况较差。

天津城镇化综合因子得分较高,说明整体城镇化水平较高。从“五化协同”发展评价指标体系中的城镇化因子得分情况看,天津城镇化综合因子得分约为0.4034,排第6位,落后于北京、上海、浙江、江苏、辽宁。天津第一主成分即城镇人民生活及基础设施基本情况因子得分约为0.3477,排第6位,与综合因子得分情况一致,落后于上海、北京、浙江、广东、江苏。天津第二主成分即城市用水、用气及公共交通情况因子得分约为0.8901,排第1位,说明天津在城市用水、用气及公共交通建设情况方面成绩尚佳。天津第三主成分即城镇医疗卫生情况因子得分约为-0.3450,排第30位,即倒数第2位,说明天津仍需在提高医疗卫生基础设施投入方面多下功夫。

表6.4.6 全国31个省区市(不含港澳台)城镇化指标得分及排名情况

地区	F1		F2		F3		F	
	得分	排名	得分	排名	得分	排名	得分	排名
北京市	0.8419	2	0.6509	10	0.2455	11	0.7106	1
天津市	0.3477	6	0.8901	1	-0.3450	30	0.4034	6
河北省	0.0743	23	0.7160	4	-0.0193	22	0.2366	20
山西省	0.0047	27	0.7766	3	-0.0254	23	0.2109	21
内蒙古自治区	0.1694	14	0.6811	8	0.1931	13	0.3119	10
辽宁省	0.3067	7	0.6067	14	0.5701	2	0.4234	5
吉林省	0.0886	22	0.6194	13	0.2094	12	0.2492	19
黑龙江省	-0.0497	29	0.8270	2	0.0755	17	0.2056	22
上海市	0.8704	1	0.5021	24	-0.0137	21	0.6527	2
江苏省	0.3973	5	0.6255	12	0.1452	15	0.4259	4
浙江省	0.5076	3	0.6008	15	0.0519	19	0.4724	3
安徽省	0.0893	21	0.5981	18	-0.1502	26	0.1961	23
福建省	0.2853	8	0.5983	17	-0.1818	27	0.3085	11
江西省	-0.0186	28	0.6859	7	-0.3424	29	0.1302	29
山东省	0.2208	9	0.6347	11	0.2856	9	0.3421	8

续表

地区	F1		F2		F3		F	
	得分	排名	得分	排名	得分	排名	得分	排名
河南省	-0.0503	30	0.7116	6	0.0610	18	0.1720	26
湖北省	0.1742	13	0.5492	20	0.4018	7	0.3066	12
湖南省	0.1529	15	0.4854	25	0.4477	6	0.2826	15
广东省	0.4317	4	0.5774	19	-0.3767	31	0.3640	7
广西壮族自治区	0.1417	17	0.3414	28	-0.0775	24	0.1669	28
海南省	0.2025	11	0.1873	30	-0.0099	20	0.1702	27
重庆市	0.1911	12	0.5999	16	0.4879	4	0.3419	9
四川省	0.1377	18	0.4498	27	0.4644	5	0.2661	17
贵州省	0.0671	24	0.2736	29	0.4977	3	0.1805	24
云南省	0.0315	26	0.5051	23	0.1432	16	0.1753	25
西藏自治区	0.1268	19	-0.3105	31	-0.2276	28	-0.0394	31
陕西省	0.0604	25	0.7122	5	0.2651	10	0.2651	18
甘肃省	-0.0713	31	0.6615	9	-0.0804	25	0.1271	30
青海省	0.1488	16	0.4775	26	0.3747	8	0.2683	16
宁夏回族自治区	0.2184	10	0.5158	22	0.1738	14	0.2935	13
新疆维吾尔自治区	0.1143	20	0.5270	21	0.6134	1	0.2930	14

第五节 农业现代化发展指标

一、指标选取

在指标选取方面，首先对变量数据进行标准化处理，然后使用 KMO 和 Bartlett 方法进行相关性检验，因为反映食品安全的化肥使用量指标相关性不显著，所以未被纳入农业现代化考量体系。最终选定 5 个变量。得到 sig. 值为 0，所以拒绝相关系数为 0 的原假设，说明这 5 个变量间存在相关性。

表 6.5.1 农业现代化发展指标选取说明

变量	指标说明
X1	城乡消费水平对比(城市居民 =1)
X2	城乡居民人均可支配收入之比(城市居民 =1)
X3	城乡居民人均消费性支出之比(城市居民 =1)
X4	有效灌溉占农作物播种面积比重
X5	每公顷农用机械总动力

按主成分分析法得到每个原始变量的公因子方差表。从每个原始变量中提取的信息可知,主成分包含了各个原始变量的 75% 以上的信息。

表 6.5.2 公因子方差表

变量	X1	X2	X3	X4	X5
初始	1.000	1.000	1.000	1.000	1.000
提取	0.782	0.836	0.870	0.855	0.825

二、运算过程

按主成分分析方法,得到解释的总方差表,得出前 2 个主成分的累计贡献率就达到了 83.368% >80%,所以选取主成分个数为 2。选 F1 为第一主成分,F2 为第二主成分。且这两个主成分的方差和占全部方差的 83.368%,即基本上保留了原来指标的信息。这样由原来的 5 个指标变为了 2 个指标。得到如下碎石图。

由碎石图也可看出,自第三主成分后,线段开始趋于平缓,说明第一、二主成分可用来解释大部分信息。

提取两个主成分,用主成分分析法,得到成分矩阵,成分矩阵数据见下表所列,可以得出:X1、X2、X3 主要由第一主成分解释;X4、X5 主要由第二主成分解释。

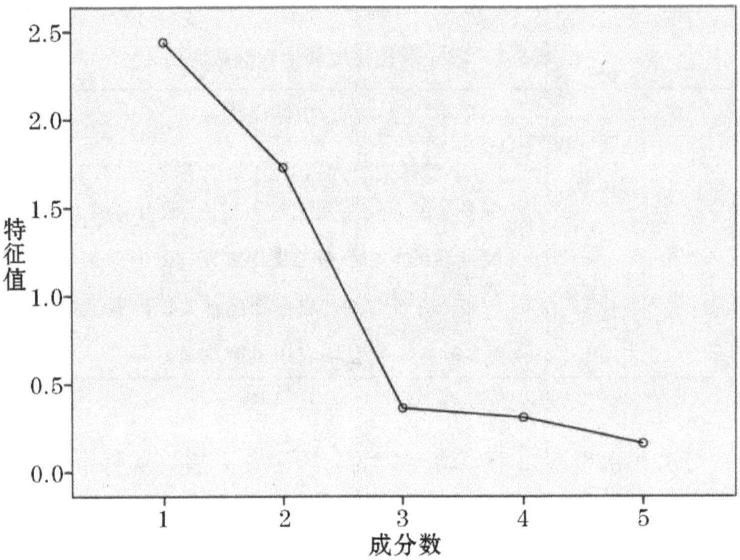

图 6.5.1 碎石图

表 6.5.3 成分矩阵表

变量	X1	X2	X3	X4	X5
F1	0. 880	0. 895	0. 911	0. 091	-0. 163
F2	0. 085	0. 188	-0. 199	0. 920	0. 894

为提高主成分解释力，下面使用具有 Kaiser 标准化的正交旋转法，经过 3 次迭代后收敛，得到旋转成分矩阵，结果见下表所列。

表 6.5.4 旋转成分矩阵表

变量	X1	X2	X3	X4	X5
F1	0. 883	0. 902	0. 902	0. 128	-0. 126
F2	0. 049	0. 151	-0. 236	0. 916	0. 899

可看出通过旋转，可使多数变量与主成分间的相关性得到进一步加强，变量

解释力提高。可以得出:X1、X2、X3 主要由第一主成分解释;X4、X5 主要由第二主成分解释。

由成分图可明显看出各变量与两个主成分间的相关性。

由成分图和以上表中数据不难看出:X1 、X2、X3 主要由第一主成分解释;X4、X5 主要由第二主成分解释。与第一因子关系密切的变量是城乡消费水平对比(城市居民 =1)、城乡居民人均可支配收入之比、城乡居民人均消费性支出之比,可以命名为城乡差距情况因子;与第二因子关系密切的变量主要是有效灌溉占农作物播种面积比重、每公顷农用机械总动力,可以命名为农业基础设施情况因子。由成分图也可印证以上关系。由成分图可看出,X1 、X2、X3 与第一主成分关系密切;X4、X5 与第二主成分关系密切。

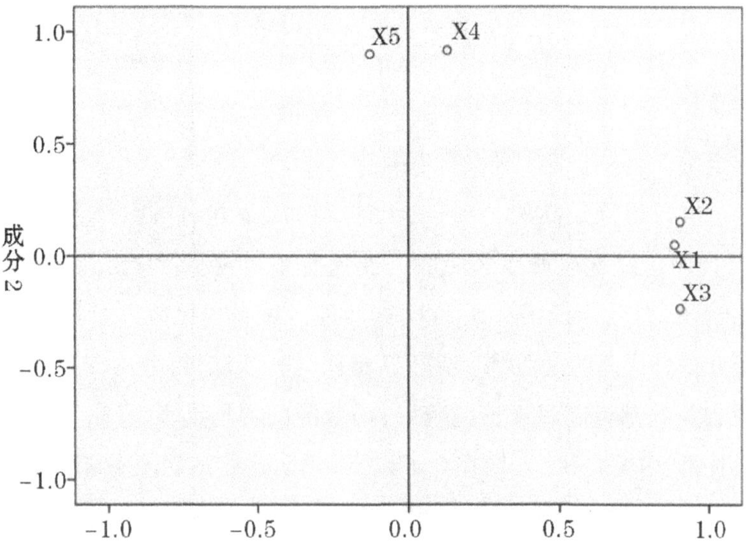

图 6.5.2 旋转空间中的成分图

用具有 Kaiser 标准化的正交旋转法提取主成分,得到的成分得分系数矩阵见下表所列。

表 6.5.5 成分得分系数矩阵表

变量	X1	X2	X3	X4	X5
F1	0.362	0.371	0.368	0.059	-0.045
F2	0.034	0.094	-0.130	0.531	0.519

三、最终结果

对各主成分得分情况分别进行排序。最后,以各因子的方差贡献率占两个因子总方差贡献率的比重作为权重进行加权汇总,得出各省市的综合得分 F。参见如下公式。

$$F = \frac{0.4881 \times F1 + 0.3456 \times F2}{0.8337} \tag{6.5}$$

最后再按 F 得分排序。排序结果如下:

第一主成分得分最高的是浙江、天津、江苏、福建、江西、黑龙江,得分均在 0.7 以上,说明这些地区城乡居民收入及消费差距较小;得分最低的是西藏、甘肃、云南、贵州,得分均低于 0.3,说明这些地区城乡居民收入及消费差距较大。第二主成分得分最高的是西藏、北京、新疆、天津、浙江,得分均在 0.4 以上,说明这些地区农业基础设施建设情况较好;得分最低的是重庆、贵州、云南、广西、四川、陕西、甘肃、内蒙古,得分均在 0.1 以下,说明这些地区农业基础设施建设情况较差。综合因子得分最高的是天津、浙江、江苏、北京、福建、河北、黑龙江,得分均在 0.5 以上,说明这些地区农业现代化程度较高;得分最低的是甘肃、贵州、云南、陕西、重庆、广西、宁夏,得分均在 0.3 以下,说明这些地区农业现代化程度较低。

天津农业现代化综合因子得分最高,说明天津地区城乡差距较小、农业现代化程度较高。从“五化协同”发展评价指标体系中的农业现代化因子得分情况看,天津农业现代化综合因子得分约为 0.7909,排第 1 位。天津第一主成分即城乡差距情况因子得分约为 1.0287,排第 2 位,与综合因子得分情况差不多,落后于浙江省。天津第二主成分即农业基础设施情况因子得分约为 0.4553，排第 4 位。

表 6.5.6 全国 31 省市农业现代化指标得分及排名情况

地区	F1		F2		F	
	得分	排名	得分	排名	得分	排名
北京市	0.5479	14	0.5752	2	0.5592	4
天津市	1.0287	2	0.4553	4	0.7909	1
河北省	0.6558	9	0.3033	8	0.5096	6
山西省	0.5282	19	0.1340	20	0.3647	20
内蒙古自治区	0.5405	15	0.0967	24	0.3564	21
辽宁省	0.3954	24	0.1808	14	0.3064	24
吉林省	0.6801	7	0.1220	21	0.4486	12
黑龙江省	0.7267	6	0.1933	12	0.5054	7
上海市	0.5686	11	0.3331	6	0.4710	10
江苏省	0.8470	3	0.2635	9	0.6049	3
浙江省	1.0379	1	0.4198	5	0.7815	2
安徽省	0.5590	13	0.2546	10	0.4327	14
福建省	0.7735	4	0.1963	11	0.5341	5
江西省	0.7723	5	0.1024	23	0.4944	8
山东省	0.5635	12	0.3187	7	0.4620	11
河南省	0.5311	18	0.1751	15	0.3834	17
湖北省	0.6684	8	0.1135	22	0.4382	13
湖南省	0.5337	17	0.1497	17	0.3744	19
广东省	0.4490	20	0.1388	18	0.3203	22
广西壮族自治区	0.4084	21	0.0530	28	0.2609	26
海南省	0.5379	16	0.1559	16	0.3795	18
重庆市	0.3912	25	-0.0393	31	0.2126	27

续表

地区	F1		F2		F	
	得分	排名	得分	排名	得分	排名
四川省	0.6521	10	0.0574	27	0.4054	15
贵州省	0.2248	28	-0.0239	30	0.1216	30
云南省	0.2177	29	0.0454	29	0.1462	29
西藏自治区	0.0685	31	1.0638	1	0.4814	9
陕西省	0.3151	27	0.0616	26	0.2099	28
甘肃省	0.1092	30	0.0660	25	0.0913	31
青海省	0.4019	22	0.1909	13	0.3144	23
宁夏回族自治区	0.4007	23	0.1349	19	0.2904	25
新疆维吾尔自治区	0.3473	26	0.4587	3	0.3935	16

第六节　绿色化发展指标

一、指标选取

选定8个变量，首先对变量数据进行标准化处理。然后使用KMO和Bartlett方法进行相关性检验，得到sig. 值为0，所以拒绝相关系数为0的原假设，说明这8个变量间存在相关性。所以最终选定这8个变量作为反映天津绿色化发展情况的指标。

表6.6.1　绿色化发展指标选取说明

变量	指标说明
X1	城市人均公园绿地面积
X2	森林覆盖率
X3	单位国内生产总值废水排放总量倒数

续表

X4	单位国内生产总值废气中二氧化硫排放量倒数
X5	单位国内生产总值废气中氮氧化物排放量倒数
X6	单位国内生产总值废气中烟(粉)尘排放量倒数
X7	单位国内生产总值一般工业固体废物产生量倒数
X8	单位国内生产总值电力消费总量(实物量)倒数

之所以取倒数,是为了把变量与后面主成分的关系都转变为正相关。

按主成分分析法得到每个原始变量的公因子方差表。从每个原始变量中提取的信息可知,主成分包含了各个原始变量的75%以上的信息。

表6.6.2 公因子方差表

变量	X1	X2	X3	X4	X5	X6	X7	X8
初始	1.000	1.000	1.000	1.000	1.000	1.000	1.000	1.000
提取	0.818	0.833	0.74	0.945	0.927	0.972	0.969	0.768

二、运算过程

按主成分分析方法,得到解释的总方差表,得出前3个主成分的累计贡献率就达到了87.160% >80%,所以选取主成分个数为3。选F1为第一主成分,F2为第二主成分,F3为第三主成分。且这三个主成分的方差和占全部方差的87.160%,即基本上保留了原来指标的信息。这样由原来的8个指标变为了3个指标。得到如下碎石图。

由碎石图也可看出,自第四主成分后,线段开始趋于平缓,说明第一、二、三主成分可用来解释大部分信息。

提取两个主成分,用主成分分析法,得到成分矩阵,成分矩阵数据见下表所列,可以得出:X4、X5、X6、X7、X8主要由第一主成分解释;X2、X3主要由第二主成分解释;X1主要由第三主成分解释。而且其中,X3除了与第二主成分关系密

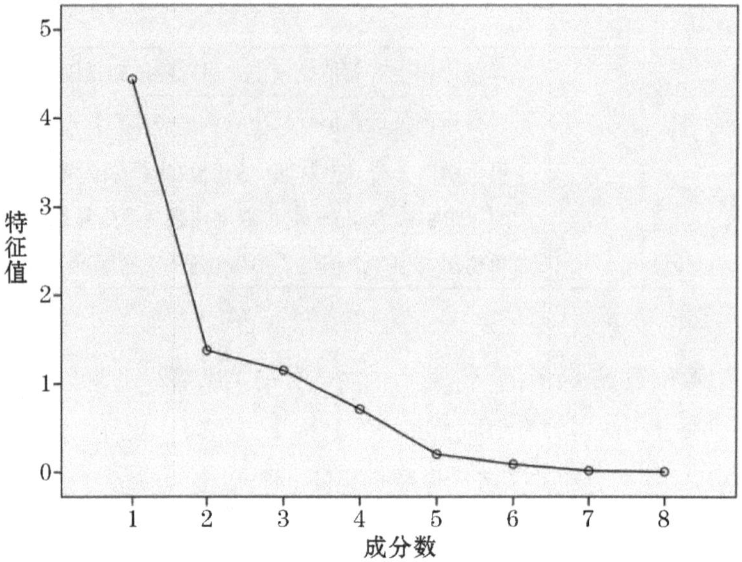

图 6.6.1　碎石图

切外，与第一主成分关系也很显著；X8 除了与第一主成分关系密切外，与第三主成分关系也很显著。

表 6.6.3　成分矩阵表

变量	X1	X2	X3	X4	X5	X6	X7	X8
F1	-0.046	0.168	0.417	0.969	0.955	0.967	0.963	0.726
F2	0.380	0.781	-0.746	-0.044	0.114	0.127	0.115	-0.142
F3	0.819	-0.440	0.101	0.063	0.049	0.148	0.166	-0.470

由下面的成分图可再次印证以上关系。

成分图更加形象地显示出各变量与三个主成分间的相关性。

由上面图标和数据不难看出：X4、X5、X6、X7、X8 主要由第一主成分解释；X2、X3 主要由第二主成分解释；X1 主要由第三主成分解释。而且其中，X3 除了与第二主成分关系密切外，与第一主成分关系也很显著；X8 除了与第一主成分

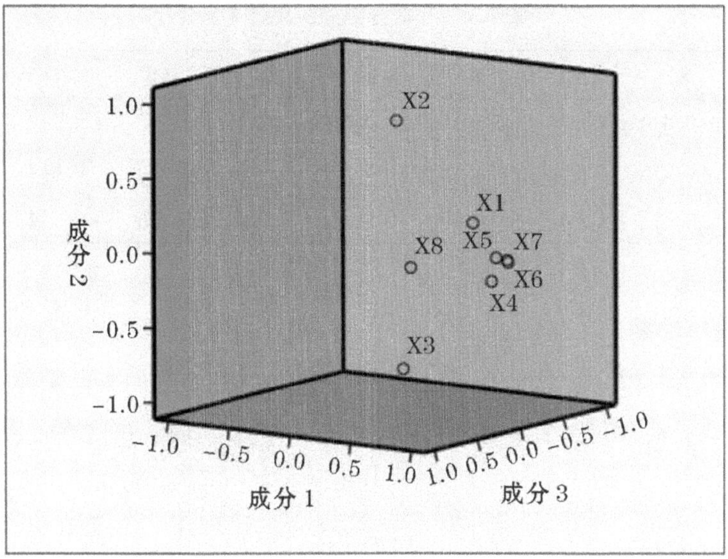

图 6.6.2 旋转空间中的成分图

关系密切外,与第三主成分关系也很显著。与第一因子关系密切的变量是单位国内生产总值生成废气中二氧化硫排放量的倒数、单位国内生产总值生成废气中氮氧化物排放量的倒数、单位国内生产总值生成废气中烟(粉)尘排放量的倒数、单位国内生产总值生成一般工业固体废物产生量的倒数、单位国内生产总值耗电量的倒数,此外,与第一主成分关系显著的变量还有单位国内生产总值生成废水排放总量的倒数,可以命名为“三废”排放和单位国内生产总值电耗情况因子。之所以取倒数,是为了把变量与主成分的关系都转变为正相关。与第二因子关系密切的变量主要是森林覆盖率和单位国内生产总值生成废水排放总量的倒数,可以命名为森林覆盖及废水排放情况因子。与第三因子关系密切的变量是城市人均公园绿地面积,因此可以命名为城市人均绿地情况因子。

用具有 Kaiser 标准化的正交旋转法提取主成分,得到的成分得分系数矩阵见下表所列。

表 6.6.4 成分得分系数矩阵表

变量	X1	X2	X3	X4	X5	X6	X7	X8
F1	-0.010	0.038	0.094	0.218	0.215	0.217	0.217	0.163
F2	0.276	0.568	-0.542	-0.032	0.083	0.092	0.084	-0.103
F3	0.711	-0.382	0.087	0.055	0.042	0.128	0.144	-0.408

三、最终结果

对各主成分得分情况分别进行排序。最后,以各因子的方差贡献率占三个因子总方差贡献率的比重作为权重进行加权汇总,得出各省市的综合得分 F。参见如下公式。

$$F = \frac{0.5555 \times F1 + 0.1721 \times F2 + 0.1440 \times F3}{0.8716} \tag{6.6}$$

最后再按 F 得分排序。排序结果如下:

第一主成分得分最高的是北京、上海、天津,得分均在 0.5 以上,说明三地对“三废”排放和单位国内生产总值电耗的控制情况较好;得分最低的是宁夏、青海、新疆、山西、甘肃,得分均低于 0.1,说明这几个地区对“三废”排放和单位国内生产总值电耗的控制情况较差。第二主成分得分最高的是广东、江西、浙江、海南,得分均在 0.5 以上,说明这 4 个地区对废水排放的控制情况较好;得分最低的是西藏、天津、上海、内蒙古,得分均为负数,说明这四个地区对废水排放的控制情况很差。第三主成分得分最高的是内蒙古、宁夏、山东、北京,得分均在 0.3 以上,说明这四个地区城市人均绿地拥有情况较高;得分最低的是湖南、西藏、广西、湖北、黑龙江,得分均低于 -0.2,说明这五个地区城市人均公园绿地拥有情况较低,但也可能说明这几个地区整体绿地较多,不需要多建公园绿地。综合因子得分最高的是北京、广东、浙江、上海、重庆,得分均在 0.3 以上,说明这些地区在生态化建设方面倾注较多;得分最低的是青海、西藏、新疆、山西,得分均在 0.1 以下,说明这些地区在生态化建设方面倾注较少。

天津绿色化综合因子得分情况一般，绿色化成为制约“五化协同”发展的短板，说明天津生态建设步伐仍需加强。从“五化协同”发展评价指标体系中的绿色化因子得分情况看，天津绿色化综合因子得分为 0.2436，排第 8 位，落后于北京、广东、浙江、上海、重庆、海南、福建。天津第一主成分即“三废”排放和单位国内生产总值电耗情况因子得分约为 0.5230，排第 3 位，落后于京沪两地。天津第二主成分即森林覆盖和废水排放情况因子得分约为 -0.4381，排第 30 位，即倒数第 2 位，说明天津森林拥有量低，森林覆盖率在全国相对较低；此因子与废水排放倒数呈负相关，排名靠后，说明天津废水治理情况较好。天津第三主成分即城市人均绿地情况因子得分约为 -0.0196，排第 15 位，说明天津城市人均绿地情况不佳，未来还需增加人均绿地面积。

表 6.6.5 全国 31 个省区市(不含港澳台)绿色化指标得分及排名情况

地区	F1		F2		F3		F	
	得分	排名	得分	排名	得分	排名	得分	排名
北京市	1.1026	1	0.2581	14	0.3080	4	0.8046	1
天津市	0.5230	3	-0.4381	30	-0.0196	15	0.2436	8
河北省	0.1035	26	0.1622	19	0.1801	9	0.1277	24
山西省	0.0499	28	0.1470	20	0.0966	13	0.0768	28
内蒙古自治区	0.1236	22	-0.0153	28	0.6207	1	0.1784	16
辽宁省	0.1223	23	0.2928	11	-0.1171	20	0.1164	26
吉林省	0.2974	11	0.0579	24	-0.1588	22	0.1747	17
黑龙江省	0.1840	19	0.2562	15	-0.2172	27	0.1319	23
上海市	0.5843	2	-0.1203	29	-0.1254	21	0.3279	4
江苏省	0.2890	13	0.0569	25	0.2451	7	0.2359	9
浙江省	0.3877	5	0.5357	3	-0.0517	16	0.3443	3
安徽省	0.1770	21	0.2342	17	0.0775	14	0.1718	18
福建省	0.3355	7	0.4980	5	-0.1813	25	0.2822	7
江西省	0.1800	20	0.6072	2	-0.1748	24	0.2057	11

续表

地区	F1		F2		F3		F	
	得分	排名	得分	排名	得分	排名	得分	排名
山东省	0.1916	17	0.0801	22	0.4229	3	0.2078	10
河南省	0.1905	18	0.1040	21	-0.0908	17	0.1269	25
湖北省	0.2997	10	0.1777	18	-0.2273	28	0.1886	14
湖南省	0.3113	9	0.3076	10	-0.3649	31	0.1988	12
广东省	0.3932	4	0.6727	1	0.2325	8	0.4218	2
广西壮族自治区	0.2042	15	0.4856	6	-0.2347	29	0.1872	15
海南省	0.3408	6	0.5229	4	-0.1595	23	0.2941	6
重庆市	0.2963	12	0.4760	8	0.1062	12	0.3003	5
四川省	0.2259	14	0.3142	9	-0.0941	18	0.1904	13
贵州省	0.1220	24	0.2843	12	0.1527	11	0.1591	19
云南省	0.1145	25	0.4819	7	-0.1906	26	0.1366	22
西藏自治区	0.3329	8	-0.5220	31	-0.3073	30	0.0584	30
陕西省	0.1990	16	0.2489	16	-0.1143	19	0.1571	20
甘肃省	0.0733	27	0.0716	23	0.2922	5	0.1091	27
青海省	0.0251	30	0.0220	26	0.1708	10	0.0486	31
宁夏回族自治区	0.0093	31	0.2583	13	0.5875	2	0.1540	21
新疆维吾尔自治区	0.0269	29	0.0005	27	0.2712	6	0.0621	29

第七节　构建“五化协同”发展评价指标体系

一、“五化协同”发展评价指标体系

根据以上章节计算结果，结合各章节合并出的指标因子，最终构建“五化协同”发展评价指标体系，其中包括 5 个一级指标、12 个二级指标和 40 个三级指标。

5 个一级指标分别为:工业化发展指标、信息化发展指标、城镇化发展指标、农业现代化发展指标和绿色化发展指标。

12 个二级指标是根据 SPSS(统计产品与服务解决方案)因子分析法提取出的公因子,分别为:工业投入产出及企业研发投入情况因子、技术市场成交额因子、信息化程度及收入占比情况因子、信息消费支出情况因子、城镇人民生活及基础设施基本情况因子、城市用水用气及公共交通情况因子、城镇医疗卫生情况因子、城乡差距情况因子、农业基础设施情况因子、“三废”排放和单位国内生产总值电耗情况因子、森林覆盖及废水排放情况因子和城市人均绿地情况因子。

40 个三级指标分别为:反映工业化发展水平的全部工业增加值、全社会固定资产投资额、新增固定资产、规模以上工业企业单位数、规模以上工业企业 R&D 科技活动人员折合全时当量、规模以上工业企业 R&D 经费支出、规模以上工业企业 R&D 科技活动项目(课题)数和技术合同成交额 8 个指标;反映信息化发展水平的人均邮政业务量、人均电信业务量、电话普及率、互联网普及率、软件业务收入占地区国内生产总值比重、软件产品收入占地区国内生产总值比重、信息技术服务业收入占地区国内生产总值比重和居民家庭人均交通和通信消费支出占人均消费性支出的比重 8 个指标;反映城镇化发展水平的城镇居民人均可支配收入、城镇居民人均消费性支出、城市建成区面积占城区面积之比、单位人口拥有公共图书馆藏量、在岗职工参加基本养老保险人数占比、城镇化率、单位城市人口拥有公共交通标准运营车辆、电视节目综合人口覆盖率、城市人均日生活用水量、城市燃气普及率和单位人口医疗卫生机构床位数 11 个指标;反映农业现代化发展水平的城乡消费水平对比(城市居民 =1)、城乡居民人均可支配收入之比、城乡居民人均消费性支出之比、有效灌溉占农作物播种面积比重和每公顷农用机械总动力 5 个指标;反映绿色化发展水平的单位国内生产总值生成废气中二氧化硫排放量的倒数、单位国内生产总值生成废气中氮氧化物排放量的倒数、单位国内生产总值生成废气中烟(粉)尘排放量的倒数、单位国内生产总值生成一般工业固体废物产生量的倒数、单位国内生产总值耗电量的倒数、森林覆盖率、单位国内生产总值生成废水排放总量的倒数和城市人均公园绿地面积 8 个指标。

表 6.7.1 “五化协同”发展评价指标体系

一级指标	二级指标	三级指标
工业化发展指标	工业投入产出及企业研发投入情况因子	全部工业增加值
		全社会固定资产投资完成额
		新增固定资产
		规模以上工业企业单位数
		规模以上工业企业 R&D 科技活动人员折合全时当量
		规模以上工业企业 R&D 经费支出
		规模以上工业企业 R&D 科技活动项目(课题)数
	技术市场成交额因子	技术合同成交额
信息化发展指标	信息化程度及收入占比情况因子	人均邮政业务量
		人均电信业务量
		电话普及率
		互联网普及率
		软件业务收入占地区国内生产总值比重
		软件产品收入占地区国内生产总值比重
		信息技术服务业收入占地区国内生产总值比重
	信息消费支出情况因子	居民家庭人均交通和通信消费支出占人均消费性支出的比重

续表

一级指标	二级指标	三级指标
城镇化发展指标	城镇人民生活及基础设施基本情况因子	城镇居民人均可支配收入
		城镇居民人均消费性支出
		城市建成区面积占城区面积之比
		单位人口拥有公共图书馆藏量
		在岗职工参加基本养老保险人数占比
		城镇化率
		单位城市人口拥有公共交通标准运营车辆
		电视节目综合人口覆盖率
	城市用水、用气及公共交通情况因子	城市人均日生活用水量
		城市燃气普及率
	城镇医疗卫生情况因子	单位人口医疗卫生机构床位数
农业现代化发展指标	城乡差距情况因子	城乡消费水平对比(城市居民 =1)
		城乡居民人均可支配收入之比
		城乡居民人均消费性支出之比
	农业基础设施情况因子	有效灌溉占农作物播种面积比重
		每公顷农用机械总动力
绿色化发展指标	“三废”排放和单位国内生产总值电耗情况因子	单位国内生产总值生成废气中二氧化硫排放量的倒数
		单位国内生产总值生成废气中氮氧化物排放量的倒数
		单位国内生产总值生成废气中烟(粉)尘排放量的倒数
		单位国内生产总值生成一般工业固体废物产生量的倒数
		单位国内生产总值耗电量的倒数
	森林覆盖及废水排放情况因子	森林覆盖率
		单位国内生产总值生成废水排放总量的倒数
	城市人均绿地情况因子	城市人均公园绿地面积

二、“五化协同”得分情况分析

1. 全国31个省区市(不含港澳台)“五化协同”得分情况

由各指标得分,可综合计算出各省区市“五化”协同度得分,按从高到低进行排序。从表中数据可看出,“五化”协同度指标得分最高的是北京市,约为0.6387;其次为浙江省,得分约为0.5642;排名第3的是江苏省,得分约为0.5120。“五化”协同度得分最低的是甘肃省,约为0.1023;排名倒数第2位的是西藏自治区,约为0.1131;排名倒数第3位的是云南省,约为0.1331。

2. 天津“五化”协同度得分及排名情况

从“五化”协同度指标得分情况来看,天津市“五化”协同度指标得分约为0.3964,在全国31个省区市中排第六位,落后于北京、浙江、江苏、广东、上海5省市,与山东、福建处于一个档次。其中,工业化综合因子得分约为0.1815,在全国31个省区市中排第14位,说明天津工业化总体发展水平在全国居中,无优势可言,将来仍需加大工业领域的科技研发投入,促使低端工业尽快向中高端层次迈进;信息化综合因子得分约为0.3625,在全国31个省区市中排第8位,说明天津信息化发展总体情况良好,但整体水平一般,信息产业化发展水平不高;城镇化综合因子得分约为0.4034,在全国31个省区市中排第6位,说明天津城镇化发展水平在全国较为领先;农业现代化综合因子得分约为0.7909,在全国31个省区市中排第1位,说明天津农业现代化发展水平较高;绿色化综合因子得分约为0.2436,在全国31个省区市中排第8位,说明天津绿色化发展水平一般,生态建设步伐仍需加快。

表6.7.2 全国31个省区市(不含港澳台)“五化协同”度指标得分及排名情况

地区	工业化	信息化	城镇化	农业现代化	绿色化	“五化协同”度	排序
北京市	0.2006	0.9186	0.7106	0.5592	0.8046	0.6387	1
天津市	0.1815	0.3625	0.4034	0.7909	0.2436	0.3964	6
河北省	0.2962	0.1824	0.2366	0.5096	0.1277	0.2705	10
山西省	0.1023	0.1433	0.2109	0.3647	0.0768	0.1796	26

续表

地区	工业化	信息化	城镇化	农业现代化	绿色化	“五化协同”度	排序
内蒙古自治区	0.1218	0.1788	0.3119	0.3564	0.1784	0.2295	17
辽宁省	0.1266	0.3703	0.4234	0.3064	0.1164	0.2686	11
吉林省	0.1162	0.2191	0.2492	0.4486	0.1747	0.2416	15
黑龙江省	0.0938	0.1550	0.2056	0.5054	0.1319	0.2183	19
上海市	0.1891	0.6491	0.6527	0.4710	0.3279	0.4580	5
江苏省	0.8919	0.4012	0.4259	0.6049	0.2359	0.5120	3
浙江省	0.6236	0.5989	0.4724	0.7815	0.3443	0.5641	2
安徽省	0.2973	0.1021	0.1961	0.4327	0.1718	0.2400	16
福建省	0.2723	0.4108	0.3085	0.5341	0.2822	0.3616	8
江西省	0.1680	0.0503	0.1302	0.4944	0.2057	0.2097	23
山东省	0.7080	0.2229	0.3421	0.4620	0.2078	0.3886	7
河南省	0.3847	0.0735	0.1720	0.3834	0.1269	0.2281	18
湖北省	0.3124	0.1704	0.3066	0.4382	0.1886	0.2832	9
湖南省	0.2677	0.0874	0.2826	0.3744	0.1988	0.2422	14
广东省	0.7797	0.5923	0.3640	0.3203	0.4218	0.4956	4
广西壮族自治区	0.1275	0.0672	0.1669	0.2609	0.1872	0.1619	27
海南省	0.0114	0.2045	0.1702	0.3795	0.2941	0.2119	22
重庆市	0.1529	0.2263	0.3419	0.2126	0.3003	0.2468	13
四川省	0.2588	0.2130	0.2661	0.4054	0.1904	0.2667	12
贵州省	0.0846	0.1367	0.1805	0.1216	0.1591	0.1365	28
云南省	0.0991	0.1085	0.1753	0.1462	0.1366	0.1331	29
西藏自治区	0.0000	0.0649	-0.0394	0.4814	0.0584	0.1131	30
陕西省	0.1757	0.2554	0.2651	0.2099	0.1571	0.2126	21
甘肃省	0.0594	0.1248	0.1271	0.0913	0.1091	0.1023	31
青海省	0.0148	0.2587	0.2683	0.3144	0.0486	0.1810	25
宁夏回族自治区	0.0221	0.3201	0.2935	0.2904	0.1540	0.2160	20
新疆维吾尔自治区	0.0594	0.2182	0.2930	0.3935	0.0621	0.2052	24

表 6.7.3　天津“五化协同”各指标得分及排名情况

指标	工业化	信息化	城镇化	农业现代化	绿色化	“五化协同”度
得分	0.1815	0.3625	0.4034	0.7909	0.2436	0.3964
排名	14	8	6	1	8	6

3. 京津冀地区与长三角、珠三角地区比较分析

由各省市“五化协同”度得分可看出，同为长三角地区的浙江约为0.5641，排名第2；江苏约为0.5120，排名第3；上海约为0.4580，排名第5。位于珠三角地区的广东约为0.4956，排名第4。而同为京津冀地区的3省市间差距颇大，北京市约为0.6387，排名第1；天津约为0.3964，排名第6；河北约为0.2705，排名第10。天津与河北的落后势必拉低环渤海区域得分，使得环渤海地区整体上落后于长三角地区和珠三角地区。

从数据可知，京津冀地区除了农业现代化指标比较靠前外，其余4大指标总体上均落后于长三角地区和珠三角地区。相比于长三角和珠三角而言，京津冀地区内部差距过大，河北省与京津两地差距明显，直接导致京津冀地区整体发展水平不高。其中，北京市除了工业化和农业现代化不是其发展重点外，信息化、城镇化、绿色化发展水平均较高；天津市除了农业现代化指标得分较为靠前外，其余四大指标与江浙粤相比均无优势可言；河北省信息化、城镇化、绿色化发展均较为滞后，绿色化综合因子得分仅为0.1277，在全国31个省区市（不含港澳台）中排第24位，排名较为靠后，说明京津冀地区污染联防联治难度依然不小。

表 6.7.4　京津冀地区与长三角、珠三角地区“五化协同”各指标排名

地区		工业化	信息化	城镇化	农业现代化	绿色化	“五化协同”度
京津冀	北京市	12	1	1	4	1	1
	天津市	14	8	6	1	8	6
	河北省	8	18	20	6	24	10

续表

地区		工业化	信息化	城镇化	农业现代化	绿色化	“五化协同”度
长三角	上海市	13	2	2	10	4	5
	江苏省	1	6	4	3	9	3
	浙江省	4	3	3	2	3	2
珠三角	广东省	2	4	7	22	2	4

第七章　研究结论与政策建议

第一节　研究结论

一、天津工业化发展状况评价

由各标准综合分析，天津市目前处在工业化后期阶段，还未进入后工业化阶段。天津已具备后工业化起步阶段的某些特征，预计2020年左右天津将全面进入后工业化阶段。

第一，天津投资型发展路径面临转型困境。其一，固定资产投资持续快速增长，远高于同期全市经济增长水平。“十二五”期间，天津全社会固定资产投资额由2011年的7067.67亿元增加到2014年的11654.09亿元，四年来每年增速均值约为16.9%，相较“十五”和“十一五”期间已明显回落，但仍然高于同期14.4%的地区生产总值年均增速，说明投资对地区经济增长的驱动力已大为减弱，经济增长依靠投资驱动的模式已经难以为继。其二，固定资产投资效果系数自“十一五”以来逐年下降，天津与京沪渝地区相比，降幅更为明显。天津固定资产投资效果系数与地区国内生产总值增速这两条趋势线之间具有同向波动性。天津在经历了2005年0.532的固定资产投资效果系数之后，一路下滑到了2015年的0.062，说明每百元固定资产投资只能使国内生产总值增加6.2元，比经济增长常年维持在2%左右、固定资产投资效果系数0.2左右的美国还要低很多。

说明高额投资对天津经济增长的拉动效果明显减弱。其三,资本形成率居高不下,远高于京沪渝水平。从整体趋势看,除天津之外,无论是全国平均水平,还是其他3个直辖市的资本形成率常年来都没有超过60%的刻度线,但天津却在2009年就已超过了70%,且之后一直居高不下,如此高的资本形成率必须引起重视。其四,最终消费率持续走低,远低于京沪渝水平。最终消费率反映了一个国家或地区生产的产品用于最终消费的比重,是衡量国民经济中消费占比的重要指标。2000—2013年,天津最终消费率呈明显下降走势,从2000年的49.6%下降到2013年的39.2%,降幅高达10.4个百分点,特别是在"十五"期间,由2001年的49.4%骤降到2005年的38.6%,5年就下降了近11个百分点,之后在"十一五"和"十二五"期间基本稳定在38%左右,一直难有提高。如此低的最终消费率与高企的资本形成率一样,都不是经济健康可持续发展的表现。

第二,天津工业化与城镇化非同步发展问题突出。其一,天津城镇化发展速度快,但实际城镇化水平不高。由数据可知,2006至2016年,天津城镇化发展速度很快。按居住地计算,天津的城镇化率从75.7%跃居到82.9%,约提高了7.2个百分点。2006—2015年,按户籍地计算,天津的城镇化率仅从60.2%提高到63.9%。其二,实体经济发展值得肯定,但第三产业发展存在问题。2006至2011年,天津第二产业增加值从2006年的2457.1亿元提高到2011年的5928.3亿元,其中工业增加值从2261.5亿元提高到5430.8亿元,也都基本实现了五年翻倍的增长。但同期第三产业发展速度却不够快,其就业人数虽在2011年首次超过第一产业,但作为就业人口吸纳器而言,其功能发挥的仍不够显著。究其原因,应该是第三产业内部结构出现了问题。自20世纪90年代以来,交通运输、仓储和邮政业这类生产性服务业占比降幅很大,批发零售业和住宿餐饮业这类生活性服务业占比降幅也较大,但同期房地产业这类与虚拟经济关联甚厚的产业占比提高。因此可得出结论,虽然天津在总体战略方面很重视实体经济发展,但具体到产业层面,则可能被虚拟经济所累,不利于整体上的长期可持续发展。其三,工业化与城镇化间关系表现为城镇化滞后于工业化。2015年按居住地计算的天津城镇化率与工业化率之比约为1.96,属于合理区间;但按户籍地计算的城镇化率与工业化率之比仅为1.77,仍居于合理区间的下限位置,说明对于城镇化发展水平在国内已经居于领先地位的大城市而言,其城镇化发展速度还可以,但质量不高。而且天津城镇化滞后于工业化的关键点在于第一、三产业发展的滞后,尤其是第三产业的落后。第三产业增加值过少,占国内生产总值比重就过低,所以导致二产占比就高。在这轮国际金融危机和国内经济不景气冲击下,重视工业和实业发展的地区受冲击程度要明显小于依靠虚拟经济发展的地区,关键原因是受冲击剧烈地区犯了太过依赖虚拟经济的错误,虚拟经济造就的虚假繁荣并非第三产业即服务业的真正繁荣,第三产业若想真正发展主要应致力于能直接服务于第二产业的流通及生产性服务业,而不在于单纯依靠泡沫吹大的如房地产价格、金融股票期货等虚拟之物。相反,单纯吹大的这类服务业还可能对实实在在的生产行业造成巨大冲击,使之不得益反受损,如工商业用房房价或租价过高就可能直接导致工商业企业或部门成本增加,利润减少,从而积极性降低,生产规模收缩,纳税减少。单纯吹大的第三产业增加值并非实实在在的第三产业发展。

第三,天津工业化综合因子得分不高,工业投入产出效率不高及企业研发投入积极性不高问题突出。从“五化协同”发展评价指标体系中的工业因子得分情况看,天津工业综合因子得分为0.1815,仅排第14位。天津第一主成分即工业投入产出及企业研发投入因子得分为0.1944,仅排第13位。第二主成分即技术市场成交额因子得分为0.1077,排名较为靠前,落后于北京、广东和上海,居于第4位。说明天津仍需在提高工业投入产出效率及增加企业研发投入方面多下功夫。

二、天津信息化发展状况评价

第一,天津信息化建设与工业化发展之间存在的问题:其一,天津的信息产业,尤其是电子设备制造业,在技术和资金上对国外大企业和跨国公司具有相当大的依赖作用。这意味着,天津信息产业的发展和壮大严重依靠海外入驻企业的技术和资金,自身所拥有的核心技术缺乏,本土资金投入不足,只能依靠中外合资和管理协作来进行产业生产的技术升级和管理能力的提升。而一些诸如芯片制造和产品关键环节的设计工艺依然掌握在外商手中,其依靠这些核心技术能够获取大量利润,而我国本土企业所得到的订单仅仅是一些简单的来料加工和外围产品的制造，订单利润率较低，自主设计和研发能力还十分有限，极大制约了信息产业深层次、高端化发展，限制了天津信息产业的可持续发展能力。其二，尽管天津信息产业发展迅速，取得了可喜的成就，但值得指出的是，相对于其他的一线城市如北京、上海等，天津的信息产业基础还较为薄弱，尤其是现代的信息服务业，其相关资金投入、从业人员数量和福利待遇都远低于国内的一线城市，而信息服务业作为衡量城市现代化水平的重要指标，其在国民生产总值占比中居于重要位置。而对于天津这一以外向型经济发展为主的城市而言，现代信息服务业的薄弱，必然会制约对外经济和贸易的发展，阻碍天津经济社会现代化建设。因此，现阶段，大力提升现代信息服务业，将信息服务业作为天津城市信息化建设的首要目标，是天津推进信息化建设的重要任务，应引起天津政府和城市管理者的高度重视。

第二，天津信息化建设和城镇化发展之间存在的问题：其一，政务信息化过程中线上和线下双轨性问题。所谓双轨性问题，就是在政务信息化过程中，一些办事流程尽管已经实现了基于互联网的申请、受理和办理、查询流程，但整个业务办理过程依然不能完全“电子化”，实际过程依然不能脱离纸质文件，形成办理流程的“双轨化”，这种双轨化凸显了相关法律规章的滞后，因此在实践中需要大力增强相关法律和法规建设和改革力度，消除法制建设落后于电子政务构建的现象。其二，电子政务系统操作和执行技术滞后问题。电子政务系统作为一种新型的信息管理系统，城市各个部门的管理者和执行者对其的使用是一个逐步学习且适应的过程，而在这一过程中，由于系统的复杂性和特殊性，其操作技术和执行方式会出现一定的滞后，通常这种滞后会严重影响电子政务系统的使用效率，造成执行效率低下和错误率提升的现象。因此，应当加大相关人员的培训力度，加大各部门之间的协调和沟通能力，加快电子政务系统使用和完善的过程，让社会公众尽快感受到电子政务系统所带来的好处。其三，城市管理者意识滞后的问题。电子政务系统的主要功能之一就是增强政府工作流程的透明程度，使政府的各项决策和行为都能受到社会大众的监督，得到社会各界的理解。然而，电子政务系统作为一个信息化平台，其中的信息公开程度依然受到决策者的影响，如果决策者政务公开观念滞后，就会造成政务信息有选择的公开，其结果就造成电子政务平台沦为执政者显示政绩的工作，阻碍了其本质功能的发挥，这样最终会造成城镇化管理工作科学性仅仅显示在形式上，并没有出现在实质上，最终导致不科学和错误的城镇化管理和决策。因此，提升城市管理者政务公开意识，加强政府决策透明性，是一个极为关键和重要的问题。

第三，天津信息化建设和农业现代化发展之间存在的问题：信息化建设给农业和农村带来了便捷、有效和科学的生产和发展模式，有力地推动了农业现代化建设的发展进展。但在实践中，信息化带给农业从业者便利的同时，从中所带来的相关问题和矛盾也逐渐凸显出来：信息化所提供的信息交流方式完全不同于以往农业生产中面对面的信息互换方式，而是采用一种虚拟的、“背对背”的交流和通讯方式。在实践中，这种依托于信息化的交流方式缺乏交流的立体性和可靠性，其中所蕴含的虚拟人格、事件和性格并不是完全真实，有信息造假和信息扭曲的风险。因此，如何在农业现代化建设中，解决网络通信的安全问题，是天津信息化和农业现代化协调发展中所必须解决的重大问题。

第四，天津信息化建设和绿色化发展之间存在的问题：尽管天津市近几年高度重视环保信息化的发展，城市绿色化工作也在迅速推进中，但信息化和城市绿色化协调发展过程中还存在着一些问题，具体体现在：空气污染、噪声污染、自然资源短缺所引发的城市病，依然在天津频繁出现。信息化发展虽然在一定程度上降低了城市人口密度，规制了城市规模，降低了“城市病”的出现概率，但由于环保措施不到位，执行力度不强和相关法律法规的缺失，使得天津生态城市的目标和定位还没有完全实现，城市的绿色化水平还与《天津生态市建设规划纲要》所制定的目标有一定差距。为此，未来天津应充分利用现有环保信息化基础设施和监控网络，加强相关法律法规建设，提高环保措施执行力度，推动天津绿色化城市定位的深入发展。

第五，天津信息化综合因子得分较高，说明整体信息化程度较高，但与京沪等地相比软件收入水平偏低，信息产业化程度不高。从“五化协同”发展评价指标体系中的信息化因子得分情况看，天津信息化综合因子得分约为 0.3625，排第 8 位，落后于北京、上海、浙江、广东、福建、江苏、辽宁。天津第一主成分即信息化程度及收入占比情况因子得分约为 0.3337，排第 8 位，与综合因子得分情况一致。天津第二主成分即信息消费支出情况因子得分约为0.5182，排第6位。说明天津整体上信息化程度较高，但比较北京、上海、广东等地而言，软件业务收入、软件产品收入、信息技术服务业收入偏低，信息产业化程度仍有待提高。

三、天津城镇化发展状况评价

第一，工业化与城镇化间关系表现为城镇化滞后于工业化。2011年按居住地计算的我国城镇化率约为51.3%，工业化率约为39.9%，城镇化率与工业化率之比约为1.29，同期按户籍地计算的我国城镇化率与工业化率之比约为0.87，两者都远低于国际公认的城镇化与工业化比例从1.40至2.50之间的合理区间，说明从表象来看，我国的城镇化确实明显滞后于工业化。2015年按居住地计算的天津城镇化率与工业化率之比约为1.96，属于合理区间；但按户籍地计算的城镇化率与工业化率之比仅为1.77，仍居于合理区间的下限位置，说明对于城镇化发展水平在国内已经居于领先地位了的大城市而言，其城镇化发展速度还可以，但质量不高，若能解决其质量不高的问题，则其城镇化发展水平才算较为合理。

第二，城镇化管理与信息化协调发展过程中还出现了一些问题，主要体现在以下几个方面：其一，政务信息化过程中线上和线下双轨性问题。所谓双轨性问题，就是在政务信息化过程中，一些办事流程尽管已经实现了基于互联网的申请、受理和办理、查询流程，但整个业务办理过程依然不能完全“电子化”，实际过程依然不能脱离纸质文件，形成办理流程的“双轨化”，这种双轨化凸显了相关法律法规的滞后，因此在实践中需要大力增强相关法律和法规建设和改革力度，消除法制建设落后于电子政务构建的现象。其二，电子政务系统操作和执行技术滞后问题。电子政务系统作为一种新型的信息管理系统，城市各个部门的管理者和执行者对其的使用是一个逐步学习且适应的过程，而在这一过程中，由于系统的复杂性和特殊性，其操作技术和执行方式会出现一定的滞后，通常这种滞后会严重影响电子政务系统的使用效率，造成执行效率低下和错误率提升的现象。因此，应当加大相关人员的培训力度，加大各部门之间的协调和沟通能力，加快电子政务系统使用和完善的过程，让社会公众尽快感受到电子政务系统所带来的好处。其三，城市管理者意识滞后的问题。电子政务系统的主要功能之一就是增强政府工作流程的透明程度，使政府的各项决策和行为都能受到社会大众的监督，得到社会各界的理解。然而，电子政务系统作为一个信息化平台，其中的信息公开程度依然受到决策者的影响，如果决策者政务公开观念滞后，就会造成政务信息有选择的公开，其结果就造成电子政务平台沦为执政者显示政绩的工作，阻碍了其本质功能的发挥，这样最终会造成城镇化管理工作科学性仅仅显示在形式上，并没有出现在实质上，最终导致不科学和错误的城镇化管理和决策。因此，提升城市管理者政务公开意识，加强政府决策透明性，是一个极为关键和重要的问题。

第三，城镇化与农业现代化之间存在不协调发展问题。对于从“城市化”到“城镇化”提法的转变，以前我们更多地在用“城市化”这个词，但是从我们提到新农村建设、城乡统筹发展的理念之后，大家不约而同地开始用“城镇化”。这里体现出一种对城乡建设发展两极关注的转移。从以前只关注城市发展、关注高楼大厦所代表的现代化，到暴露出大城市病、大城市规模超大所引起的交通问题、生活成本增加、生活压力巨大等问题之后，人们关注点开始转移到城镇的建设。对于“一般城镇化”与“新型城镇化”提法的变化，则反映出城乡协调发展的重要性。新型城镇化的核心思想是城乡统筹、城乡协调发展、产城一体化。更简单来说，是提高均好性。城乡差别要缩小，就要提高现在最薄弱的环节，比如农村的基础设施、公共服务优先发展等。同时，大城市要提升其对周围的带动作用。天津城镇化水平虽然很高，但城市内部问题明显，存在大城市病。与全国其他地区相比，天津城乡差距虽然不大但还存在一些乡村落后和农民贫困的问题。且在城镇化建设过程中，对农地的蚕食使得第一产业迅速走向衰弱。

第四，城镇化建设与绿色化发展之间还存在不协调之处。(1)城镇化建设对绿色化的影响和破坏。随着我国社会主义现代化建设的深入发展，城镇化建设因其所代表的历史发展趋势和对经济发展的巨大推动力量，而得到了社会公众的广泛重视，我国各级政府也将城镇化建设作为执政工作的一个重要领域加以推进。党的十八大以来，在党中央的领导和统筹调度下，我国加快了城镇化建设进程，认真履行新型城镇化发展战略，将城镇化建设推到了一个全新的状态，极大促进了经济社会的发展。在实践中，由于城镇化建设的带动，我国各地新城区和工业园大批出现，农村人口加速向城镇人口转变，各地城镇面貌有了翻天覆地的变化,城市对各种发展要素的吸引作用极大增强,这使得我国在城镇化建设中取得了巨大的成就,获得了世界的广泛赞誉。然而,伴随着城镇化建设巨大进步而来的是严重的生态和环境问题,许多城镇生态环境被破坏到已经处于发展的亚健康或不健康的状态,严重制约了城镇化的进一步发展。这意味着,尽管当前我国城镇化发展已处于快速推进的状态,但由于前期城镇化建设的粗放型发展模式所具有的高污染、高能耗的发展状态,使得生态环境遭受了严重的破坏。面对这种问题的出现,今后的城镇化建设应当正确对待这些发展中的环境问题,各级政府应当从实际情况出发,坚持经济转型和产业结构调整战略不动摇,推动产业的生态化发展进程,改善和修复良好的生态环境。西方发达国家的发展经验表明,良好的生态环境能够更好地促进工业化和产业发展,推动经济建设的进程,因此应当以生态学的观点和环境经济协调发展的理念来建设、规划和改造中小城镇,利用科技的力量集中解决城镇化建设过程中资源消耗量大、环境被破坏,生态遭污染的问题,增强城镇化的可持续发展能力,使资源、城镇和经济和谐健康的发展。在具体实践过程中,对于天津这一城镇化水平有相当规模的大型工业化城市来说,当前城镇化建设所面临的最大问题在于土地利用问题,其具体表现在六个方面:一是机制问题,即城镇土地交易与转让市场配置规章不完善;二是利用问题,即城镇化建设中耕地占用过多;三是使用结构问题,即土地绿地面积建设量较少,土地使用结构还需完善;四是用地面积问题,即城镇人均使用土地较高;五是利用率问题,即土地浪费较为严重,使用效率较低;六是征地补偿问题,即对农民征地后补偿标准不完善。

第五,天津城镇化综合因子得分较高,说明整体城镇化水平较高。从"五化协同"发展评价指标体系中的城镇化因子得分情况看,天津城镇化综合因子得分约为 0.4034,排第 6 位,落后于北京、上海、浙江、江苏、辽宁。天津第一主成分即城镇人民生活及基础设施基本情况因子得分约为 0.3477,排第 6 位,与综合因子得分情况一致,落后于上海、北京、浙江、广东、江苏。天津第二主成分即城市用水、用气及公共交通情况因子得分约为 0.8901,排第 1 位,说明天津在城市用水、用气及公共交通建设情况方面成绩尚佳。天津第三主成分即城镇医疗卫生情况因子得分约为 -0.3450,排第 30 位,即倒数第 2 位,说明天津仍需在提高医疗卫生基础设施投入方面多下功夫。

四、天津农业现代化发展状况评价

第一,天津城乡差距较小。

横向比较来看,天津城乡差距较小,且呈现逐年下降趋势。从整体上来看,我国各省市城乡消费差距比主要分布于1.73至3.2之间,以浙江最低,西藏最高;而在城乡收入差距比则主要分布于1.85至3.45之间,以天津最低,甘肃最高。而天津市在这其中处于一个较为良好的水平,天津市城镇居民人均可支配收入37110元,城镇居民人均消费性支出28345元,而同期农村居民人均可支配收入和人均消费性支出分别为20076元和15912元。城乡居民收入比和城乡居民消费水平比分别达到1.85和1.87,在全国分列第1和第2位。这表明天津市城乡居民收入差异较小,城乡发展较为均衡,城乡差异在全国范围内属于较为优秀的状态。纵向比较来看,2001年至2016年,天津市城乡居民收入差异经历了“先降后升再降”的过程。即在2001年至2005年,天津居民收入差异由先前的1.86逐步下降到1.75,相关等级也由收入差距一般协调到收入差距较小的状态,这可能与这一时期农村土地制度改革初见成效,乡村居民收入相对提升较快有关。而在2006年至2011年,天津市城乡居民收入差距急剧升高,由2005年的收入差距较小,逐年提升到收入差距较大的状态,城乡居民收入比数据由2006年的1.80提升到2011年的最高峰2.26,这可能是由于这一时期,天津市城镇化步伐加快,各方面资源相对向城镇集中有关。2012年至2016年,天津市的城乡居民收入比开始逐年回落,从收入差距较大的等级逐步转变为收入差距一般,城乡居民收入比数据也由2012年的2.18回落到2016年的1.85,其中原因可能是天津市政府这一时期注意到城乡发展不均衡的问题,开始出台相关政策来协调天津市城乡发展的差异,最终促使了天津城乡发展差异逐步缩小。相应的在城乡居民消费差异比方面,也经历了和收入差异一样的历程,即2001年至2005年城乡居民消费支出处于差距一般的状态,2006年以后逐年上升,到2009年达到最高峰,消费支出比为3.0,为支出差距较大等级,而后逐步回落到2011年2.74,2012年以后,支出差异比回落速度明显加快,至2016年天津城乡居民消费支出差异等级回到差异较小的范围内,这也从另一个角度证明了天津市政府对城乡差距协调的努力已初见成效。

第二，天津农业机械化程度发展较快，在全国处于较为领先的水平。

横向比较来看，我国每公顷农地使用农用机械总动力主要分布于 24.63 千瓦至 3.65 千瓦之间，以西藏最高，贵州省最低。而天津市在这其中处于一个较为良好的水平，天津市农用机械总动力 469.99 万千瓦，农作物总播种面积 479.17 千公顷，每公顷农地使用农用机械总动力 9.8 千瓦，在全国排名第 2 位，仅次于西藏自治区。这表明天津市政府对农业发展较为重视，农业机械化程度较高，农业机械化发展水平在全国范围内属于较为优秀的状态。纵向比较来看，天津市农业机械化水平的发展在 1994 年至 2016 年经历了由低到高，而后又逐渐平稳的过程，即天津农业机械化水平指标在 2007 年前逐年走高，并于 2007 年达到顶点，之后又逐年走低，逐渐转变为一个平稳的状态。具体说来，1994 年至 1999 年天津农业机械化水平处于较低的状态，但衡量指标要素是逐年缓慢增长的，在这一期间天津每公顷农用机械总动力从最初的 6.33 千瓦增长到 1999 年的 8.55 千瓦，这可能与这一时期天津市试点实行农业机械化，农业机械化设备在农业生产中小范围使用有关。而在 2000—2007 年天津市农业机械化水平急剧升高，由 1999 年的机械化水平较低的状态，逐年提升到机械化水平较高的状态，每公顷农用机械总动力数据由 2000 年的 11.30 千瓦提升到 2007 年的最高峰 13.94 千瓦，这可能是由于这一时期，天津市大规模推广农业机械化设施应用，相关地区的农业生产也广泛使用农业机械化设备，因此造成农业机械化水平衡量指标急剧提升。2007 年至 2016 年，天津市的农业机械化水平开始逐年回落，从机械化水平较高的等级逐步转变为机械化水平一般的等级，每公顷农用机械总动力数据也由 2007 年的最高点 13.94 千瓦回落到 2016 年的 9.81 千瓦，其中原因可能是天津市政府这一时期注意到农业机械化推广过程中所造成的机械化设备制造过热的问题，开始出台相关政策来进行调控，最终促使了天津农业机械化各项指标逐步冷却，并在稳步中变得平稳。

第三，天津农田水利建设力度逐渐增强，农田水利发展情况较好。

从横向水平看，我国各省市有效灌溉占农作物播种面积比重主要分布于 97.5% 至 19.20% 之间，以西藏最高，重庆市最低。而天津市在这其中处于一个较为良好的水平，天津市有效灌溉面积 306. 62 千公顷，农作物总播种面积 479. 17 千公顷，有效灌溉占农作物播种面积比重 64. 0%，在全国排名第 5 位，仅次于上海市。这表明天津市政府对农田水利建设较为重视，农田水利建设水平程度较高，农田水利建设和发展水平在全国范围内属于较为优秀的状态。从纵向水平看，1994—2016 年，天津市农田水利建设水平的发展经历了由低到高，而后又逐渐平稳的过程，即天津农田水利建设水平指标在 2007 年前逐年走高，并于 2007 年达到顶点，之后又逐年走低，逐渐转变为一个平稳的状态。具体说来，1994—1999 年天津有效灌溉占农作物播种面积比重从 20 世纪 90 年代低点的 58. 0% 增长到 1999 年的 61. 1%，这可能与这一时期天津市试点开展农田水利建设，农田水利建设工程正在起步，并开始步入正轨有关。而在 2000—2007 年，天津市农田水利建设水平急剧升高，由 20 世纪 90 年代的农田水利建设水平中等或较低的状态，逐年提升到农田水利建设水平较高的状态，有效灌溉占农作物播种面积比重数据由 2000 年的 66. 2% 提升到 2007 年的最高峰 80. 5%，这可能是由于这一时期，天津市大规模开展农田水利建设工作，相关地区的农田水利建设工作也进入正轨，因此造成农田水利建设水平衡量指标急剧提升。2007—2016 年，天津市的农田水利建设水平开始逐年回落，从农田水利建设水平较高的等级逐步转变为农田水利建设水平一般的等级，有效灌溉占农作物播种面积比重数据也由 2007 年的最高点 80. 5% 回落到 2016 年的 64%，其中原因可能是天津市这一时期城镇化建设步伐加快，建设用地增多，而在农田水利建设用地方面开始出台相关政策来进行调控，最终促使了天津农田水利建设各项指标逐步冷却，并在稳步中变得平稳。

第四，天津农业生产绿色化水平尚需提升，食品安全度仍需要密切关注。

从横向水平看，我国各省市每公顷农地使用化肥量主要分布于 0. 156 吨至 0. 638 吨之间，以青海省最好，北京市最差。而天津市在这其中处于一个较差的水平，天津市农用化肥使用量（折纯量）21. 36 万吨，农作物总播种面积 479. 17 千公顷，每公顷农地使用化肥量 0. 446 吨，在全国排名第 25 位。这表明天津市农业生产化肥量使用过高，农产品安全形势严峻，农业生产绿色化水平急需提升。从纵向水平看，在天津市的农业绿色化生产水平的发展在 1994—2016 年间经历了由好转差，而后又逐渐改善的过程，即天津农业绿色化生产水平指标在2007年前逐年转差，并于2007年达到顶点，之后又逐年改善，逐渐转变为一个一般性的状态。具体说来，1994—1999年之间天津农业绿色化生产水平处于好坏交替的状态，但衡量指标要素逐年起伏不定，在这一期间天津每公顷农地使用化肥量从1994年的0.775吨下降到1999年的0.280吨，这可能与这一时期天津市对化肥使用量进行了一些政策调控和限制有关。而在2000—2007年天津市每公顷农地使用化肥量水平急剧升高，由20世纪90年代的农业绿色化生产水平中等或较好的状态，逐步恶化到农业绿色化生产水平较差的状态，每公顷农地使用化肥量数据由2000年的0.312吨提升到2007年的最高峰0.595吨，这可能是由于这一时期，天津市过分强调农产品产量增加，而忽视了绿色生产的相关要求，从而导致每公顷农地使用化肥量水平衡量指标急剧提升。2007—2016年，天津市的每公顷农地使用化肥量开始逐年回落，从农业绿色生产水平较低的等级逐步转变为一般的等级，每公顷农地使用化肥量数据也由2007年的最高点0.595逐步回落到2016年的0.446，虽然仍然偏高，但已出现了改善的趋势。其中原因可能是天津市这一时期已经意识到农业绿色化生产的重要性，并开始出台相关政策来进行农田化肥使用量的调控，最终促使了农业绿色化生产指标逐步好转，并出现了农业绿色化生产水平由差转好的趋势。

第五，天津农业现代化发展中还存在一些问题。

其一，天津农业现代化建设中资源的瓶颈问题突出。耕地面积持续缩小，相关保护力度急需提升。天津北部山区土壤主要以褐土和棕壤为主，中部的冲积平原上的土壤则主要是潮土，约占总土壤面积的80%以上。而在滨海地区，滨海盐土是主要的土壤组成形式，通常，在这一区域中，由于盐碱化水平较高，在已开发的农业地区，作物种植主要是水稻，其他作物较少种植。根据天津市政府相关规划文件的要求，从2009年开始，天津市的农业环境保护与监测部门在天津大港、西青、津南、东丽、汉沽和塘沽进行了土壤重金属含量的数据采集与分析。相关数据和分析结果显示，在选取的59个土壤抽样点中，存在着9个重金属含量超标的点位，超标的元素构成主要为铜、锌、铬和汞，超标点位占总选取点位的15.25%。而且，随着天津城市化建设进程的不断推进，城镇用地量呈现逐年提升的趋势,这就意味着,天津市土壤重金属污染问题必须得到足够的重视。在当前农业生产基础性位置日益加强的今天,保证耕地面积,提升耕地质量是农业现代化发展过程中一项非常重要的工作。在实践中,如果没有足够的耕地,再好的种植技术和农业管理策略,也没有可以使用的外在条件,而在耕地面积很难增加的背景下,耕地质量的提升是农产品优质高产的关键,否则耕地再多,农产品数量再丰富,得到的也是受到污染,危害健康的劣质食物和消费品,农业生产的本质功能也得不到保障。因此,提升耕地管理力度,控制耕地面积减少,提高耕地质量是未来农业和农村工作的一个重点内容。

其二,化肥滥用问题急需得到广泛关注。据相关数据显示,天津所辖的农业区县中,化肥折纯使用量在2009年为26.03万吨,比上一年度增加了0.07吨,单位亩播种面积使用量为38.1公斤,远高于全国的平均亩使用量的25公斤,比发达国家所设定的相关化肥每亩使用标准多出了23.1公斤。从化肥的使用成分上来看,2009年氮肥的使用量为12.75万吨,磷肥使用量为4.07万吨,钾肥的使用量为1.53万吨,而复合肥使用量仅为7.67万吨。从中可以得出天津市化肥使用量中氮肥使用量最大,使用总量比2008年增加了1.84万吨,而钾肥使用量虽有一定的增加,但相比其他肥料来说,还处于明显的劣势。而从化肥使用的总体上来看,天津农业化肥使用量较大,且呈现出逐年上升的趋势,而使用效率较低。使用的化肥中氮肥、磷肥和钾肥的相关比例还存在不协调的现象,使用方法也存在着众多问题,其结果虽然可以在短时间内使农业产量提升,但化肥的过度使用造成了生态系统的破坏和农作物生长规律的紊乱,增加了农业环境的损害力度,进而导致人类身体健康受到影响。

其三,农药过度使用问题亟待解决。在天津的农业生产中,农药的使用问题也是目前最受社会公众关注的内容。一般来说,农药一般由杀菌剂、除草剂、杀虫剂和生长调节剂组成,而杀虫剂是农药中使用量最大的一个种类,使用量约占农药总使用量的一半以上。在实践中,尽管农作物生长和农业生产离不开农药的使用,但对农药不合理和过量的使用则造成农业生态环境的严重污染,给环境中土壤、大气和水源造成较大的负面影响,造成农业环境的破坏。而在农产品中,由于农药的过度喷洒和频繁使用,忽视农药使用安全窗口期,造成农药的大量残留，给蔬菜和水果等经济农产品的消费带来了巨大的风险，其所造成的食物安全事故比粮食作物的相关状况更为严重。在天津所辖的农业区县中，由于政策的干预和病虫害防治技术的进步，一些新的病虫害防治方法，如生物防治、抗生素防治、物理防治，以及新型的防治设备如性诱捕器、杀虫灯等的广泛使用，使天津的农药使用量有所降低，据相关数据显示 2009 年天津全市农药使用量为 3524.3 万吨，比上一年度同期减少了 82.2 万吨，单位播种亩使用量为 0.51 公斤，比上一年度减少 0.02 公斤。总使用量和单位使用量分别同比下降了 2.28% 和 3.97%，这表明农药使用量有所降低，但农作物农药残留问题依然十分严峻，亟待相关部门关注和解决。

其四，天津市农业水资源保护迫在眉睫。水资源是农业现代化发展的关键，农业生产和农作物种植均离不开充足的水资源。而对于天津市来说，水资源的匮乏和污染已经严重制约了天津农业现代化和社会经济的发展。当前天津市为了充分保护和监控农业水资源，在全市行政区域内共设置了 31 个水资源监测断面，其中天津市属各区县 26 个，滨海新区 5 个。2009 年刨除一个全年无水的监测断面外，剩余 30 个监测断面中，水质标准以国家所公布的《地表水环境质量标准》(GB3838－2002)来评价，天津市属各区中静海区、津南区、南开区、宝坻区、武清区、蓟州区、红桥区水质达标率为 100%，水源质量良好，其他各区水质达标率分布在 94% 至 33% 之间，其中宁河和汉沽最低，仅有 33% 左右的水源达标。而在所有的农用水源监测断面中，有 6 个断面为 4 类水质，3 个断面为三类水质，滨海新区的水质监控点中，四类水质的监控断面有 1 个，3 个监测断面水质为劣五类。水源中主要的污染物分别为溶解氧、氨氮、高锰酸盐指数和生化需氧量。超标率分布在 1% 至 11% 之间。由此可见，天津市农业水资源保护形势依然十分严峻，急需推行严格的保护措施。在实践中，世界各国的农业用水治理和节水措施表明。建设节水型农业，加强农业灌溉管理，构建节水保护和激励政策，扩展新型水源是天津水资源保护工作的关键。因此，天津市应当制定相发展节水型农业的规划和制度，实行切实可行的节水规划，适当提高灌溉价格，加强研发力度，开展微咸水使用方法研究，保障天津农业用水的需要和为种植业发展提供资源基础，进而改善天津城市农业发展对水资源的需求。

其五，种植业和养殖业的效益提升应重点关注。农业现代化发展过程中，种植业和养殖业是其中重要的工作内容，在实践中，只有高度区域化、专业化、产业化、设施化和标准化的种植业和养殖业，才能生产出品质齐全、绿色环保、效益优质的农产品，满足城市和社会公众生活和生产发展的需要。而当前，天津市农业种植业和养殖业发展中还存在一些问题，具体表现在四个方面：一是农业机械化设施还不完善，小型、动力型机械较多，大型和配套式农机具较少，农业设施服务人员技术水平和服务体系还没有充分形成，农机专业户的规模化服务和经验形式还没有完全建立起来，相关服务领域也还不够完善；二是畜牧业、渔业、林业和经济作物产业生产水平还不高，相关生产机械化水平还需要加强，机械化生产能力还需要进一步延伸；三是种植业农机化技术水平还需进一步提升，面向沿海的农业生产格局还需进一步完善；四是种植业和养殖业质量和安全化管理力度还需进一步增强。

其六，农业土地相关政策法规尚需完善。土地是农业发展的基础性资源，农业的现代化离不开土地资源的充足供给。对于天津市来说，在城市化建设中，土地资源的减少是一个无法避免的问题，也是制约农业现代化发展的一个瓶颈。这意味着，随着天津改革开放水平的不断提升，城市人口膨胀和外来流动人口日益增多，用地面积将会处于一个不断提升的状态。另一方面，由于工业化、城镇化和农业生产自身存在的生态污染状况，使得耕地质量呈现出下降的趋势，而这种趋势又进一步加剧了农业土地资源供应量的不足。这就意味着，在天津现代化发展中，人口和社会的发展，生态环境的治理都会产生对土地资源的进一步需求，而这种对土地需求的增加与发展依赖，会造成耕地保护的巨大困境，制约了农业现代化的发展。在实践中，为了解决这一矛盾性问题，土地的规划是其中重要的解决方案。这意味着农业现代化建设的成败在一定程度上决定于土地规划能力的高低。而对于天津市来说，尽管传统上土地规划开展的较早，但规划方式和规划内容还缺乏足够的论证和科学决策手段，规划制定前期的调研工作也不是很充分，这意味着天津市各区县的农业土地规划依然处于摸索和试验阶段，相关农业区域划分还不明确，规划的可执行性还不是很充足。在实际生产过程中，这种规划的不充分状况导致相关政策实施效果不明显，相似规划中的特色要素缺失，同质化相对严重，规划的盲目性较强，农业土地开发科学理念薄弱，一哄而上的现象时有发生，严重制约了天津农业现代化的发展。为此，天津土地规划手段应借鉴农业科技园区的制度和技术创新经验，实现农业技术、人才、资金和项目投入的相对集中，规划所产生的产前、产中和产后的生产、交易和技术革新的融合体能够进一步推动农业产业内部各种关联要素：种植业品种、养殖业品质和相关基础设施，相互融合，共同发展。由此可见，提升农业土地相关使用法规和制度制定力度，完善相关法律机制，对于规范化使用农业土地，保护农业土地资源具有巨大的现实意义。

其七，农产品生产和加工环节的绿色化发展水平急需提升。农产品的生产加工环节是农产品推向市场前的重要组成部分，是农业产业化和市场化生产的关键，也是农业现代化发展的一个必然趋势。在西方发达国家，农产品的加工行业已经是各国经济发展的重要组成部分，因而受到了广泛的重视。例如，美国食品的加工行业已经成为全美制造业人数和规模最为庞大的企业。而法国农业加工业总产值为汽车工业的 2 倍，是法国国民生产行业中的支柱型产业。对于天津市来说，农产品加工业在传统上是天津农业发展的薄弱环节。但随着天津经济社会的发展，社会公众对单一农产品的需求随着恩格尔系数的下降而不断降低，相应的农产品加工的重要性则显著提升。这意味着，农产品加工行业进一步满足了社会公众对农产品质量的高要求，彰显了工业化对农业现代化发展的带动作用，而农产品加工业的发展和壮大能够进一步拉伸农业生产链条，提升农业整体效益，增加农产品的经济优势。在实践中，天津一些特色的加工农产品在市场占有率、行业知名度和产品质量评比中都具有全国优秀水平，取得了巨大的成就。未来天津市的农产品加工业应以绿色发展理念为基础，积极设立国家和农业相关标准体系，以 IS09000 质量管理体系、危害分析关键控制点认定、农业规范认定等国家强制要求标准为准绳，加强技术装备创新和产品工艺升级，以减低相关产品成本，提升产品质量，增加产品经济效益，降低环境和天气等自然因素的影响和制约程度，构建自身的优势产业。由此可知，在应用绿色化的发展理念进行农业加工领域的技术引进和革新，能够在较短的周期内建立区域中农产品生产和加工优势地位，推动农业现代化建设水平快速发展，实现农业现代化和绿色化的协调和健康发展，为绿色农业跨越式发展打下坚实的基础。

第六，天津农业现代化综合因子得分最高，说明天津地区城乡差距较小、农业现代化程度较高。

从“五化协同”发展评价指标体系中的农业现代化因子得分情况看，天津农业现代化综合因子得分约为0.7909，排第1位。天津第一主成分即城乡差距情况因子得分约为1.0287，排第2位，与综合因子得分情况差不多，落后于浙江省。天津第二主成分即农业基础设施情况因子得分约为0.4553，排第4位。

五、天津绿色化发展状况评价

第一，天津整体绿化水平不高，人均拥有绿地较少。

天津毗邻渤海湾，土质以碱性为主，地质情况决定了其绿化难度较大。选取3个指标，即天津城市建成区绿地覆盖率、森林覆盖率和城市人均公园绿地面积，分别考察天津绿地拥有情况。2016年，天津城市建成区绿化覆盖率约为48.40%，按从高到低顺序排序在全国31个省区市（不含港澳台）中排名第24位，即倒数第8位；天津森林覆盖率约为9.87%，按从高到低顺序排序在全国31个省区市（不含港澳台）中排名第29位，即倒数第3位；天津城市人均公园绿地面积约为10.59平方米/人，按从高到低顺序排序在全国31个省市自治区中排名第27位，即倒数第5位。天津在这3个指标上的排名均以倒数计，因此可看出天津整体绿化水平不高，人均拥有绿地较少。

第二，天津废水及工业“三废”排放水平不高，但仍应重点控制烟（粉）尘的排放。

从数据可知，天津万元国内生产总值废水排放量约为5.1吨，按从低到高顺序排序在全国31个省区市（不含港澳台）中排名第1位，说明天津工业废水排放情况监管治理良好；天津万元国内生产总值废气中二氧化硫排放量按从低到高顺序排序在全国31个省区市（不含港澳台）中排名第3位，落后于京沪两地；万元国内生产总值废气中氮氧化物排放量按从低到高顺序排序在全国31个省区市（不含港澳台）中排名第4位，落后于北京、上海、浙江三地；万元国内生产总值废气中烟（粉）尘排放量按从低到高顺序排序在全国31个省区市（不含港澳台）中排名第5位，落后于北京、上海、广东、浙江。天津在废水及工业废气排放方面表现良好，但烟（粉）尘排放情况相对较差，今后应重点控制烟（粉）尘的排放。

第三，天津单位国内生产总值能耗水平较低，能源综合利用率较高。

天津对电力资源的综合利用水平较高，单位国内生产总值能耗不高。从数据可知，2016 年天津万元国内生产总值电力消费量约为 452 千瓦时，按从低到高排序在全国 31 个省区市（不含港澳台）中排名第 3 位，仅落后于北京、西藏。能在一定程度上说明天津对能源的综合利用程度较高。

第四，天津水资源短缺、人均拥有道路及公厕情况一般。

天津水资源短缺一直是个不争的事实，从全国 31 个省区市（不含港澳台）排名情况看，京津冀区域整体上都处于缺水的地位，天津的人均水资源占有量仅有 122 立方米，排名第 31 位，即倒数第 1 位。天津人均拥有公共交通标准运营车辆数约为 18 台，按从高到低排序在全国 31 个省区市（不含港澳台）里排第 2 位，公共交通配备情况属上游。天津城市人均拥有道路面积约为 15.39 平方米，按从高到低排序在全国 31 个省市自治区中排第 17 位。同排第 17 位的还有单位城市人均拥有公共厕所数。说明天津人均拥有道路及公厕情况在全国属中等一般水平。

第五，天津绿色化综合因子得分情况一般，绿色化成为制约“五化协同”发展的短板，说明天津生态建设步伐仍需加强。

从“五化协同”发展评价指标体系中的绿色化因子得分情况看，天津绿色化综合因子得分为 0.2436，排第 8 位，落后于北京、广东、浙江、上海、重庆、海南、福建。天津第一主成分即“三废”排放和单位国内生产总值电耗情况因子得分约为 0.5230，排第 3 位，落后于京沪两地。天津第二主成分即森林覆盖和废水排放情况因子得分约为 -0.4381，排第 30 位，即倒数第 2 位，说明天津森林拥有量低，森林覆盖率在全国相对较低；此因子与废水排放倒数呈负相关，排名靠后，说明天津废水治理情况较好。天津第三主成分即城市人均绿地情况因子得分约为 -0.0196，排第 15 位，说明天津城市人均绿地情况不佳，未来还需增加人均绿地面积。

第二节　政策建议

一、天津工业化发展建议

第一,仍应重视工业尤其是高端制造业发展。

其一,后工业化发展阶段尤其要注重依靠创新和技术进步。天津工业化发展阶段的变化,意味着产业结构和经济发展方式等多重因素的改变。工业化阶段注重劳动力、资本等要素投入所带来的经济增长,而后工业化阶段却要转变到主要依靠创新能力和技术进步上来。人力资本、技术进步、知识水平将发挥更大作用,工业化与信息化将实现深度融合,高新技术产业和服务业将引领经济发展。根据内生增长理论,源自经济系统内部,依靠技术进步和创新驱动经济发展的内生倒逼机制将成为推动经济增长的主导因素。

其二,重视生产性服务业发展,促进服务产业内生化。工业发展阶段论揭示出服务业替代制造业成为国民经济支柱型产业是工业化发展的客观规律,天津工业化发展也不例外,但各国发展经验也同时揭示出,除了极个别面积小、人口少的高收入国家可以主要依靠金融、旅游等第三产业发展外,几乎所有发达国家同时都是工业强国,且在工业化进程中从未真正放弃过制造业,而是在不断推进制造业结构转型和升级。金融危机后,发达国家纷纷提出了旨在刺激实体经济增长的国家战略和计划,美国强调制造业复兴的“再工业化”战略;德国提出旨在利用信息化技术促进产业变革,并扶持中小企业发展的“工业4.0”合作行动;日韩等国提出的“再兴战略”和“新增动力战略”等。三次产业结构转型中服务业比重提高的实质并非工业与服务业的此消彼长,而是通过工业产业链的分解、分工向服务业延伸,发展生产型服务业,进而带动服务业的整体增长。因此,天津产业转型的核心应当在于服务的内生化,使制造业企业的作用管理从制造领域延伸至服务领域,使本身所具备的制造功能与服务功能融为一体。

其三,重视发挥大中型工业企业的作用。从工业大国走向工业强国,要继续发挥大中型工业企业的作用,因为规模经济和范围经济具有其内在经济规律,大型企业所形成的规模经济仍是驱动专业化分工，促进形成低成本、高收益产业集聚的主要承担者。瀑布效应揭示出，作为系统集成商的世界级跨国公司，主导全球价值链分工，把价值链下游的环节都卷进来，形成居高临下的瀑布效应，从而使整个价值链上的人员都成为被动的服从者。

第二，要重视工业投资效率尤其是研发投资效率的提高。

其一，适当降低低息或免息贷款发放率，减少政府主导型投资行为。政府主导贷款中的低息或免息等类似行为能助长单位赚取资本利差，从而催生虚拟经济泡沫，并导致实体经济中“劣币驱逐良币”，积极努力从事生产经营活动的企业获利反而不如跟政府协作通过贷款形式赚取资本利差来得便利，因而不利于实体经济恢复。长期的计划经济体制拖累了中国经济发展的事实已经证明，经济发展依靠政府主导是错误的。政府主导的投资行为会造成市场扭曲，致使资本和土地等资源往往能以低于市场的价格向富人和大企业集聚，从而进一步拉大贫富差距，不利于民生改善；并容易滋生权力寻租，导致腐败；且地方政府容易着眼于短期利益，大干快上大项目，而忽视长期利益以牺牲环境和资源错配为代价。政府主导型投资行为干预市场经济，耗费了大量的公共财力，致使谈到该提供的公共服务时，便出现资金缺乏。党的十八大报告中提出，经济体制改革的核心问题是处理好政府和市场的关系，必须更加尊重市场规律。

其二，投资驱动型发展模式亟须改变，探寻创新发展之路。由前面分析可知，天津市投资虽多，但固定资产投资效果在逐年下降，边际投资效率递减成为不争的事实，投资驱动力已大为减弱。习近平同志明确提出中国经济要从要素驱动、投资驱动转向创新驱动。目前，天津经济已从高速增长逐渐转为中高速增长，进入“新常态”，劳动力、资本、资源等要素的规模驱动力减弱，经济增长单靠投资驱动已难以持续，未来将更多依靠技术进步和人力资本积累所形成的创新驱动。一直以来，天津投资总量过高，特别是政府投资比重过高、领域过宽，一方面导致投资效率递减、地方债务风险加大，另一方面在一定程度上挤占了企业投资空间，导致企业活力不强，市场机制难以健全。由于长期以来依靠投资驱动迅速推高了经济增速，因此使得我们形成了资本驱动依赖的惯性力量和对投资的过度崇拜，无论在心理上还是制度架构上都形成了很多不利于驱动模式转变的藩篱，整个社会的创新思维、创新活力、创新意识不强，还形不成整体的创新氛围。要转变投资依赖，激发创新活力，先要在思想上重视起来，还要形成一系列利于创新发展的制度架构。就要做到进一步简政放权，完善有利于科技创新的政策环境，构建以市场为导向、企业为主体、产学研相结合的技术创新体系。

其三，提高居民收入，缩小贫富差距，扩大内需以改善供需结构。天津资本形成率居高不下，而最终消费率却持续走低，导致天津内需乏力。因此，需要适当降低资本形成率，提高最终消费率，启动内需。提高居民收入并非是单纯地提高工资，这样有可能致使劳动力成本提高，从而增加企业负担，不利于经济长期发展，而是要通过供需方的整体状况改善，在提高市场活力的前提下实现居民收入稳步提高。提高市场活力，增加居民收入的途径主要有三条：一是发展第三产业和民营经济，扩大居民就业。只有就业才能确保居民有源源不断的收入来源，这应当是首当其冲的有效途径。第三产业是就业的吸纳器，而民营经济发展不仅可激发市场活力，又能有效扩大居民就业。二是降低税率以减少企业税负，清除不合理收费，同时提高最低收入保障标准，把税负减少所带来的企业收益蛋糕适当分发给劳动者。目前，我国企业的税费负担过重，压力过大，这已是国际公认的事情，要减少企业税费负担，做到一视同仁，公平对待国有、民营等各类企业，激发市场活力，这样才能真正扶持起民营经济和中小企业。三是政府简政放权。主要通过深化县乡机构改革，简政放权，减少政府支出，进而使政府收入、企业收入与居民收入之间形成合理配比，这也是提高居民收入的有效途径。

第三，发展第三产业促进结构优化升级。

其一，解决工业化率过高状况需要大力发展第三产业。第三产业之所以又称为服务业，就要以如何更好地服务于第一、二产业作为衡量好坏的标准。服务于第一产业的主要表现就是吸纳就业，服务于第二产业的主要表现就是有利于第二产业利润提高。未来仍需重视发展第三产业。不要被全球金融危机蔓延而导致的多国倡导“制造业回归”的表象所累，在保障第一、二产业发展的基础上，继续稳步推进我国第三产业提升的步伐。

其二，支持工业等实体经济发展必须大力发展生产性服务业。生产性服务业，顾名思义就是为企事业单位从事生产经营活动提供服务的产业，它是工业生产环节中不可缺少的成分，与工业特别是工业中的制造业关系极为密切。生产性服务业的发展，将直接影响到工业内部分工的深化和生产效率的提高，并进而影响到经济增长的快慢。从美、日、欧盟等国家和地区发展的经验来看，生产性服务业都占据了较大份额，在近几十年内发展迅速。而在我国，以生产性为代表的现代服务业发展明显滞后，工业企业所需要的各类生产性服务业还基本上只能由企业内部提供，外部标准化和定制化的生产性服务市场还没有完全形成，从而导致工业企业不能专注于核心业务的开发和纵向延伸，进而导致工业生产效率提高缓慢。因此，在未来我国仍需大力发展生产性服务业，尤其是以信息产业、服务外包等为主的现代服务业。通过税收优惠、构建公共技术服务平台、放宽融资渠道、鼓励民间资本进入等措施共同推进我国生产性服务业发展。

其三，改善半城镇化现状需要大力发展生活性服务业。生活性服务业是第三产业中能直接为消费者提供最终消费和服务的产业，生活性服务业的多样化发展及服务水平的提高将直接影响到人们的日常生活。同世界主要发达国家相比，我国的生活性服务业尤其是文化、体育、娱乐等产业的发展较为落后，占国内生产总值的比重较低，导致其吸纳社会就业的功能发挥严重不足。而我国要改善半城镇化现状，吸引农民进城真正融入城市生活的第一步就是要解决其就业。因此，未来我国仍需重视以劳动密集型为主的生活性服务业发展，充分发挥生活性服务业的就业主渠道功能。

其四，合理控制第三产业内部的虚拟成分保障整体经济安全。所谓虚拟经济是指相对于实体经济而言，股票、债券、金融衍生品等一系列虚拟资本的经济活动。虚拟资本一旦产生，就必然在一定程度上脱离实体经济产生独立运动。虚拟资本一旦过度膨胀，导致虚拟经济过度背离实体经济时，就会形成泡沫经济，成为经济危机产生的根源。而在第三产业中，最有可能产生过度虚拟经济膨胀的产业涉及金融保险业、房地产业等，美国发端于房地产业的次贷危机就是明证；但同时，这两者又是企业生产经营活动不可或缺的生产性服务业来源，作为现代服务业中的重要组成部分，其合理均衡发展将有利于社会整体经济效率的提高。因此如何在实体经济框架内安排这类包含有虚拟经济成分的第三产业合理均衡配置，防止其过度膨胀是直接影响到工业等实体经济未来健康可持续发展的关键。

二、天津信息化发展建议

第一,加快行业与经济的信息化进程,推动发展模式的改进与转型。

其一,大力推动基于互联网的现代信息服务业的建设,增强信息产业与信息化的联动关系。一是大力加强软件产业的建设,以应用软件研发和软件服务外包为切入点,培育和扶植应用软件研发市场和企业的发展,以软件行业推动信息服务的成长和壮大,推进天津信息化建设的区域统一市场体系。在实践中,天津应依托既有的滨海新区软件园、天津高校软件学院、华苑软件园等企业和培训机构,积极招商引资,培育和打造一批具有自主知识产权和较高国际竞争力的软件企业和优势产品,推动天津软件产业的发展。二是伴随着天津城市信息化的深入和经济开发力度的增强,天津社会经济和对信息服务和咨询的需求也大大增多,在这种背景下,天津应积极打造面向信息服务的高端咨询产业,以知识密集型的服务产业推动天津城市信息化的发展。这意味着一些以知识密集型为代表的高端信息咨询和服务行业将日益成为天津信息化建设的重点工程之一而得到天津市政府的高度重视和重点培育。在实践中,天津市应以市场机制改革为契机,积极开拓咨询和服务市场,降低相关市场准入条件,以国际化的视野吸引和接纳国际高端信息服务和咨询机构入驻天津,并积极培育和扶植一些技术先进、通晓国际规则,业务水平高的本土信息咨询公司和企业,使本土与国外企业强强联合,大力推动天津信息咨询服务行业的快速发展和壮大。三是天津市应积极加大信息技术研发投入力度,大力扶植和培育科技创新机构和企业,鼓励技术研发和创新,积极跟踪和研究前沿性高层次信息技术,如下一代互联网装备和技术、移动互联、大数据处理等技术的进展和研究成就,突破大规模集成电路、高精尖电子元件和无线宽带接入等领域技术,大幅提升具有自主知识产权的电子设计工艺和制造技术的能力,注重科研机构技术攻关和创新能力建设,完善企业和高等院校科技创新机制,营造全民创新的社会氛围。

其二,大力推动信息技术与传统产业的结合,完善和改造传统产业体系。一是推动现代信息技术在传统产业中的渗透和改造力度,使信息技术充分在传统制造业、能源采集业等行业发挥实质作用,改造传统产业的发展路径和发展模式,增强产业与生态的协调发展能力。在实践中,由于信息技术具有的快速敏捷、融合性强的特点,非常适合于完善和提升传统产业的升级和改造能力,因此应用信息技术提升产业竞争力已经成为城市信息化的重要内容,而这一工作的实施和推进也符合当今全球信息化大潮的实际需求。二是加强信息资源在实体经济中的主导作用,以信息技术为先导,优化和改造能源消耗大、污染严重的传统行业,推动节能减排的深入开展,有效地节约资源、保护环境,并用信息化的手段对重点企业和产业部门的污染和排放情况进行监测和预警。运用信息化的理念和信息技术的手段将传统经济发展中的高能耗、高污染、低效率的业态,逐步转化为低能耗、低污染和高效率的新发展业态,促进社会和自然和谐发展。三是现代信息服务业在天津社会经济生活中处于重要的地位,在未来,应以现代信息技术为先导,大力提升现代服务业的服务水平,提高服务行业的信息技术比重,积极推进服务业的信息化发展进程,培育和壮大以信息技术为基础的现代服务产业体系,为天津经济社会现代化建设提供保障和基础。四是积极拓展天津现代物流、商务流通和互联网金融等新兴产业的发展,以流通、物流和金融为切入点,积极推进物流信息化建设,完善流通领域的信息资源共享体系,大力建设和应用物流信息应用平台来提升物流和流通效率,用信息技术连接各个相关部门协同办公,提升物流和通关服务质量,降低时间成本,用信息技术打造新型的物流和商务流通产业体系,支撑天津社会经济的发展。

第二,以信息化手段推动城市管理和政务信息整合,提升城镇化管理水平,提升政务信息化水平,加强电子政务建设。一是协调政府各个部门的信息化建设工作,推进跨部门的信息应用能力建设,着力实现集中式监察和多部门联合审批,简化审批流程和提升行政效率,增强联合监察管理能力,实现管理、监察、审批、信访等各政务部门工作信息化。二是大力推进电子政务资源集成和融合处理,提升政务信息化水平,实现透明政府和服务型政府的建设和发展目标。在实践中,依托天津政务信息网和相关区县的门户网站,整合和集成各级市、区、县的呼叫中心网站,构建统一的电子政府门户体系,实现基于互联网的网络化民主和电子化监督。

第三,提升城市建设和管理领域的信息化水平。一是加强天津社会公共安全监控和预警系统建设力度，着力打造公共安全视频监控基础设施网络，为城市管理者提供城市运营状态、交通路况、人流变动情况等实时信息，广泛推行监控系统的应用范围，加强城市应急指挥和突发情况的应变能力，提高管理水平，有效增强城市管理者对灾害事件、突发公众事项以及各种事故的处理和应急能力，并积极制定相关防范措施，保障天津城市管理的正常运行。二是积极推动城市管理领域应用系统和信息服务平台的建设，尤其需要关注天津城市中交通、规划和市政领域的信息共享和应用能力的提升，切实增强城市各个领域管理的数字化和网络化水平和能力。构建以信息化为基础，“数字政务”为依托的市政信息管理系统，打造符合国际规范的城市信息服务体系。三是进一步优化投资、融资环境，多渠道筹集信息化建设资金，推动天津各区县的信息化建设工作顺利进行。从这点意义上来说，当前天津市应当制定和完善各种政策和法规，利用市场机制，拓宽投资和融资渠道，推动信息化建设中的投资融资机制改革，建设符合天津社会实际的资金市场和融资市场，鼓励和吸引国内外闲散资金进入到天津城市信息化建设领域，不断增强天津城市信息化建设的资金投入，有效降低政府投入，营造出多方位、多层次共同建设天津城市信息化的投资氛围，保障天津城市信息化建设的正常运营。

第四，加强民生关注力度，推动社会全领域的信息化发展水平。其一，构建功能丰富、覆盖全面的社会公共信息服务体系，全面提升天津本地经济社会服务水平。天津市在建设城乡服务体系的同时，应坚持以人为本的服务理念，借助信息化的相关理念，全面建设数字社区和数字城市，积极探索符合现代社会信息化要求的数字化管理和服务模式。搜集和整理各项城市和社区资源，如住房、医疗、文化、人员信息等，进行整合和集成，形成多种功能集于一体的城市和社区信息平台，全面增强天津社会公共信息服务能力，大大简化天津社会公众出行和办理业务的流程，让人们充分享受信息化社会的成果，并逐步与正在进行的“数字家庭”业务相融合，使社会信息化与家庭信息化充分结合，让新型的信息化公共服务普惠社会大众。其二，大力开展信息技术培训工作，提升信息化建设人员的业务水平。天津市应以下属各区县教育机构为依托，以信息技术和信息化力量为切入点，积极推进网络化教育发展，营造信息化培训的社会氛围，从而为培育出高水平和高能量的信息化建设人才打下坚实的物质和环境基础。其三,营造优秀的信息共享和技术交流环境。天津市应以信息文化中心为建设重点,加强管理和建设天津政务网站和主流新闻媒体互联网门户,着力打造能够适应信息技术和网络通信发展要求的信息共享与技术交流体系,以适应天津社会对信息应用多样性和多媒体信息大规模交互的需求,进而推动信息化工程在天津文化领域发展和壮大的内生需要。

第五,进一步完善规章制度,提升信息资源和系统安全保障力度。网络信息作为一种开放、共享和自由的资源形式,是非威权主义资源的重要组成部分。在现实生活中,正是由于网络信息这种开放和自由的特性,使得网络空间中的信息安全问题非常严峻,其具体表现在信息侵害者对网络信息资源和数据的窃取、伪造、假冒和恶意破坏等。事实上,目前互联网范围内,利用恶意计算机病毒、逻辑炸弹等方式对数据和信息进行恶意损害,误导、窃听和诱导用户严重误操作的现象层出不穷,严重危害可网络信息的安全。事实上,由于互联网世界的无人操控和无限扩展的性质,使得网络安全问题的解决不可能被区域分割,这意味着,各个国家和地区应当广泛合作,在国家和全球的层面讨论和解决信息安全的问题。在这一过程中,从历史上的大量经济和政治事件中可以知道,只有占据了技术的高点,才能够在国家竞争中立于不败之地,而信息安全作为高技术的重要保障,其的存在与否决定了国家政治经济和军事安全的诸多方面,发挥了重大作用。因此,在我国经济社会发展的关键时期,我们应大力加强信息安全建设,构建信息技术共享机制,缩小地区间信息鸿沟,提升信息技术研发和储备水平。另一方面,完善信息安全的法律和法规,加强规范网络行为准则、法律条文和奖惩机制执行力度,构建切实可行的数据信息管理和利用机制,使网络用户能够在数据资源使用中,明确界定其的义务和责任,保障用户获取和使用网络信息的权利和相应的利益,推动信息共享和信息公开工作的实施和发展,实现网络数据和信息获取和使用的可持续性发展。在具体实践过程中,西方国家由于此项工作起步较早,积累了大量的经验。天津市应充分借鉴发达国家信息安全法律、法规建设的经验,制定并完善自身的信息安全法律和法规体系,全方位地提升信息资源和系统安全保障力度,确保网络信息和数据的安全。

第六,推进信息产业体系建设进程,保障企业创新能力持续提升。其一,未来在推进信息产业体系建设进程中,应着力将现有的极核状产业体系改造为多核状体系结构,促进信息产业企业创新能力持续提升。在实践中,为了推动这一转变,应着力从两个方面开展相关工作:一是进一步扩大开放,多渠道引入日资、韩资和西方发达国家的大型企业来天津投资设厂,建立信息产业生产基地,推动与外资大企业之间的良性竞争关系,改变外资大企业“一家独大”的状态,建立多家外资企业“群雄并起”的产业发展状态,使外资企业在竞争态势中不断推动天津市信息化建设工作稳步发展。二是着力培养和推动本土化的信息产业生产企业,建立本土企业产业示范效应,培育和增强国有及国有控股产业集群科技创新能力,构建良好的区域竞争环境,推动天津信息产业的不断发展和壮大。鉴于目前天津信息产业生产大多依靠接受外部订单进行加工制造的局面,未来天津电子信息制造行业应加大自主设计和创新能力,推行相关电子产品的自主设计和生产,提升技术设计和开发水平。这也同时要求天津地方信息产业体系应建立强有力的创新机制,构建区域范围内的创新系统,营造良好的创新环境,改变以往产品主导的企业集群状态,推行企业集群式的创新链建设,保障天津本土信息产业技术创新可持续性发展。其二,将信息服务业放在信息产业发展的重点位置上,以实体的信息制造业带动信息服务业的发展和壮大。这意味着,在信息产业发展过程中,信息产业链条应着力向下游延伸并扩展,利用整个产业在产能上的集聚效应来完善和扩充信息产业的发展和壮大。对于天津城市来说,正是由于一些诸如三星、西门子这类大型的示范性企业的入住,才使得天津市的电子产品生产企业快速集中起来,形成能够减低产业成本、提升生产效率、增强激励效果的产业集群。一般说来,这种产业集群实质上已经构成了整个产业发展的重要推动力量,它的发展和壮大有力推动企业创新机制的实施和企业生产效率的提升,提高了新型企业诞生和发展的速度。为此,天津市应大力加强产业政策扶植力度,加强区域间合作,完善区域产业集群机制,将传统以依附型为主的信息产业发展模式改变为自主自立型发展路径,构建信息产业示范效应,使天津的信息产业在环渤海区域经济发展中发挥主导和带动作用。同时,天津还应当加强本区域的产业发展规划编制工作力度,协调区域内产业升级、转型和对接业务,推动资源的合理流动和配置，促进以城市间、企业、科技园区、高校、科研机构和中介为主体的合作体，以区域信息化建设规划为中心的加盟与联合，实现区域内信息产业的共同发展和繁荣。

第七，改善社会融资环境，扩大城市信息化融资渠道。天津城市信息化工作作为一种长期性工作任务，对资金的需求将会是一种长期和持续性的过程，这意味着，伴随着信息技术的不断进步，信息化工作所依托的各种信息采集设备、应用设备等面临着升级换代和配套软件的购买和开发，而宽带网络的广泛应用，也导致网络设备的维护工作日益繁重。上述这些工作都需要大量资金的投入和支撑，而这些资金的来源仅仅依靠政府方面的补助是远远不够的，因此，在实践中，需要根据实际信息化建设的需求，学习国际上信息化投资和融资方面的先进经验，进行社会融资渠道改革，探索并构建一条适应城市信息化建设的、多渠道、多形式、多主体的信息化建设投资融资体系。在实践中，一方面对于一些具有战略性和公益性的信息基础设施和信息资源的建设，政府应当在加大扶植力度的同时，适当增加财政投入，保证工程的正常建设。同时，还应当充分借助资本市场的，推动多元化、多渠道筹集民间闲散资金，建立完善的股权和债券筹资和融资方式，利用风险投资的方式鼓励大型企业和单位投入到信息化建设工作中去。另一方面，要积极地对外开放，加强国际间经济和技术交流，充分利用外资特别是国外风险基金进入信息化建设工程中去，应用国际的先进经验和资金推进天津自身的信息化进程。放眼国内其他城市，这种多渠道筹集信息化建设资金的例子比比皆是，例如河北衡水市，在进行政务信息中心建设时，部分设备购置和场地的建设维修费用由银行贷款支付，贷款的本息偿还由政务信息中心正式运营后所得到的财政收入来进行逐月支付。同时，衡水市政府还通过政府出面保证中国联通公司在衡水市场份额的方式，引入中国联通公司的资金购置硬件并支付软件部署和开发费用，并由联通免费承担相关系统的维护。通过这样的方式，衡水市政府在以较低的投入的情况下，建设了功能完善的政务信息服务中心，取得了良好的社会效益和经济效益。尽管当前天津社会和经济环境与衡水并不相同，相关硬件条件也优于衡水市这样的中小城市，但衡水市这种多渠道、多层次筹集信息化建设资金的方式和经验，仍然值得天津去学习和利用。

三、天津城镇化发展建议

1. 处理新型城镇化与工业化建设矛盾的政策建议

一是解决工业化率过高状况需要大,力发展第三产业。第三产业之所以又称为服务业,就要以如何更好地服务于第一、二产业作为衡量好坏的标准。服务于第一产业的主要表现就是吸纳就业,服务于第二产业的主要表现就是有利于第二产业利润提高。如果第三产业发展速度过慢,则会导致既不能很好地促进就业解决城镇化质量不高的问题,又不能更好地服务于工业化发展,存在拖累整体经济的风险。因此,未来仍需重视发展第三产业。不要被全球金融危机蔓延而导致的多国倡导“制造业回归”的表象所累,在保障第一、二产业发展的基础上,继续稳步推进我国第三产业提升的步伐。二是改善半城镇化现状需要大力发展生活性服务业。生活性服务业是第三产业中能直接为消费者提供最终消费和服务的产业,生活性服务业的多样化发展及服务水平的提高将直接影响到人们的日常生活。同世界主要发达国家相比,我国的生活性服务业尤其是文化、体育、娱乐等产业的发展较为落后,占国内生产总值的比重较低,导致其吸纳社会就业的功能发挥严重不足。而我国要改善半城镇化现状,吸引农民进城真正融入城市生活的第一步就是要解决其就业。因此,未来我国仍需重视以劳动密集型为主的生活性服务业发展,充分发挥生活性服务业的就业主渠道功能。三是合理控制第三产业内部的虚拟成分保障整体经济安全。所谓虚拟经济是指相对于实体经济而言,股票、债券、金融衍生品等一系列虚拟资本的经济活动。虚拟资本一旦产生,就必然在一定程度上脱离实体经济产生独立运动。虚拟资本一旦过度膨胀,导致虚拟经济过度背离实体经济时,就会形成泡沫经济,成为经济危机产生的根源。而在第三产业中,最有可能产生过度虚拟经济膨胀的产业涉及金融保险业、房地产业等,美国发端于房地产业的次贷危机就是明证;但同时,这两者又是企业生产经营活动不可或缺的生产性服务业来源,作为现代服务业中的重要组成部分,其合理均衡发展将有利于社会整体经济效率的提高。因此如何在实体经济框架内安排这类包含有虚拟经济成分的第三产业合理均衡配置,防止其过度膨胀是直接影响到工业等实体经济未来健康可持续发展的关键。

2. 处理新型城镇化与信息化建设矛盾的政策建议

以信息化手段推动城市管理和政务信息整合，提升城镇化管理水平。

第一，提升政务信息化水平，加强电子政务建设。协调政府各个部门的信息化建设工作，推进跨部门的信息应用能力建设，着力实现集中式监察和多部门联合审批，简化审批流程和提升行政效率，增强联合监察管理能力，实现管理、监察、审批、信访等各政务部门工作信息化。大力推进电子政务资源集成和融合处理，提升政务信息化水平，实现透明政府和服务型政府的建设和发展目标。在实践中，依托天津政务信息网和相关区县的门户网站，整合和集成各级市、区、县的呼叫中心网站，构建统一的电子政府门户体系，实现基于互联网的网络化民主和电子化监督。

第二，提升城市建设和管理领域的信息化水平。一是加强天津社会公共安全监控和预警系统建设力度，着力打造公共安全视频监控基础设施网络，为城市管理者提供城市运营状态、交通路况、人流变动情况等实时信息，广泛推行监控系统的应用范围，加强城市应急指挥和突发情况的应变能力，提高管理水平，有效增强城市管理者对灾害事件、突发公众事项以及各种事故的处理和应急能力，并积极制定相关防范措施，保障天津城市管理的正常运行。二是积极推动城市管理领域应用系统和信息服务平台的建设，尤其需要关注天津城市中交通、规划和市政领域的信息共享和应用能力的提升，切实增强城市各个领域管理的数字化和网络化水平和能力。构建以信息化为基础，"数字政务"为依托的市政信息管理系统，打造符合国际规范的城市信息服务体系。三是进一步优化投资、融资环境，多渠道筹集信息化建设资金，推动天津各区县的信息化建设工作顺利进行。从这点意义上来说，当前天津市应当制定和完善各种政策和法规，利用市场机制，拓宽投资和融资渠道，推动信息化建设中的投资融资机制改革，建设符合天津社会实际的资金市场和融资市场，鼓励和吸引国内外闲散资金进入到天津城市信息化建设领域，不断增强天津城市信息化建设的资金投入，有效降低政府投入，营造出多方位、多层次共同建设天津城市信息化的投资氛围，保障天津城市信息化建设的正常运营。

3. 处理新型城镇化与农业现代化建设矛盾的政策建议

第一,以大力发展第三产业作为破解大城市半城镇化问题的主渠道。只有保证就业才能保证那些游离于城镇保障范围之外的城镇常住人口有改善生活,享受经济发展成果的机会。而实践证明,第三产业是扩大居民就业的吸纳器,每单位服务业投资提供的就业岗位数量约相当于重化工业的2.5倍以上。而在世界范围内,城市化率大于70%的国家其第三产业占国民生产总值的比重通常也要超过或接近70%,这应该不是偶然,而是解决脱离土地农民以后生存之道的必然。而天津市2012年第三产业增加值为6049.96亿元,比上年增长12.4%,明显低于第二产业增加值15.2%的增速,其占国民生产总值的比重仅为47.0%,第三产业发展的滞后性非常明显。理论上来说,第三产业滞后,最显著的表现就是就业不振,人员流动性下降;而且服务业特别是生产性服务业发展受影响,则必会最终波及第二产业的健康可持续发展。所以,在第二产业极度发达的天津,未来发展方向既要关注技术密集型和知识密集型的生产性服务业,使之更好地服务于第二产业;又要关注劳动密集型的生活性服务业,充分发挥生活性服务业促进农村转移人口就业方面的主渠道作用,使进城农民实现充分就业,从而真正融入城市社会,消除其后顾之忧。

第二,以资源的合理均衡配置作为消除地区及城乡差异的突破口。所谓“大投入带动大发展”,我国经济运行依据的“三驾马车”理论也明显提到了投资的战略地位,而我国近几十年的发展实践也充分证明,投资对于一个地区的发展和带动作用极为显著。一个地区发展,首先需要资源带动力。但对于有限资源而言,资源越是过分投放于一地,则必然导致其他地区与这一地区差距更为拉大;这一地区发展的快速又必然反过来吸引更多的资源投放其间,从而占用更多资源;而同时其他地区所占资源就会更少,甚至还会被吸出部分资源。发改委宏观经济研究院常务副院长王一鸣就指出,我国的特大型城市和大城市人口数量呈增多态势,交通、医疗、教育等城市承载能力已近极限。资源过多集中于大城市,就会带来城市污染、人口集聚、交通拥堵甚至春运紧张之类的城市病。而另一方面,小城镇和中小城市资源不足,其增强产业发展、改善公共服务、吸引人口流入的动力就极度匮乏,其与大城市或中心城区之间的差距就会越拉越大,人口或其他一切资源又会进一步流入大城市或中心城区。最终引发大城市或中心城区的城市病和其他地区的发展动力不足。因此,要想解决城市病,大城市和中心城区发展就要合理控制规模。把资源分散投放于更多地区,这既利于城市病的解决,又利于缩小地区差距和城乡差距。因此,资源配置是否均衡合理是健康城镇化发展必须首要考量的问题。

第三,以绿色新型城镇化与农业现代化协调发展作为终极目标。在 2013 年 3 月 5 日召开的十二届全国人大一次会议上所做的政府工作报告中指出,城镇化是我国现代化建设的历史任务,与农业现代化相辅相成;要遵循城镇化客观规律,积极稳妥推动城镇化健康发展;同时指出,村庄建设要注意保持乡村风貌,营造宜居环境,使城镇化和新农村建设良性互动。从国际经验来看,一般城镇率接近 70% 的国家就开始进入逆城市化发展阶段,如韩国的新村运动、德国的美丽乡村建设等。而天津市按常住人口计算的城镇化率已超 80%,即使按户籍人口计算的城镇化率也已超 60%,随着户籍制度改革等一系列体制机制的完善,其实际城镇化率接近 70%,是近几年完全可以预期的,所以对于天津而言,在城镇化发展阶段上已具备了逆城市化发展的条件,在未来几年的城镇化建设道路上可以适当进行逆城市化操作。众所周知,城镇化建设需要资金投入,调查显示,一个进城农民工要实现完全市民化,平均成本大约需要 18 万元人民币。对于扩大基本公共服务覆盖范围所需的这部分成本,专家建议要尽快建立成本分担机制,提高地方政府积极性。还有专家建议可以把城镇占用农业用地开发房地产与解决农业转移人口市民化相挂钩,这就是许多地区在推行城镇化过程中早已运用自如了的所谓土地城镇化与人口城镇化相结合的道路。其实笔者认为,土地城镇化与人口城镇化的结合还有另一种解释,即与户籍制度改革相配套的土地流转制度改革和人口自由迁移,这是以往专家所不曾提及的。允许农民自由裁量其自有住房的流转,这里牵扯到一个问题,即对于不触及 18 亿亩红线和不违背城市总体建设规划的农民自住房屋所占集体土地,为何只有经由房地产商开发才能自由转让?这当然很明显涉及各级行政部门的利益,成为滋生贪腐的沃土。反过来,若能允许农民住房及占用土地能像商品房那样流转,同时必然伴随城市人口的农村化迁移,再辅以农村基本公共设施的改善,从而进一步带动这部分城市富人对农村基础设施的改善贡献心力。因此,若能允许不违背城市总体建设规划的农民自住房屋及所占土地自由流转,既能省下进城农民工实现市民化所需的18万元平均成本,又可自然缩小城乡差距、贫富差距,一举数得的事情,可能仅会损害一部分利益集团的利益(何况这部分利益也成为社会追究其财富原罪,致使社会矛盾滋生的积聚点),政府何乐而不为。特别是对于城镇化水平已接近70%的大城市而言,如天津的近郊农民,其生活方式已越来越接近城市,但谈到农村的住房,其暖气、上下水等基础设施若能与城市小区接轨,则基本就与房地产开发中让人艳羡的别墅无异了,这也就是为何江浙一带就曾出现市民想要农民化倾向的部分原因。用少量成本直接投入到农村基础设施建设上,必能带动城市财富和城市富人自然回流农村,进而推动农村基础设施继续改善,最终使得农村电力、网络、交通、暖气、上下水建设与城市无异时,美丽乡村建成,其归不归入城市就已经不是需要特别考虑的问题了。

4. 处理新型城镇化与绿色化发展之间矛盾的政策建议

城镇化与绿色化的协调发展的本质就是生态城镇化工作的推进,即在城镇化发展过程中,注重经济、社会、文化、人口和资源和谐之间的关系,坚持以生态文明的实际出发,大力推动城镇中环境发展、人员消费模式、生产结构和生态建设的协调和转型,构建和谐、方便、宜居和绿色的城镇社会与人文环境,推进以绿色经济、绿色文化和绿色生产、绿色生态为特征的生态城镇,以绿色发展作为城镇化建设的落脚点和目标,最终实现城市经济社会可持续性发展的战略。从这点意义上来说,实现生态化的城镇已经不是传统意义上的城镇概念,其更加确切的概念是一种生态系统,在这其中,人与自然和社会环境能够和谐发展,协调共生,具有极强的可持续发展能力。因此,人类建设生态型城镇的过程也是自身不断发展和完善的过程,其与传统的小城镇建设理念完全不同,更多地强调生态与城市的和谐发展和协调共生。

第一,实现生态化的土地集约型利用模式。生态化的城镇发展离不开对土地的集约利用,在实践中,生态城镇的建设中的土地利用模式应着重于内涵发展为主,内涵与外延相互结合的建设方式,合理利用和发展城镇化建设中需要的土地资源,以最佳的方式进行土地资源的配置和管理。在这一过程中,应着重完善土地管理的法制和法规建设，严格执法，按照规划和审批流程进行土地划拨和使用，严防利用土地划拨审批环节中的权力寻租问题。

第二，构建符合生态文明建设的居住模式。人口的集中式居住和集中式建设是生态文明发展中对人口居住模式的要求，这就意味着，在生态型城镇发展过程中，城市管理者和城镇化建设者应重点关注城镇居民的各项要求，厘清各种问题，大力开展居住环境的基础设施建设，改善人居环境，将村镇的各种道路、排水和卫生条件的改善纳入城镇化建设的主要工作中来，从根本上改变村镇市容落后的面貌，实现水电和通讯、道路的畅通无阻，最大限度地提升村镇居民的生活质量和水准，让村镇居民的生活环境随城镇化进程不断改进。在实践中，村镇居住环境的建设应按照生态服务社区的实际要求，构建完整的社区和村镇服务体系和公共配套服务设施，以完美、便捷、高效和富有地区特色的社区环境来进一步提升社会公众的居住水平。

第三，构建低碳环保的生态消费模式。所谓生态消费模式本质是一种保护环境、破除浪费资源的消费方式，其是建设生态城镇化的重要任务之一。在这一过程中，政府、社会公众和企业要形成相应的互动机制，即在政府方面，要加大宣传和教育力度，完善相关法律和法规，在重要领域，如酒店一次性用品使用、汽车尾气排放等，加大监管力度，推动消费模式的生态化发展和转变。在个人消费领域，需要构建靠科学的消费理念，消除传统的“便捷消费”“过度消费”“面子消费”“一次消费”和“炫耀型消费”所带来的不良影响，捐弃不良的消费习惯，实现个人消费意识生态化。在企业方面，应当加大革新力度，向社会公众提供更多更好的符合生态环境保护要求的各种服务和产品，充分满足社会对环保消费品的需求。

总之，现阶段我国正在推行的城镇化建设将大大地推进既有社会结构的改变，提升社会的发展水平。而在这一过程中生态文明建设的加入和渗透，将会使城镇化建设更加和谐和健康。同时，社会也需要构建一套良好的保障和运营机制，确保社会经济发展的持续动力和平衡机制的运营。在实践中，社会发展的持续动力将能够保障社会发展的不断前进，保证相关的运行效率。而平衡机制则主要保障社会的有序和稳定运行，增强公平和正义。这两大要素的相互结合和发展,就构成了社会主义和谐社会的发展要素,实现动力与平衡的高度统一。从这点意义上来说,当前构建生态城镇化需要在政治、经济、精神文明建设和社会发展四个领域开展工作,即在经济上加强制度完善力度,提升社会保障条件;在政治上需要完善和发展相关法制,推进社会主义民主进程;在社会发展领域应加强工作机制建设,坚决维护社会繁荣和稳定;在精神文明建设方面需要加大公民培训力度,提升公民道德和素质修养,提高思想认识和行为标准。最终推动国家生态城镇化发展的战略目标尽快实现。

四、天津农业现代化发展建议

第一,加快推进工业化、城镇化工作进程,提升农业现代化发展动力。在发展过程中,鉴于农业现代化发展水平较低,各项发展要素滞后于工业化和城镇化的发展,导致乡村振兴战略实施进度不能完全满足农村发展的需要,为此,应在遵循乡村发展实际的基础上,以新型的城镇化和新型工业化的发展带动农业现代化,推动农村地区发展。为此,天津市应着重从以下方面开展相关工作。

其一,大力提升农业机械化生产能力,以工业的生产体系来加强农业生产能力。具体来说,天津市应在提升农业科技水平和人员能力的基础上,积极推进农副产品加工业和农业机械化推广工作,加大科技成果的推广和转化程度,构建新型的工农业结合的科技示范产业。加强与北京、济南等工业较为发达城市的协调力度,应用周边城市的先进经验和技术来推动农业机械化设施的应用力度。

其二,加强土地政策法规完善力度,提升城乡土地资源配置均衡程度,在土地转让、承包和抵押等环节加强政策引导力度,提升经营的集中程度,使土地的利用率有效提升。

其三,加强人力资源建设,提升人才的科技能力素养。鉴于天津市所属各县区农村人口文化程度较高,但由于城镇化建设的深入,乡村地区大量青壮年向城市集中,使得农村地区人口的劳动素质大幅下降,为此,天津市应当积极提升农村地区科技培训力度,完善乡村教育基础设施建设,将优势教育资源重点向乡村倾斜。同时,还应制定优惠政策,改善投资和创业环境,加强政府引导和协调力度,吸引和引导高层次和高技术人员回乡创业和工作,提升乡村人力的平均素质。

其四,推动农村生产方式和产业体系调整力度,构建生产、销售、制造一体的农业和农村生产体系,增强工业对农业的支撑和引领作用,以工业制成品带动农业产品产业链的扩展,多渠道提升农产品价值增值,进而将吸引农村剩余人口和劳动力进入工业和服务业领域,带动农村社会改造,加快城镇化建设进程。

第二,加强生态文明建设,构建以人为本生态乡村氛围。随着我国社会主义生态文明建设的深入,农村地区广大群众的自然生态保护意识也不断增强,参与生态文明建设的意愿也日益强烈。在党的十九大相关决议的引导下,农村地区已经充分意识到现阶段我国社会主要矛盾的变化趋势,即人们对美好生活的追求和求索与社会发展不平衡和不充分的矛盾。因而加强环境保护力度,构建美好家园已经成为现阶段乡村振兴战略的一个重要的发展目标。在此背景下,现阶段广大农村地区资源分配和发展状态的不均衡、资源环境保护的确实和不足,已经严重制约了农村群众生活和居住环境的改善,降低了群众生活水平的进一步提升。为此,在国家层面,政府应积极通过相关政策引导和教育培训,营造出全民重视乡村生态文明建设的社会氛围,将广大乡村居民纳入乡村环境保护的工作中来,与广大人民群众一起努力,共同推动乡村生态文明建设和环境保护工作。为此,天津市应在实际的农村生态文明建设进程中,充分发挥乡村群众的生产积极性,以人民群众的主观意愿和利益为基础,提升广大农村群众的生态保护意识,加强其在生态文明建设中主人翁的作用,按照生态保护和环境治理的相关要求改造相关生活方式和行为习惯,铸造绿色环保的乡村生活和生产模式。另一方面,要积极加强面向乡村居民的教育与培训力度,将绿色、环保的发展理念深入到每个农村居民心中,坚持以人为本的原则,将每个农村居民纳入生态文明的推进工作中来,培育群众环境保护的忧患意识和大局观念,以强烈的责任感,构建人和自然协调发展的乡村振兴新模式。

第三,以科学发展观作为乡村振兴战略的基本原则。农业和农村生态文明建设作为乡村振兴战略实施的推进的重要组成部分,其中涉及政治、经济、文化、物质等众多方面,一些自然生态学的理念和绿色发展的观点也在其中发挥了重要作用。为此,在乡村振兴的大背景下,积极推进科学发展观中的绿色发展理念,是农村可持续发展的关键。为此,在实际工作中应着重关注以下 3 个方面的内容。

其一,树立规划与行动相结合的统筹协调观念。农村的生态环境建设与保护是我国社会主义现代化建设的重要组成部分和主要任务之一,决定着我国全面建设小康社会的成败。为此,在实际工作过程中,应大力重视乡村生态环境建设工作,并将其纳入国家总体生态文明建设战略规划中,充分重视和关注农村地区的生态环境保护和治理,推动农村生态环境建设进入一个新的发展阶段。传统上,我国生态文明建设战略一直存在着忽视农村生态,重点投入城镇的生态建设的弊端,这造成农村生态保护工作由于资金和政策投入不足,而造成发展滞后,严重影响了农村生态环境的改善,造成了生态与经济发展的恶性循环,严重制约了我国生态文明建设的深入发展,给国家生态文明战略的实施带来了较大阻力。为此,当前在乡村振兴战略的全面实施的背景下,各级政府主管部门应破除以往“重城镇,轻乡村”的生态环境建设理念,加强统筹规划,将乡村生态文明建设纳入政府建设和发展规划中去,共同推动乡村和城镇生态文明保护和治理,做到城乡一体化管理和建设,推进我国生态文明总体工作进程不断发展。

其二,正确调节创新与治理建设之间的关系。广大农村的发展和建设无法避免当地实际发展状况的制约,资源和财政的保障力度的强弱是农村建设的顺利进行的重要因素。从这点意义上来说,当前农村绿色生态经济的建设和推进并不是单纯地协调农村居民和生态环境之间的关系,而是一种涉及农村社会方方面面的全方位发展,实现生态保护与社会经济发展的高度统一。为此,在乡村振兴战略中,要大力戒除物质文明建设与生态文明建设互相抵触的恶性循环,将绿色环保理念融入农村地区社会经济发展的实际需求中,以创新、绿色和环保的理念改革传统的发展模式,倡导全新的发展和进步理念。

其三,在思想创新的基础上,大力推动科技应用。科学技术作为第一生产力,在乡村绿色发展过程中发挥了极其重要的作用,其在农村生态文明建设和保护中扮演了指挥和引领的角色。从这点意义上来说,科技的应用与理念的创新作为一种践行科学发展观的重要途径,引领着农村绿色经济建设。为此,各级政府和主管部门,必须按照人与自然和谐共处的理念开展相关工作,改变以往牺牲环境来换取经济效益的错误做法,利用科技和创新理念加强环境治理和资源循环利用工作。另一方面,要进一步利用政府的舆论和教育培训优势,加强农民生态环保意识,构建生态文明建设氛围,以科技指导农业现代化建设,在理念创新和基础上,进一步提升现代生态农业建设水平,推动乡村振兴战略顺利实施。

第四,构筑现代化的伦理道德体系,为乡村振兴提供持久发展的动力。生态伦理道德观念,作为一种社会中人与自然行为规范的准则,其是社会伦理道德层面上的一个概念。在这种概念体系下,自然环境作为一种社会对象,被赋予了人类的各种权利,在现实社会中,人类的各种活动都应当考虑到自然环境的问题,做到人与自然的换位思考和推己及人的行为理念,构建符合自然生态要求的行为习惯和生产生活方式,实现自然生态与社会进步和谐共发展。基于此种生态伦理道德观念,在乡村振兴战略中,应以自然伦理道德的相关要求塑造乡村居民的生态观念,将农村生态保护工作作为全体居民的行为指南和行动目标,加强生态保护理念构筑工作推进力度,树立环境敬畏思想,自觉与破坏生态环境的行为划清界限。在实践中,生态伦理道德建设并非一种孤立的伦理观点,它与广大农村居民的思想文化素质紧密相连,为此各级政府和主管部门应加强面向农村居民的教育与培训力度,加强生态伦理道德教育,通过政策引导和机制扶植,提升农村生态道德观念和知识,推动农村生态文明建设,让广大农民自觉自愿地加入生态保护工作中去,发挥主人翁责任意识,使其在生态文明建设中承担更大和更重要的作用。

第五,以解决“三农”问题为契机,将乡村振兴战略提升到一个新的历史高度。“三农”问题作为农村和农业发展的主要问题,一直是农业现代化发展的关键和瓶颈。党的十九大以来,随着乡村振兴战略的实施和发展,为“三农”问题的彻底解决提供了全新的视角。而“三农”问题解决的进程也为乡村振兴战略的进一步实施提供了良好的契机。为此,为了进一步加强乡村振兴战略的实施,提升“三农”问题的解决力度,在实际建设过程中,应着重从以下 3 个方面开展工作。

其一,加强生态意识培育,提升农村居民环保素质。生态文明意识的强与弱往往体现在广大人民群众的生活行为中,这就意味着生活行为习惯的好坏直接影响到生态理念的构建。而在广大农村地区,人民群众是农村生态主要接触者和参与者,农村生态环境的保护和治理离不开广大农村群众的积极参与。因此,培育良好的生态保护意识，构筑优秀的环保行为习惯，是建设农村生态文明的关键，也是为子孙后代保留福利和共赴发展的长远策略。在现实生活中，应积极谋划广大群众的生态保护意识培育策略，加强教育培训力度，提升环境保护意识，构筑强烈的生态环境建设主人翁责任感，自觉自愿地投入到环境保护工作中去，纠正和改进不利于环境发展的行为习惯和生产模式，推动生态环境与社会进步和谐发展。为此，可以从两个方面开展相关工作：一是加强宣传教育工作力度，让广大农村群众了解和掌握生态文明建设的各种理念和方法，使环境保护意识深入每个人心中；二是构建科学发展的相关理念，在坚持马列主义相关理论的基础上，提升广大乡村群众生态教育培训力度，构建人与自然、人与生态和谐发展和共处的全新发展模式。改正以往“唯经济发展第一”的理念，构建绿色发展模式，重点治理乡村生态破坏和污染的问题，以科学发展的理念，实现乡村振兴战略的全面推进。

其二，按照生态环保的要求构建全新的生活和消费模式。伴随着城镇化建设的深入，城乡经济和交流日益频繁，广大乡村居民的消费意识日益提升，而随之带来的消费破坏生态问题也日益严重。如在乡村由于未能及时认识到塑料袋制品的环境危害性，由之带来的白色污染已经给乡村环境带来巨大的损害。由于乡村垃圾处理基础设施建设还不够完善，造成白色塑料袋随处堆放，没有统一的处理和回收站点，使农村生态环境破坏程度明显加大。由此可见，改进农村居民消费意识，构建绿色环保消费理念，对于农村地区生态环境保护和农业现代化建设具有极其重要的意义。

其三，按照良性生态保护的要求，开展生产方式改革。在乡村绿色经济发展和建设过程中，由于农村地区社会发展和群众生活的实际需要和客观规律的存在，相关发展理念应以农村地区实际情况为基础，在正视农村生态环境现状的原则下，积极寻找相关工作开展的切入点，创造有利条件，发展绿色经济，维护农村生态秩序，保护农村生态环境，以生态效益的发展和壮大来提升经济效益的发展水平，带动社会效益的发展。为了实现此目标，在实际工作中，应大力戒除那种只顾眼前利益，以破坏生态环境为代价发展经济的盲目和野蛮发展理念，按照绿色经济发展的生态、效率和和谐的观点来进行生产方式的革新，按照十九大的生态发展国家战略要求,构建和谐、绿色的生态发展观,树立生态发展的社会经济效应,为生态文明建设的顺利发展提供理论和实践的基础与前进动力。

五、天津绿色化发展建议

1. 工业化与绿色化协调发展的政策建议

第一,工业的可持续化发展模式的构建和运行。可持续发展理念作为一种实践性理念,它的构成是一种基于生态自然观的哲学观点,体现了一种切合于生态文明建设要领的经济发展新模式。在实践中,我国应当充分贯彻可持续性发展的理念,在实现工业现代化的同时注重生态文明建设,做到经济利益与生态文明利益协调发展,社会、经济与生态环境和自然资源兼顾。最终使经济社会发展在不损害子孙后代利益的前提下,充分满足现今社会大众发展的需求,进而实现现代工业化发展的可持续能力和持续发展。

第二,工业产业节能减排的科技推动效应。一般来说,科学技术在社会生活领域具有两面性:一方面,科学技术的进步能够给予人们更多的物质和精神财富,满足人类的各种需求;另一方面,工业生产中的科技进步,进一步加剧了资源的消耗量和废物的排放量,加剧了资源短缺和生态环境的污染,这给类似于我国这种工业化发展国家以极大的发展困境。然而,随着经济社会的发展,科学技术也存在着和环境保护相结合的可能,即利用科技的发展来提升环境保护的力度,实现环境与工业协调发展。这就意味着,通过科学技术的进一步发展,推动节能、环保和综合利用资源技术在工业的广泛应用,实现工业领域的资源消耗量和废物废水排放量的大幅下降,达到节能生产、综合利用资源和清洁节能的目标,从而推动工业和生态的协调发展。

第三,加强工业化转型的法制化保障力度。在工业化进程推进过程中,应利用法制化的措施来推动工业企业的资源利用水平,努力降低单位产值的能源消耗量和废物排放量,鼓励意在废物利用技术的深入应用,保障工业化发展所需的能源和生态资源的充分供给。这意味着,在实际生产过程中,应充分利用补贴、税收优惠等宽严相济的法律措施,推动工业产业发展转型,大力推进新能源和可再生能源建设,加强对高排污、高耗能、高污染产业的处罚力度,优化调整产能结构,以税收和奖励的形式引导和示范相关工业企业进行生产能力转型和升级,全面提升工业化企业的节能减排意识，促进环保工作全面发展。

第四，全面推进工业化和生态化协调发展的公众参与度。工业化和生态化的协调发展和环境的综合治理工作离不开广大社会公众的参与。这意味着，在生态环境保护过程中，除了政府部门对工业发展的污染和排放问题进行监督和管理外，社会公众的参与和监督也是必不可少的。在现实生活中，政府部门可以大力向社会公众宣传节能绿色和环保的工业产品的优点，引导公众自觉自愿地使用绿色环保工业品，拒绝抵制高耗能、高污染的消费品，从而扩大绿色环保工业产业产品的销路和使用范围。另一方面，政府也可以发动社会公众积极参与环保的监督工作，举报、曝光和投诉工业产业中高耗能、高污染和严重破坏生态环境的行为，确保工业化和生态化的持续可协调发展，推动社会环保产业的发展和进步。

第五，强化环保管理，促进产业的升级和转型。各级政府应当积极开展环境保护监测和评价工作，做好相关风险评估和管理工作，防止搬迁的危险品生产企业在原址重新建厂生产，督促企业开展生产模式转型和项目改造，禁止对危险品生产进行扩建和增加产能的行为。同时积极帮助相关企业解决社会现实问题，帮助安置和解决相关职工的生活问题；进一步引导相关企业进行生产工艺改造，推动产品升级，加大企业生产优化重组力度，打造优秀品牌，淘汰落后产品生产模式，优化企业组织结构，使企业的自主创新能力和市场竞争力稳步提升。制定企业转型和搬迁计划。各级政府应高度重视危险品生产和加工企业搬迁和整治工作，结合地方实际情况，制定相关企业搬迁和关闭实施方案和相关规划，并向全社会进行公示，确保社会公众对相关设施改造的知情权。

第六，加大政策支持力度，扩展企业生产融资渠道。在企业生态发展绿色改制中，政府应当积极提升政策支持力度，为优势企业提供资金、政策和税收优惠支持，扩宽企业融资和筹资渠道，相关企业在绿色化生产改造中能够通过银行贷款、企业债券、短期票据和融资券等渠道筹集资金，进行生产工艺和管理模式的改造和升级；同时相关政府主管部门还应在土地供给上加大支持力度，在新增土地划拨规划中积极向绿色生态企业倾斜，保障相关企业的用地需求，并利用所收入的腾退土地出让资金，以预算支付的渠道解决相关企业职工生活安置的问题。

从而在政策和体制上全力推进绿色生态化建设工作进程，促进经济社会“五化”协同发展，实现建设“美丽天津”的战略目标。

总之，构建工业化和生态化协调发展的社会经济生产模式，对于社会发展和进步是至关重要的工作。而对于天津这一城镇化进程较为发达的城市，其具有较为完善和发达的工业产业体系和基础设施，工业发展所依托的地理条件也较为优越。因此，大力建设工业化与生态化协调发展的绿色产业园是未来天津工业化发展的必由之路，也是推动天津社会现代化建设的重要手段。

2. 信息化与绿色化协调发展的政策建议

生态化的组织结构中，信息、流程、奖励制度和价值观念是其中组织方式的最为重要的要素和关键点。从这点意义上来说，生态经济和组织结构的发展，从根本上改变了传统的自上而下、控制、管理和命令的组织和规划方式，逐渐转变为以激发、鼓励和指导为主的自下而上的管理和执行方式。这就意味着，在组织团队时，现阶段不能依靠上级部门的统一调配，而是需要团队负责人的个人能力来调动和吸引资源和人力前来加入，即使用市场的力量而非行政命令来进行团队的组建，使团队中大多数人是基于兴趣和价值观感来进行工作，提升了团队的凝聚力和战斗力。

由此可见，信息化建设中，生态经济观点的加入，使得信息化层次从简单的单一结构逐步推进到结合和符合的状态，实现出层层递进的、逐步提升的发展状况，有力地推动了信息经济发展质量的提升和完善。实际上，生态化的理念的实质在于将生态系统只能演化、自我完善和自主修复的演变过程渗透于社会生活的方方面面，指导并改变着信息企业产生、发展和蜕变的全过程，并推动产业的智能升级和转型，使产业获取可持续发展的动力。从这点意义上来说，生态化的理念为信息化的深入发展提供了横向的资源圈层和发展平台，又在纵向为信息化建设带来了产业链上下游集群式扩张的发展模式，最终在信息化建设的进程中构建一种纵横交叉的生态网，在推动信息化工作全面进行的同时，也使信息产业体系的每一个成员都能获取充分的竞争力，促进产业的健康、可持续发展。

3. 城镇化与绿色化协调发展的政策建议

第一，实现生态化的土地集约型利用模式。生态化的城镇发展离不开对土地的集约利用，在实践中，生态城镇的建设中的土地利用模式应着重于内涵发展为主，内涵与外延相互结合的建设方式，合理利用和发展城镇化建设中需要的土地资源，以最佳的方式进行土地资源的配置和管理。在这一过程中，应着重完善土地管理的法制和法规建设，严格执法，按照规划和审批流程进行土地划拨和使用，严防利用土地划拨审批环节中的权力寻租问题。

第二，构建符合生态文明建设的居住模式。人口的集中式居住和集中式建设是生态文明发展中对人口居住模式的要求，这就意味着，在生态型城镇发展过程中，城市管理者和城镇化建设者应重点关注城镇居民的各项要求，厘清各种问题，大力开展居住环境的基础设施建设，改善人居环境，将村镇的各种道路、排水和卫生条件的改善纳入城镇化建设的主要工作中来，从根本上改变村镇市容落后的面貌，实现水电和通讯、道路的畅通无阻，最大限度地提升村镇居民的生活质量和水准，让村镇居民的生活环境随城镇化进程不断改进。在实践中，村镇居住环境的建设应按照生态服务社区的实际要求，构建完整的社区和村镇服务体系和公共配套服务设施，以完美、便捷、高效和富有地区特色的社区环境来进一步提升社会公众的居住水平。

第三，构建低碳环保的生态消费模式。所谓生态消费模式本质是一种保护环境、破除浪费资源的消费方式，其是建设生态城镇化的重要任务之一。在这一过程中，政府、社会公众和企业要形成相应的互动机制，即在政府方面，要加大宣传和教育力度，完善相关法律和法规，在重要领域，如酒店一次性用品使用、汽车尾气排放等，加大监管力度，推动消费模式的生态化发展和转变。在个人消费领域，需要构建靠科学的消费理念，消除传统的“便捷消费”“过度消费”“面子消费”“一次消费”和“炫耀型消费”所带来的不良影响，捐弃不良的消费习惯，实现个人消费意识生态化。在企业方面，应当加大革新力度，向社会公众提供更多更好的符合生态环境保护要求的各种服务和产品，充分满足社会对环保消费品的需求。

第四，大力推进城镇人口居住区环境安全隐患调查工作。由于城镇人口聚居区危险物品生产企业严重威胁到社会公众的人身安全，国务院办公厅于2017年9月颁布相关指导意见，要求城镇人口聚居区附近的危险品生产和加工企业尽快进行整体搬迁和改造。意见要求截至2025年，城市人口聚集区危险品加工和生产企业务必迁走至相关工业区，并实现防护距离的全面达标。为此，目前应加大调研力度，将居民聚集区的危险物品生产企业进行摸底，并登记造册，做到危险品生产和不符合安全卫生的生产企业状况的实时监控。

总之，现阶段我国正在推行的城镇化建设将大大地推进既有社会结构的改变，提升社会的发展水平。而在这一过程中生态文明建设的加入和渗透，将会使城镇化建设更加和谐和健康。同时，社会也需要构建一套良好的保障和运营机制，确保社会经济发展的持续动力和平衡机制的运营。在实践中，社会发展的持续动力将能够保障社会发展的不断前进，保证相关的运行效率。而平衡机制则主要保障社会的有序和稳定运行，增强公平和正义。这两大要素的相互结合和发展，就构成了社会主义和谐社会的发展要素，实现动力与平衡的高度统一。从这点意义上来说，当前构建生态城镇化需要在政治、经济、精神文明建设和社会发展等四个领域开展工作，即在经济上加强制度完善力度，提升社会保障条件；在政治上需要完善和发展相关法制，推进社会主义民主工作进程；在社会发展领域应加强工作机制建设，坚决维护社会繁荣和稳定；在精神文明建设方面需要加大公民培训力度，提升公民道德和素质修养，提高思想认识和行为标准。最终推动国家生态城镇化发展的战略目标尽快实现。

4. 农业现代化与绿色化协调发展的政策建议

对于天津城市本身来说，其农业生产区域较主城区地理上不是很遥远，分布又相对集中，因此在农业现代化建设中可以大力发展生态农业的方式，即在土地集约化经营的基础上，大力推进观光型农业的发展，依托天津城郊的自然和人文资源，开展旅游和文化产业建设，大力挖掘天津地理和人文资源的优势，建设休闲农业产业和观光农业产业，着重发展果业、花卉和采摘等行业，吸引外来游客进行生态农业参观和休闲活动，进而实现生态农业发展和第三产业服务行业的相互协调与融合，实现产业发展的双赢局面。另一方面，天津应大力建设生态农业功能区域，提升农业科技发展水平和技术支撑能力，完善农业生态生产基地，拓展农产品的流通渠道，为实现农业发展中从业人员与自然的协调共生奠定基础。

在实践中，天津应当从两个方面加强生态农业的建设：首先，应当进一步扩展生态旅游发展模式，利用天津城乡中生态、自然和人文古迹资源的优势，建设生态文明功能区，依靠旅游优势资源，带动旅游周边产业，如餐饮、住宿和交通等行业的深入发展，多方面满足观光游览游客的需求，构建全新的生态旅游业。从这点意义来说，生态旅游业能够充分利用生态资源，在保护生态平衡的前提下，依靠先进的科学技术，为相关社会公众构建良好的旅游观光环境，进而实现生态农业的可持续性发展。其次，天津应大力发展生态物流产业，将物流和农业生产相结合，以物流服务业提升农产品的物流流通速度。在实践中，应以处于交通枢纽区域的小城镇为依托，建设便利的交通网络和仓储设施，在区域内形成以物流业为主导的服务产业体系，实现生态化物流业的大发展，推动区域社会经济产业转型与升级，进而以优良的生态环境保障物流业的可持续性发展和壮大。

第三节　本书的创新与不足之处

一、创新之处

就本书题目而言，本书题为《天津“五化协同”发展问题研究》。首先，目前学者对工业化、信息化、城镇化、农业现代化和绿色化分门别类进行的研究很多，但将五者综合在一起进行的研究较少；其次，专门针对天津地区进行“五化协同”发展问题的研究更少。本书借鉴已有经验，是从天津视角，分析天津“五化协同”发展问题，主题上有所创新。

就研究方法而言，“五化协同”研究本身就是一个系统工程，需要用到大量的数据资料和理论知识，本书在分析运用各类数据方面力求选择最为合适的软件工具和定量分析方法以取得尽可能客观的结论。首先，书中大量使用了横向及纵向比较分析方法：就各指标发展情况分别对全国31个省区市（不含港澳台）进行了横向比较；对反映天津工业化、信息化、城镇化、农业现代化和绿色化发展情况的多个变量进行了纵向比较。此外，书中大量使用了归纳方法，对已有研究进行了整理归纳，对大量数据资料进行了整理归纳，对分析结果和最终成果进行了归纳总结，并在此基础上提炼观点并提出政策建议。而且，书中第六章全篇使用SPSS（统计产品与服务解决方案）因子分析方法，通过构建"五化协同"发展评价指标体系对天津"五化协同"问题进行了定量化的系统研究。

就研究内容而言，本书从定性和定量两个角度，分别就天津工业化、信息化、城镇化、农业现代化和绿色化发展现状进行了分析，在研究中寻找问题，并针对问题提出政策建议。本书最后通过构建"五化协同"发展评价指标体系对天津"五化协同"问题进行了定量化的系统研究。使用SPSS（统计产品与服务解决方案）因子分析方法对天津乃至全国31个省区市（不含港澳台）工业化、信息化、城镇化、农业现代化和绿色化发展情况进行了研究，取得各省区市工业化、信息化、城镇化、农业现代化和绿色化综合因子得分，并在此基础上综合取得各省市"五化协同"度得分。最后就天津"五化协同"得分及在全国31个省区市（不含港澳台）中的排名情况进行分析，通过分析找出问题。总之，在研究内容上既做到了"分"，又做到了"合"。"分"是为了进行分门别类的研究，从而更容易找出问题；"合"是为了对"五化协同"问题进行整体性的把握和分析。

就研究结论而言，从"五化协同"度得分情况看，天津"五化"协同度得分约为0.3964，在全国31个省市自治区中排第6位，落后于北京、浙江、江苏、广东、上海这5个省市，与山东、福建处于一个档次。其中，工业化综合因子得分约为0.1815，在全国31个省区市中排第14位，说明天津工业化总体发展水平在全国居中，无优势可言，将来仍需加大工业领域的科技研发投入，促使低端工业尽快向中高端层次迈进；信息化综合因子得分约为0.3625，在全国31个省区市中排第8位，说明天津信息化发展总体情况良好，但整体水平一般，信息产业化发展水平不高；城镇化综合因子得分约为0.4034，在全国31个省区市中排第6位，说明天津城镇化发展水平在全国较为领先；农业现代化综合因子得分约为0.7909，在全国31个省区市中排第1位，说明天津农业现代化发展水平较高；绿色化综合因子得分约为0.2436，在全国31个省区市中排第8位，说明天津绿色化发展水平一般，生态建设步伐仍需加快。

二、不足之处

时代在发展，人类在进步。经济社会发展状况随时会发生改变，理论和对策研究需要紧跟时代变迁。但现实是,数据均有滞后性,基于滞后数据进行的理论和对策研究,难以避免结论和建议的滞后性,这不得不说是多数应用型研究存在的通病。

此外,在模型构建中,指标的选取将直接影响最终的结果。如何才能找到既能满足使用条件又能反映真实情况的指标组合甚为关键。本人认为随着统计方法和数据体系的逐步完善,在指标运用领域仍有改进空间。

最后,本书的题目决定了作者需要站在施政者角度对天津新型工业化、信息化、城镇化、农业现代化和绿色化这“五化协同”发展问题进行系统研究并提出系统化的对策建议,但作者深感自己见识仍甚短浅、能力非常不足,期待有着更高阅历和综合能力的学者,或者本人将来,能对天津“五化协同”发展问题进行更为具体化和实用性的分析。

附　表

附表 1.1　天津轻工业与重工业发展状况

年份	工业增加值	工业总产值	轻工业	重工业	轻工业/重工业
2000	785.96	3080.74	1263.10	1817.64	0.69
2001	869.15	3366.53	1153.73	2212.80	0.52
2002	968.44	3717.72	1207.88	2509.84	0.48
2003	1217.88	4370.76	1254.68	3116.08	0.40
2004	1549.67	6186.04	1398.65	4787.39	0.29
2005	1957.95	7169.62	1569.06	5600.56	0.28
2006	2261.52	8907.45	1664.03	7243.42	0.23
2007	2661.87	10502.91	1967.37	8535.54	0.23
2008	3418.87	13042.91	2190.54	10852.37	0.20
2009	3622.11	13384.25	2290.38	11093.87	0.21
2010	4410.85	17107.19	2800.45	14306.74	0.20
2011	5430.84	21528.34	3746.71	17781.63	0.21
2012	6123.06	24194.13	4728.22	19465.91	0.24
2013	6678.60	27283.28	5861.38	21421.90	0.27
2014	7083.39	30055.12	6200.66	23485.67	0.26
2015	6981.27	28016.75	6814.00	23200.89	0.29

附表 1. 2　天津经济结构指标

年份	人均国内生产总值(元)	三次产业产值结构(%)			三次产业就业结构(%)		
		一产	二产	三产	一产	二产	三产
2000	17353	4. 3	50. 8	44. 9	16. 7	45. 6	37. 7
2001	19141	4. 1	50. 0	45. 9	16. 9	43. 6	39. 5
2002	21387	3. 9	49. 7	46. 4	16. 7	41. 7	41. 6
2003	25544	3. 5	51. 9	44. 6	16. 3	42. 9	40. 8
2004	30874	3. 3	54. 4	42. 3	15. 7	42. 4	41. 9
2005	38206	2. 8	54. 9	42. 3	15. 1	41. 9	43. 0
2006	42672	2. 3	55. 3	42. 4	14. 4	41. 7	43. 9
2007	48566	2. 0	55. 3	42. 7	12. 5	42. 6	44. 9
2008	59411	1. 7	55. 5	42. 8	11. 8	42. 0	46. 2
2009	63375	1. 6	53. 3	45. 1	11. 2	41. 5	47. 3
2010	73938	1. 4	52. 8	45. 8	10. 1	41. 5	48. 4
2011	86377	1. 2	52. 9	45. 9	9. 6	41. 4	49. 0
2012	94570	1. 1	52. 2	46. 7	8. 9	41. 2	49. 9
2013	101615	1. 1	50. 9	48. 0	8. 1	41. 8	50. 1
2014	106821	1. 0	49. 7	49. 3	7. 7	38. 9	53. 4
2015	109634	1. 0	47. 1	51. 9	7. 4	35. 7	56. 9
2016	114747	0. 9	42. 4	56. 7	7. 2	34. 0	58. 8
2017	118944	0. 9	40. 9	58. 2	7. 0	32. 5	60. 5

附表 1.3　我国及天津的城镇化率与工业化率之比

年份	工业化率		城镇化率/工业化率			
			使用按居住地的城镇化率		使用按户籍地的城镇化率	
	全国	天津	全国	天津	全国	天津
2006	42.0%	50.7%	1.05	1.49	0.77	1.19
2007	41.3%	50.7%	1.11	1.50	0.80	1.19
2008	41.2%	50.9%	1.14	1.52	0.81	1.19
2009	39.6%	48.2%	1.22	1.62	0.85	1.27
2010	40.0%	47.8%	1.25	1.66	0.86	1.28
2011	39.9%	48.0%	1.29	1.68	0.87	1.28
2012	38.7%	47.5%	1.36	1.72	0.90	1.31
2013	37.4%	46.3%	1.44	1.77	0.95	1.36
2014	36.3%	45.0%	1.51	1.83	0.99	1.41
2015	34.3%	42.2%	1.64	1.96	1.16	1.77
十年间	合计降 7.7%	合计降 8.5%	合计增 0.59	合计增 0.47	合计增 0.39	合计增 0.58

附表 1.4　天津固定资产投资增速及效果分析

指标均值	固定资产投资增速	地区国内生产总值增速	固定资产投资效果系数
“九五”期间	9.3%	12.9%	0.293
“十五”期间	19.7%	18.2%	0.393
“十一五”期间	33.5%	18.9%	0.303
“十二五”期间	16.9%	14.4%	0.193

附表 2.1　信息产业投资占社会总投资的比重

年份	全国			天津		
	信息传输、软件和信息技术服务业固定资产投资(亿元)	全社会固定资产投资额(亿元)	占全社会固定资产投资额的比重	信息传输、软件和信息技术服务业固定资产投资(亿元)	全社会固定资产投资额(亿元)	占全社会固定资产投资额的比重
2003	1660.7	55566.6	2.99%	33.46	1039.4	3.22%
2004	1657.7	70477.4	2.35%	28.24	1245.7	2.27%
2005	1581.8	88773.6	1.78%	26.51	1495.1	1.77%
2006	1875.9	109998.2	1.71%	27.19	1820.5	1.49%
2007	1848.1	137323.9	1.35%	35.73	2353.2	1.52%
2008	2162.6	172828.4	1.25%	55.42	3389.8	1.63%
2009	2589.0	224598.8	1.15%	51.32	4738.2	1.08%
2010	2454.5	278121.9	0.88%	47.75	6278.1	0.76%
2011	2174.4	311485.1	0.70%	70.29	7067.7	0.99%
2012	2692.0	374694.7	0.72%	75.27	7934.8	0.95%
2013	3084.9	446294.1	0.69%	70.76	9130.2	0.78%
2014	4110.0	512020.7	0.80%	126.43	10518.2	1.20%
2015	5521.9	561999.8	0.98%	140.19	11832.0	1.18%
2016	6325.5	606465.7	1.04%	165.25	12779.4	1.29%
2017	6997.4	641238.4	1.09%	209.40	11288.9	1.85%

附表 2.2 信息产业增加值占生产总值的比重

年份	全国			天津		
	信息传输、软件和信息技术服务业增加值（亿元）	国内生产总值（亿元）	占国内生产总值的比重	信息传输、软件和信息技术服务业增加值（亿元）	全市生产总值（亿元）	占全市生产总值的比重
2004	4236.32	159878.34	2.65%	65.14	3110.97	2.09%
2005	4768.00	183217.45	2.60%	77.13	3697.62	2.09%
2006	5329.23	211923.46	2.51%	84.35	4359.15	1.94%
2007	6705.58	265810.31	2.52%	92.82	5252.76	1.77%
2008	7859.67	314045.43	2.50%	109.37	6719.01	1.63%
2009	8163.79	340902.81	2.39%	135.45	7521.85	1.80%
2010	8881.95	401512.80	2.21%	154.14	9224.46	1.67%
2011	10304.80	489300.60	2.11%	172.10	11307.28	1.52%
2012	11928.70	540367.40	2.21%	176.61	12893.88	1.37%
2013	13729.70	595244.40	2.31%	196.14	14442.01	1.36%
2014	15939.60	643974.00	2.48%	220.49	15726.93	1.40%
2015	18546.10	689052.10	2.69%	268.23	16538.19	1.62%

附表 3.1　我国及天津的城镇化率

年份	按居住地计算的城镇化率		按户籍地计算的城镇化率	
	全国	天津	全国	天津
2006	44.3%	75.7%	32.5%	60.2%
2007	45.9%	76.3%	32.9%	60.5%
2008	47.0%	77.2%	33.3%	60.7%
2009	48.3%	78.0%	33.8%	61.1%
2010	50.0%	79.3%	34.2%	61.4%
2011	51.3%	80.5%	34.7%	61.6%
2012	52.6%	81.6%	35.0%	62.1%
2013	53.7%	82.0%	35.7%	63.0%
2014	54.8%	82.3%	35.9%	63.5%
2015	56.1%	82.6%	39.9%	63.9%
2016	57.4%	82.9%	41.2%	缺失
2020 目标值	60%		45%	
十年间合计	增 11.8%	增 6.9%	增 7.4%	增 13.7%

附表 4.1　2016 年全国 31 省市城乡收入比和城乡消费水平比

地区	城镇居民人均可支配收入（元）	城镇居民人均消费性支出（元）	农村居民人均可支配收入（元）	农村居民人均消费性支出（元）	城乡收入水平比		城乡消费水平比	
					数值	排序	数值	排序
北京市	57275	38256	22310	17329	2.57	18	2.21	19
天津市	37110	28345	20076	15912	1.85	1	1.78	2
河北省	28249	19106	11919	9798	2.37	10	1.95	9
山西省	27352	16993	10082	8029	2.71	21	2.12	17
内蒙古自治区	32975	22744	11609	11463	2.84	25	1.98	10
辽宁省	32876	24996	12881	9953	2.55	16	2.51	26
吉林省	26530	19166	12123	9521	2.19	4	2.01	11
黑龙江省	25736	18145	11832	9424	2.18	3	1.93	6
上海市	57692	39857	25520	17071	2.26	5	2.33	25
江苏省	40152	26433	17606	14428	2.28	6	1.83	3
浙江省	47237	30068	22866	17359	2.07	2	1.73	1
安徽省	29156	19606	11720	10287	2.49	14	1.91	5
福建省	36014	25006	14999	12911	2.40	11	1.94	7
江西省	28673	17696	12138	9128	2.36	9	1.94	8
山东省	34012	21495	13954	9519	2.44	13	2.26	21
河南省	27233	18088	11697	8587	2.33	8	2.11	15
湖北省	29386	20040	12725	10938	2.31	7	1.83	4
湖南省	31284	21420	11930	10630	2.62	20	2.02	12
广东省	37684	28613	14512	12415	2.60	19	2.30	24
广西壮族自治区	28324	17268	10359	8351	2.73	22	2.07	14
海南省	28453	19015	11843	8921	2.40	12	2.13	18

续表

地区	城镇居民人均可支配收入（元）	城镇居民人均消费性支出（元）	农村居民人均可支配收入（元）	农村居民人均消费性支出（元）	城乡收入水平比		城乡消费水平比	
					数值	排序	数值	排序
重庆市	29610	21031	11549	9954	2. 56	17	2. 11	16
四川省	28335	20660	11203	10192	2. 53	15	2. 03	13
贵州省	26743	19202	8090	7533	3. 31	30	2. 55	28
云南省	28611	18622	9020	7331	3. 17	29	2. 54	27
西藏自治区	27802	19440	9094	6070	3. 06	27	3. 20	31
陕西省	28440	19369	9396	8568	3. 03	26	2. 26	22
甘肃省	25693	19539	7457	7487	3. 45	31	2. 61	30
青海省	26757	20853	8664	9222	3. 09	28	2. 26	23
宁夏回族自治区	27153	20364	9852	9138	2. 76	23	2. 23	20
新疆维吾尔自治区	28463	21229	10183	8277	2. 80	24	2. 56	29

附表 4. 2　天津城乡收入水平比和城乡消费水平比

年份	城镇居民人均可支配收入(元)	城镇居民人均消费性支出(元)	农村居民人均可支配收入(元)	农村居民人均消费性支出(元)	城乡收入水平比	城乡消费水平比
2001	8959	4825	6987	2618	1. 86	2. 67
2002	9338	5315	7192	2778	1. 76	2. 59
2003	10313	5861	7868	3015	1. 76	2. 61
2004	11467	6525	8802	3297	1. 76	2. 67
2005	12639	7202	9653	3590	1. 75	2. 69

续表

年份	城镇居民人均可支配收入(元)	城镇居民人均消费性支出(元)	农村居民人均可支配收入(元)	农村居民人均消费性支出(元)	城乡收入水平比	城乡消费水平比
2006	14283	7942	10548	3829	1.80	2.75
2007	16357	8752	12029	4118	1.87	2.92
2008	19423	9670	13422	4593	2.01	2.92
2009	21402	10675	14801	4926	2.00	3.00
2010	24293	11801	16562	5606	2.06	2.95
2011	26921	11891	18424	6725	2.26	2.74
2012	29626	13571	20024	8337	2.18	2.40
2013	28980	15353	22306	12491	1.89	1.79
2014	31506	17014	24290	13739	1.85	1.77
2015	34101	18482	26230	14739	1.85	1.78
2016	37110	20076	28345	15912	1.85	1.78

附表4.3　2016年全国31个省区市(不含港澳台)每公顷农地使用农用机械总动力情况

地区	农用机械总动力（万千瓦）	农作物总播种面积（千公顷）	每公顷农地使用农用机械总动力（千瓦/公顷）	机械化程度按从高到低排序
北京市	144.45	151.36	9.54	3
天津市	469.99	479.17	9.81	2
河北省	7401.97	8716.64	8.49	6
山西省	1744.26	3720.81	4.69	21
内蒙古自治区	3331.10	7921.90	4.20	27
辽宁省	2168.45	4064.10	5.34	17
吉林省	3105.26	5676.32	5.47	14
黑龙江省	5634.27	12426.54	4.53	23

续表

地区	农用机械总动力（万千瓦）	农作物总播种面积（千公顷）	每公顷农地使用农用机械总动力（千瓦/公顷）	机械化程度按从高到低排序
上海市	122. 31	294. 70	4. 15	28
江苏省	4906. 55	7676. 92	6. 39	11
浙江省	2136. 69	2274. 44	9. 39	4
安徽省	6867. 49	8893. 61	7. 72	8
福建省	1269. 09	2327. 31	5. 45	15
江西省	2201. 62	5560. 67	3. 96	29
山东省	9797. 61	10973. 18	8. 93	5
河南省	9854. 95	14472. 32	6. 81	10
湖北省	4187. 75	7843. 51	5. 34	16
湖南省	6097. 54	8793. 28	6. 93	9
广东省	2390. 50	4830. 83	4. 95	19
广西壮族自治区	3527. 26	6145. 31	5. 74	13
海南省	516. 57	823. 26	6. 27	12
重庆市	1318. 67	3600. 74	3. 66	30
四川省	4267. 33	9728. 61	4. 39	25
贵州省	2041. 06	5596. 81	3. 65	31
云南省	3440. 64	7164. 46	4. 80	20
西藏自治区	635. 14	257. 90	24. 63	1
陕西省	2171. 90	4276. 92	5. 08	18
甘肃省	1903. 90	4253. 84	4. 48	24
青海省	458. 56	561. 33	8. 17	7
宁夏回族自治区	580. 54	1275. 24	4. 55	22
新疆维吾尔自治区	2552. 15	5867. 52	4. 35	26

附表 4.4　天津每公顷农用机械总动力

年份	农用机械总动力（万千瓦）	农作物总播种面积（千公顷）	每公顷农用机械总动力（千瓦/公顷）
1994	335.72	530.00	6.33
1995	364.08	572.70	6.36
1996	384.22	564.40	6.81
1997	417.37	557.30	7.49
1998	440.57	563.20	7.82
1999	481.54	562.90	8.55
2000	593.40	533.14	11.13
2001	603.32	544.52	11.08
2002	612.72	522.75	11.72
2003	601.66	501.46	12.00
2004	608.13	504.30	12.06
2005	611.94	499.42	12.25
2006	603.39	513.85	11.74
2007	604.90	433.95	13.94
2008	596.60	446.28	13.37
2009	595.00	455.20	13.07
2010	587.79	459.27	12.80
2011	583.87	467.98	12.48
2012	568.13	478.97	11.86
2013	554.18	473.51	11.70
2014	552.33	479.03	11.53
2015	546.92	469.02	11.66
2016	469.99	479.17	9.81

附表 4.5　2016 年全国 31 个省区市(不含港澳台)有效灌溉占农作物播种面积的比重

地区	有效灌溉面积（千公顷）	农作物总播种面积（千公顷）	有效灌溉占农作物播种面积比重	排序
北京市	128.47	151.36	84.9%	3
天津市	306.62	479.17	64.0%	5
河北省	4457.64	8716.64	51.1%	8
山西省	1487.29	3720.81	40.0%	14
内蒙古自治区	3131.53	7921.90	39.5%	15
辽宁省	1572.99	4064.10	38.7%	16
吉林省	1832.17	5676.32	32.3%	24
黑龙江省	5932.74	12426.54	47.7%	10
上海市	189.81	294.70	64.4%	4
江苏省	4054.07	7676.92	52.8%	7
浙江省	1446.31	2274.44	63.6%	6
安徽省	4437.46	8893.61	49.9%	9
福建省	1055.37	2327.31	45.3%	12
江西省	2036.83	5560.67	36.6%	19
山东省	5161.16	10973.18	47.0%	11
河南省	5242.92	14472.32	36.2%	20
湖北省	2905.57	7843.51	37.0%	17
湖南省	3132.37	8793.28	35.6%	22
广东省	1771.71	4830.83	36.7%	18
广西壮族自治区	1646.07	6145.31	26.8%	28
海南省	289.95	823.26	35.2%	23
重庆市	690.6	3600.74	19.2%	31
四川省	2813.55	9728.61	28.9%	27
贵州省	1088.07	5596.81	19.4%	30
云南省	1809.39	7164.46	25.3%	29
西藏自治区	251.53	257.90	97.5%	1
陕西省	1251.39	4276.92	29.3%	26
甘肃省	1317.51	4253.84	31.0%	25
青海省	202.35	561.33	36.0%	21
宁夏回族自治区	515.15	1275.24	40.4%	13
新疆维吾尔自治区	4982.03	5867.52	84.9%	2

附表 4.6　天津有效灌溉占农作物播种面积比重

年份	有效灌溉面积（千公顷）	农作物总播种面积（千公顷）	有效灌溉占农作物播种面积比重
1994	335.72	530.00	62.2%
1995	364.08	572.70	58.0%
1996	384.22	564.40	58.9%
1997	417.37	557.30	59.7%
1998	440.57	563.20	59.1%
1999	481.54	562.90	61.1%
2000	593.40	533.14	66.2%
2001	603.32	544.52	65.1%
2002	612.72	522.75	67.8%
2003	601.66	501.46	70.6%
2004	608.13	504.30	70.1%
2005	611.94	499.42	71.1%
2006	603.39	513.85	68.0%
2007	604.90	433.95	80.5%
2008	596.60	446.28	78.0%
2009	595.00	455.20	76.3%
2010	587.79	459.27	75.0%
2011	583.87	467.98	72.2%
2012	568.13	478.97	70.4%
2013	554.18	473.51	65.2%
2014	552.33	479.03	64.5%
2015	546.92	469.02	65.9%
2016	469.99	479.17	64.0%

附表 4.7　2016 年全国 31 省市农地使用化肥情况

地区	农用化肥使用量（折纯量）（万吨）	农作物总播种面积（千公顷）	每公顷农地使用化肥量（吨/公顷）	排序
北京市	9.65	151.36	0.638	31
天津市	21.36	479.17	0.446	25
河北省	331.79	8716.64	0.381	18
山西省	117.07	3720.81	0.315	12
内蒙古自治区	234.64	7921.90	0.296	10
辽宁省	148.06	4064.10	0.364	15
吉林省	233.61	5676.32	0.412	20
黑龙江省	252.75	12426.54	0.203	3
上海市	9.16	294.70	0.311	11
江苏省	312.52	7676.92	0.407	19
浙江省	84.48	2274.44	0.371	17
安徽省	327.01	8893.61	0.368	16
福建省	123.84	2327.31	0.532	27
江西省	141.97	5560.67	0.255	6
山东省	456.46	10973.18	0.416	21
河南省	715.00	14472.32	0.494	26
湖北省	327.96	7843.51	0.418	22
湖南省	246.44	8793.28	0.280	9
广东省	261.02	4830.83	0.540	28
广西壮族自治区	262.14	6145.31	0.427	24
海南省	50.62	823.26	0.615	30
重庆市	96.16	3600.74	0.267	8
四川省	248.98	9728.61	0.256	7
贵州省	103.67	5596.81	0.185	2
云南省	235.58	7164.46	0.329	14
西藏自治区	5.91	257.90	0.229	5
陕西省	233.05	4276.92	0.545	29
甘肃省	93.42	4253.84	0.220	4
青海省	8.76	561.33	0.156	1
宁夏回族自治区	40.72	1275.24	0.319	13
新疆维吾尔自治区	250.21	5867.52	0.426	23

附表 4.8　天津每公顷农地使用化肥量

年份	农用化肥使用量（折纯量）（万吨）	农作物总播种面积（千公顷）	每公顷农地使用化肥量（吨/公顷）
1994	41.06	530.00	0.775
1995	45.29	572.70	0.791
1996	48.82	564.40	0.865
1997	49.15	557.30	0.882
1998	51.48	563.20	0.914
1999	15.75	562.90	0.280
2000	16.64	533.14	0.312
2001	17.31	544.52	0.318
2002	17.59	522.75	0.336
2003	17.80	501.46	0.355
2004	22.85	504.30	0.453
2005	23.29	499.42	0.466
2006	24.60	513.85	0.479
2007	25.82	433.95	0.595
2008	25.88	446.28	0.580
2009	25.96	455.20	0.570
2010	25.54	459.27	0.556
2011	24.39	467.98	0.521
2012	24.45	478.97	0.510
2013	24.34	473.51	0.514
2014	23.27	479.03	0.486
2015	21.78	469.02	0.464
2016	21.36	479.17	0.446

附表 5.1　2016 年全国 31 个省区市(不含港澳台)绿地覆盖情况

地区	城市建成区绿化覆盖率（%）		森林覆盖率（%）		城市人均公园绿地面积（平方米/人）	
	绝对值	排序	绝对值	排序	绝对值	排序
北京市	48.40	1	35.84	16	16.01	6
天津市	37.22	24	9.87	29	10.59	27
河北省	40.80	9	23.41	19	14.31	9
山西省	40.52	12	18.03	22	11.86	21
内蒙古自治区	39.85	17	21.03	21	19.77	1
辽宁省	36.35	26	38.24	14	11.33	24
吉林省	34.97	28	40.38	11	13.37	13
黑龙江省	35.35	27	43.16	9	11.91	20
上海市	38.60	19	10.74	28	7.83	31
江苏省	42.94	4	15.80	24	14.79	8
浙江省	41.02	8	59.07	3	13.17	14
安徽省	41.71	7	27.53	18	14.02	11
福建省	43.32	3	65.95	1	13.08	15
江西省	43.63	2	60.01	2	14.16	10
山东省	42.26	6	16.73	23	17.91	3
河南省	39.33	18	21.50	20	10.43	29
湖北省	37.60	23	38.40	13	10.99	25
湖南省	40.60	11	47.77	8	10.57	28
广东省	42.39	5	51.26	6	17.87	4
广西壮族自治区	37.62	22	56.51	4	11.77	22
海南省	40.30	14	55.38	5	12.02	19
重庆市	40.76	10	38.43	12	16.86	5
四川省	39.90	16	35.22	17	12.47	16
贵州省	36.80	25	37.09	15	14.98	7

续表

地区	城市建成区绿化覆盖率（%）		森林覆盖率（%）		城市人均公园绿地面积（平方米/人）	
	绝对值	排序	绝对值	排序	绝对值	排序
云南省	37.84	21	50.03	7	11.33	23
西藏自治区	32.59	29	11.98	25	7.84	30
陕西省	40.14	15	41.42	10	12.30	17
甘肃省	31.50	30	11.28	27	13.94	12
青海省	31.12	31	5.63	30	10.78	26
宁夏回族自治区	40.43	13	11.89	26	18.30	2
新疆维吾尔自治区	38.51	20	4.24	31	12.22	18

附表5.2 2016年全国31个省区市(不含港澳台)废水、工业“三废”排放水平及电力消耗水平表

地区	万元国内生产总值废水排放量(吨/万元国内生产总值)		万元国内生产总值废气中二氧化硫排放量(吨/万元国内生产总值)		万元国内生产总值废气中氮氧化物排放量(吨/万元国内生产总值)		万元国内生产总值废气中烟(粉)尘排放量(吨/万元国内生产总值)		万元国内生产总值电力消费水平(千瓦时/万元国内生产总值)	
	数值	排序	数值	排序	数值	排序	数值	排序	数值	排序
北京市	6.5	4	0.000	1	0.000	1	0.000	1	397	1
天津市	5.1	1	0.000	3	0.001	4	0.000	5	452	3
河北省	9.0	14	0.002	23	0.004	24	0.004	27	1018	24
山西省	10.7	24	0.005	29	0.005	29	0.005	29	1377	26
内蒙古自治区	5.8	3	0.003	24	0.004	25	0.003	26	1437	27
辽宁省	10.3	21	0.002	22	0.003	20	0.003	25	916	22
吉林省	6.6	5	0.001	15	0.002	17	0.001	18	452	4
黑龙江省	9.0	13	0.002	21	0.004	23	0.003	24	583	9
上海市	7.8	7	0.000	2	0.001	2	0.000	2	527	7
江苏省	8.0	8	0.001	9	0.001	8	0.001	8	705	15
浙江省	9.1	15	0.001	7	0.001	3	0.000	4	820	21
安徽省	9.9	19	0.001	14	0.002	18	0.001	15	735	17
福建省	8.2	9	0.001	8	0.001	5	0.001	9	683	12
江西省	12.0	30	0.001	17	0.002	19	0.002	22	639	11
山东省	7.5	6	0.002	20	0.002	14	0.001	14	792	20
河南省	9.9	20	0.001	11	0.002	16	0.001	13	739	18
湖北省	8.4	10	0.001	10	0.001	7	0.001	12	540	8
湖南省	9.5	17	0.001	13	0.001	10	0.001	11	474	5
广东省	11.6	29	0.000	5	0.001	6	0.000	3	694	13
广西壮族自治区	10.5	22	0.001	12	0.002	13	0.001	16	742	19

续表

地区	万元国内生产总值废水排放量(吨/万元国内生产总值)		万元国内生产总值废气中二氧化硫排放量(吨/万元国内生产总值)		万元国内生产总值废气中氮氧化物排放量(吨/万元国内生产总值)		万元国内生产总值废气中烟(粉)尘排放量(吨/万元国内生产总值)		万元国内生产总值电力消费水平(千瓦时/万元国内生产总值)	
	数值	排序	数值	排序	数值	排序	数值	排序	数值	排序
海南省	10.9	27	0.000	4	0.002	12	0.001	6	709	16
重庆市	11.4	28	0.002	18	0.001	9	0.001	7	521	6
四川省	10.7	25	0.001	16	0.001	11	0.001	10	638	10
贵州省	8.6	11	0.005	30	0.003	22	0.002	21	1054	25
云南省	12.2	31	0.004	25	0.003	21	0.002	20	954	23
西藏自治区	5.3	2	0.000	6	0.005	28	0.001	17	427	2
陕西省	8.6	12	0.002	19	0.002	15	0.001	19	700	14
甘肃省	9.2	16	0.004	26	0.004	26	0.003	23	1479	28
青海省	10.6	23	0.004	27	0.004	27	0.006	30	2478	30
宁夏回族自治区	10.7	26	0.007	31	0.006	31	0.006	31	2799	31
新疆维吾尔自治区	9.7	18	0.005	28	0.006	30	0.005	28	2401	29

附表 5.3　2016 年全国 31 个省区市(不含港澳台)公共交通、人均公厕及水资源拥有情况

地区	单位城市人口拥有公共交通标准运营车数(标台/万人)		城市人均拥有道路面积(平方米/人)		单位城市人口拥有公共厕所数(座/万人)		人均水资源量(立方米/人)	
	绝对量	排序	绝对量	排序	绝对量	排序	绝对量	排序
北京市	24. 31	1	7. 62	30	2. 87	30	162	29
天津市	18. 09	2	15. 39	17	1. 44	17	122	31
河北省	13. 68	12	18. 91	6	3. 15	6	280	26
山西省	9. 42	28	14. 77	19	3. 14	19	365	24
内蒙古自治区	10. 26	25	23. 45	3	4. 69	3	1695	19
辽宁省	12. 91	16	13. 01	25	2. 40	25	757	21
吉林省	10. 26	26	14. 98	18	3. 14	18	1782	18
黑龙江省	13. 58	13	13. 71	23	4. 28	23	2217	15
上海市	12. 70	19	4. 37	31	2. 57	31	252	27
江苏省	16. 57	3	25. 37	1	3. 86	1	929	20
浙江省	16. 27	4	17. 73	9	3. 50	9	2378	13
安徽省	11. 95	20	21. 82	5	2. 25	5	2018	16
福建省	15. 26	7	14. 41	21	2. 15	21	5469	3
江西省	8. 86	30	17. 33	10	1. 90	10	4851	5
山东省	15. 88	6	24. 65	2	2. 04	2	223	28
河南省	10. 88	23	12. 97	26	3. 25	26	355	25
湖北省	12. 76	18	16. 14	13	2. 64	13	2553	12
湖南省	15. 13	9	14. 59	20	2. 32	20	3229	9
广东省	14. 20	11	13. 05	24	1. 95	24	2251	14
广西壮族自治区	9. 77	27	17. 06	11	1. 38	11	4523	7
海南省	11. 35	22	17. 75	8	2. 44	8	5360	4
重庆市	10. 70	24	12. 23	27	2. 43	27	1995	17

续表

地区	单位城市人口拥有公共交通标准运营车数（标台/万人）		城市人均拥有道路面积（平方米/人）		单位城市人口拥有公共厕所数（座/万人）		人均水资源量（立方米/人）	
	绝对量	排序	绝对量	排序	绝对量	排序	绝对量	排序
四川省	12.90	17	13.73	22	2.18	22	2843	11
贵州省	11.36	21	12.11	28	2.01	28	3009	10
云南省	13.17	15	15.76	14	3.46	14	4392	8
西藏自治区	6.20	31	16.82	12	2.69	12	141747	1
陕西省	16.01	5	15.42	15	4.47	15	714	22
甘肃省	9.16	29	15.42	16	2.58	16	646	23
青海省	14.49	10	11.04	29	3.74	29	10376	2
宁夏回族自治区	13.47	14	23.11	4	2.62	4	143	30
新疆维吾尔自治区	15.24	8	18.35	7	3.28	7	4596	6

参考文献

[1] [法]托马斯·皮凯蒂著,巴曙松等译.21世纪资本论[M]. 中信出版社,2014.

[2] H.钱纳里,M.塞尔昆. 发展的格局1950－1970[M]. 北京:中国财政经济出版社,1989.

[3] K.J.巴顿. 城市经济学[M]. 北京:商务印书馆,1986.

[4] Lester R. Brown. “B模式”2.0——拯救地球,延续文明[M]. 北京:东方出版社,2006.

[5] Machlup F. The Production and Distribution ofKnowledge in the United States[M]. Princeton University Press, New Jersy, 1962. 33.

[6] PoratM. U. The Information Economy[M]. Washington, DC, GovernmentPrintingOffice, 1977. 47.

[7] Reeitsu Kojima. Introduction: Population Migration and Urbanization in Developing Countries[J]. The Developing Economics, Dec,1996.

[8] 爱农救国会. 生态化农业模式[OL]. 散文吧,https://sanwen8.cn/, 2016－06－11.

[9] 保罗·贝罗克. 城市与经济发展[M]. 南昌:江西人民出版社,1991.

[10] 鲍珍珍. 中国地区“五化”协调发展评价及其驱动力分析[D]. 云南财经大学,2017.

[11] 曹红艳. 让环境质量持续改善成为一把“钢尺”[N]. 经济日报,

2017－09－05.

［12］ 常扬．什么是生态化的组织形态［OL］．和讯网，http://news. hexun. com/，2013－09－18.

［13］ 陈宏伟．中国农业现代化路径的比较研究［D］．天津师范大学，2012.

［14］ 陈潭，邓伟．迈向大数据时代的大都市治理研究［J］．同济大学学报：社会科学版，2016，（05）.

［15］ 陈志成，白庆华．城市信息化战略与城市发展战略匹配性研究［J］．同济大学学报（自然科学版），2012，（02）.

［16］ 程民生．《清明上河图》的文化效应［N］．光明日报，2017－09－03.

［17］ 仇保兴．中国特色的城镇化模式之辩［J］．城市发展研究，2009，（01）.

［18］ 崔慧霞．工业化、城镇化、农业现代化同步发展研究［J］．调研世界，2012，（06）.

［19］ 邓宇鹏．中国的隐性超城市化［J］．当代财经，1999，（06）.

［20］ 迪特·哈森普鲁格，刘崇．德国在后工业时代的区域转型——IBA埃姆瑟公园和区域规划的新范式［J］．建筑学报，2005，（12）.

［21］ 丁晓明．加快天津城市信息化建设提升城市竞争力［J］．天津经济，2007，（05）.

［22］ 定军，段倩，张艳．天津：2015 年国内生产总值目标下调至 9%［J］．21 世纪经济报道，2015－01－27.

［23］ 冯飞，王晓明，王金照．对我国工业化发展阶段的判断［OL］．国务院发展研究中心网站，http://chinado. cn/，2012－08－01.

［24］ 冯献．长江流域“三化”协调发展水平综合评价与空间差异研究［D］．中国农业科学院，2014 年 5 月．

［25］ 高世楫，王海芹．协同推进“五化”建设美丽中国［N］．人民日报，2015－05－29.

［26］ 工业化与城市化协调发展研究课题组．工业化与城市化关系的经济

学分析[J]. 中国社会科学,2002,(02).

[27] 辜胜阻. 非农化及城镇化理论与实践[M]. 武汉:武汉大学出版社,1993.

[28] 顾朝林. 经济全球化与中国城市发展:跨世纪中国城市发展战略研究[M]. 北京:商务印书馆,2000.

[29] 顾先问,冯南平,张爱萍. 中国地区“四化”协调发展的空间相关性及其影响因素的实证分析[J]. 生态经济:中文版,2016,(01):119-124.

[30] 郭克莎. 城市化的关键在于就业非农化[J]. 中国经贸导刊,2001,(16).

[31] 国家行政学院经济学教研部. 中国经济新常态[M]. 北京:人民出版社,2014.

[32] 国务院办公厅. 推进城镇人口密集区危险化学品生产企业搬迁改造[N]. 新华社,2017-09-04.

[33] 韩端,田新民. 北京市后工业社会转型的战略思考[J]. 现代城市研究,2013,(06).

[34] 韩忠. 后工业化城市与制造业——以旧金山市为例[J]. 城市问题,2008,(11).

[35] 何川. 信托资金加速流入工商企业[N]. 经济日报,2017-09-05.

[36] 贺政林. 全球新商业模式向生态化演变[OL]. 中国董事局网,http://mt. sohu. com/,2016-07-06.

[37] 胡果,朱虹. 奋力开创京津冀协同发展新局面[N]. 人民日报,2017-08-08.

[38] 华生. 中国财政体制首要问题在于卖地财政[OL]. FT 中文网,2013-01-05.

[39] 姜爱林. 城镇化、工业化与信息化的互动关系[J]. 城市规划汇刊,2002,(05).

[40] 姜爱林. 中国城镇化理论研究回顾与述评[J]. 城市规划汇刊,2002,(03).

［41］ 姜奇平. 范围经济是工业化与信息化融合的有效方式［J］. 中国制造业信息化,2008,(01).

［42］ 姜玉砚. 四化同步进程中的产城融合研究［D］. 山西财经大学,2016.

［43］ 靳博. 有了河长制 河水有治了(一条河的流变)［N］. 人民日报,2017-08-08.

［44］ 景普秋. 工业化与城市化关系研究综述与评价［J］. 中国人口、资源与环境,2003,(03).

［45］ 李宝玉. 环渤海现代农业区域比较研究［D］. 北京林业大学,2010.

［46］ 李恒. 天津城市信息化发展水平评估与发展对策和建议［D］. 天津理工大学,2012.

［47］ 李鸿忠. 坚定不移沿着"三个着力"指引的方向前进［N］. 人民日报,2017-08-08.

［48］ 李会涛. 湖北省"四化"协调发展评价及政策研究［D］. 武汉理工大学,2013年11月.

［49］ 李文忠,游斌. 天津市工业化、城镇化和农业现代化发展协调度的研究［J］. 经济问题,2014,(04).

［50］ 李勇. 武汉市社会、经济、资源协调发展的评价与预测建模研究［D］. 武汉:华中科技大学,2006.

［51］ 李裕瑞,王婧,刘彦随,龙花楼. 中国"四化"协调发展的区域格局及其影响因素［J］. 地理学报,2014,(02).

［52］ 梁琦. 空间经济学:过去、现在与未来［J］. 经济学(季刊),2005,(04).

［53］ 刘静玉,刘玉振,邵宁宁,郭海霞. 河南省新型城镇化的空间格局演变研究［J］. 地域研究与开发,2012,(05).

［54］ 刘帅. 工业化、农业现代化与城镇化的互动关系研究［D］. 河北工业大学,2015.

［55］ 刘伟,唐捷. 工业化后的城市发展:功能、形态与空间结构特征［J］.

城市发展研究,2012,(12).

[56] 刘晓博. 小朋友们都去哪里了:47 个大中城市小学生数量变动表. 无为网,2014 - 09 - 12.

[57] 罗胜. 工业化、城镇化、农业现代化协调发展评价研究[D]. 吉林财经大学,2014.

[58] 毛涛. 工业生态化之路[OL]. 人民网,http://theory.people.com.cn/,2013 - 08 - 02.

[59] 潘启雯. 投机的演变:从为人不齿到被容忍[N]. 上海证券报,2016 - 10 - 15.

[60] 彭博. 在中国的带领下 亚洲亿万富豪人数首超美国[OL]. 凤凰财经,2017 - 10 - 26.

[61] 彭江. 上市银行着力服务经济结构调整[N]. 经济日报,2017 - 09 - 05.

[62] 秦嘉迎. 天津水情信息化建设的几点思考[J]. 海河水利,2008,(01).

[63] 秦交锋,李劲峰,乌梦达,宋晓东,刘硕. 十九大报告透露的十件民生实事[N]. 新华社,2017 - 10 - 22.

[64] 沈玲. 环渤海地区“新五化”协调发展评价研究[D]. 山东师范大学,2018.

[65] 宋洪远. 调整城乡关系:国际经验及其启示[J]. 经济社会体制比较,2004,(03).

[66] 宋琳. 城市信息化对天津城市现代化的影响[D]. 天津财经大学,2008.

[67] 天津市工业和信息化局. 天津市工业经济发展“十三五”规划[OL]. www.tjec.gov.cn,2016 - 11 - 23.

[68] 外媒. 房价高企 新西兰发出禁止外国人购房禁令[OL]. 凤凰财经,2017 - 10 - 26.

[69] 王丰岐,宗刚. 后工业经济时期首都产业结构优化研究[J]. 商业时

代,2008,(22).

[70] 王慧敏,方敏. 效能建设的浙江探索(前沿观察)[N]. 人民日报,2017-08-08.

[71] 王凯. 乡村振兴战略视域下的乡村民主治理问题研究[D]. 西安科技大学,2018.

[72] 王先明. 城乡发展的背离:1930年代乡村危机[OL]. 微口网,http://www.vccoo.com/ ,2017-11-16.

[73] 王笑容. 乡村振兴战略背景下的田园综合体发展研究[D]. 江西师范大学,2018.

[74] 王忠海. 基于可持续·科学—特色发展观的和谐乡镇建设研究[D]. 天津大学,2010.

[75] 网易教育频道综合. 加国农场钱真的好赚? 华裔投资移民叫苦不迭[OL]. 2014-03-20.

[76] 网易新闻. 从四化同步到"五化协同"[N]. 瞭望,2015(14).

[77] 魏婧楠. 大数据时代天津公安信息化建设研究[D]. 天津大学,2013.

[78] 吴俊."简政放权"让市场活力全面迸发[OL]. 人民网,2014-03-13.

[79] 习近平. 人民对美好生活的向往就是我们的奋斗目标[OL]. 人民网转载人民日报,2012-11-16.

[80] 习近平. 中共十九大开幕 习近平代表十八届中央委员会作报告(直播全文)[OL]. 中国网,2017-10-18.

[81] 夏春萍. 工业化、城镇化与农业现代化的互动关系研究[J]. 统计与决策,2010,(10).

[82] 小松崎清介,等. 信息化与经济发展[M]. 李京文等译. 北京:社会科学文献出版社,1994.

[83] 肖国俊. 乡村振兴战略背景下农村干部队伍建设研究[D]. 华南理工大学,2018.

[84] 谢文蕙. 城市经济学[M]. 北京:清华大学出版社,1996.

[85] 新华网. 十八大报告解读:为什么要促进“四化”同步发展? [OL]. 2012-12-25.

[86] 新浪科技. 马云:“人工智能”这几个字听起来 我就很生气[OL]. 马云在世界智能大会上发表题为《智能改变世界》的演讲, 新浪网, http://tech.sina.com.cn/,2017-06-29.

[87] 新浪网. 天津加快推进京津冀协同发展 实现中央对天津定位[OL]. tj.sina.com.cn,2017-02-10.

[88] 徐维祥,舒季君,唐根年. 中国工业化、信息化、城镇化、农业现代化同步发展测度[J]. 经济地理,2014,(09).

[89] 许志发. 福建省农业现代化发展水平评价研究[D]. 福建农林大学,2017.

[90] 杨钧. 城镇化发展与农村产业结构调整的相互关系研究[D]. 湖南大学,2016.

[91] 叶奇奇. 乡村振兴视域下中国农村生态文明建设研究[D]. 西南科技大学,2018.

[92] 叶檀. 半城市化就是伪城市化[N]. 新民周刊,2012-05-25.

[93] 叶裕民. 中国城市化之路——经济支持与制度创新[M]. 北京:商务印书馆,2001.

[94] 尹成杰. 关于“三化同步”推进的理性思考与对策[A]. “三化”同步发展———在工业化、城镇化深入发展中同步推进农业现代化[C]. 北京:中国农业出版社,2011:7-13.

[95] 余学林. “十五”期间天津信息建设的思路[J]. 天津经济,2000,(12):24-25.

[96] 张爱玲. 乡村振兴视角下鲁南农村发展的现实问题研究[D]. 鲁东大学,2018.

[97] 张康之. 全球化、后工业时代的社会特征[J]. 河南大学学报(社会科学版),2012,(05).

[98] 张明宇. 政治局会议审议通过《京津冀协同发展规划纲要[OL]. 新华网,2015-04-30.

[99] 张茉楠. 新型城镇化是破解二元结构关键[N]. 中国证券报,2012-11-23.

[100] 张培刚. 发展经济学教程[M]. 经济科学出版社,2001.

[101] 张天懿. 天津市农业发展研究[D]. 北京林业大学,2011.

[102] 张天宇. 习近平主席在博鳌亚洲论坛2015年年会上的主旨演讲(全文)[OL]. 新华网,2015-03-29. www.hq.xinhuanet.com.

[103] 张彦丽. 后工业时代从福利国家到社会投资转型及启示[J]. 现代经济探讨,2014,(08).

[104] 赵若玺,徐治立. 新科技革命会带来什么样的产业变革[OL]. 人民论坛,2017-06-07.

[105] 赵晓. "政府主导"模式冷思考[J]. 人民论坛,2012,(37).

[106] 赵新平,周一星. 改革以来中国城市化道路及城市化理论研究述评[J]. 中国社会科学,2002,(02).

[107] 郑晋鸣. 县县通大院大所 镇镇有教授博士[N]. 光明日报,2017-09-03.

[108] 郑鑫. 城镇化与农业现代化的相互作用分析[J]. 河南商业高等专科学校学报,2005,(03).

[109] 中国机械社区网. 大数据有何强大威力? 制造企业为何要重视[OL]. http://www.cmiw.cn/,2017-09-30.

[110] 周嘉昕. 后工业社会何以可能? ——贝尔"社会预测探索"的再探索[J]. 天津社会科学,2012,(03).

[111] 周利敏. 迈向大数据时代的城市风险治理——基于多案例的研究[J]. 西南民族大学学报,2016,(09):91-98.

[112] 周明阳,李春霞. "中国消费"带火国际商品与服务[N]. 经济日报,2017-09-05.

[113] 周明阳,袁勇,徐惠喜. 企业人士和专家学者畅谈金砖机遇[N]. 经

济日报,2017－09－05.

[114] 朱虹,靳博,龚相娟.数字解码“美丽天津”[N].人民日报,2017－08－08.

[115] 朱淑丹.江苏省农业现代化发展水平评价研究[D].南京信息工程大学,2013.

[116] 訾谦.我国小微企业已超7300万户[N].光明日报,2017－09－03.